劳动法律风险防范与实务操作指南

田 璐 郭欣欣 著

中国财富出版社有限公司

图书在版编目（CIP）数据

劳动法律风险防范与实务操作指南 / 田璐，郭欣欣著．—北京：中国财富出版社有限公司，2020.11（2022.3 重印）

ISBN 978－7－5047－7354－8

Ⅰ.①劳…　Ⅱ.①田…　②郭…　Ⅲ.①劳动法—中国—指南　Ⅳ.①D922.5－62

中国版本图书馆 CIP 数据核字（2020）第 223833 号

策划编辑　李　晗　　**责任编辑**　邢有涛　李　晗

责任印制　梁　凡　　**责任校对**　杨小静　　**责任发行**　黄旭亮

出版发行	中国财富出版社有限公司		
社　　址	北京市丰台区南四环西路 188 号 5 区 20 楼	**邮政编码**	100070
电　　话	010－52227588 转 2098（发行部）		010－52227588 转 321（总编室）
	010－52227566（24 小时读者服务）		010－52227588 转 305（质检部）
网　　址	http://www.cfpress.com.cn	**排　　版**	宝蕾元
经　　销	新华书店	**印　　刷**	北京九州迅驰传媒文化有限公司
书　　号	ISBN 978－7－5047－7354－8/D·0173		
开　　本	787mm×1092mm　1/16	**版　　次**	2021 年 9 月第 1 版
印　　张	20.25	**印　　次**	2022 年 3 月第 2 次印刷
字　　数	396 千字	**定　　价**	49.00 元

目录
CONTENTS

第一编
劳动合同订立中的法律风险与实务操作

第一章　劳动合同的主体 …… 002

一、劳动关系主体 …… 002

（一）用人单位 …… 002

（二）劳动者 …… 011

二、劳动关系认定的常见问题 …… 020

第二章　劳动合同的条款、期限及效力认定 …… 044

一、劳动合同的条款 …… 044

（一）必备条款 …… 044

（二）约定条款 …… 044

二、劳动合同的期限 …… 047

（一）固定期限劳动合同 …… 047

（二）无固定期限劳动合同 …… 047

（三）以完成一定工作任务为期限的劳动合同 …… 048

三、劳动合同的有效要件 …… 062

四、无效劳动合同 …… 064

第三章　未签订书面劳动合同的法律后果 …… 070

一、支付二倍工资、补签劳动合同 …… 070

二、行政责任 …… 071

三、赔偿责任 …… 071

第二编
劳动合同履行中的法律规范与实务操作

第一章 劳动者薪酬管理的法律规范与实务操作 …… 084

一、工资标准的确定 …… 084
（一）工资的主要形式 …… 084
（二）不属于工资范围的劳动收入 …… 085
（三）工资支付标准的确定 …… 086
（四）工资支付的程序性规定 …… 087
（五）未依法支付工资的法律后果 …… 088
二、奖金及年终奖的确定 …… 098
（一）年终奖的性质 …… 098
（二）年终奖的确定原则 …… 098
三、年终奖的举证责任 …… 099
四、病假工资 …… 101
（一）医疗期相关问题 …… 101
（二）病假工资标准 …… 103
（三）病休员工的管理 …… 103

第二章 工时管理与加班制度的法律风险与实务操作 …… 108

一、用人单位的工时制度 …… 108
（一）标准工时制 …… 108
（二）综合计算工时制 …… 109
（三）不定时工作制 …… 109
二、加班工资 …… 114
（一）标准工时制下的加班 …… 114
（二）综合计算工时制下的加班 …… 115
（三）不定时工作制下的加班 …… 115

第三章　企业规章制度的法律风险与实务操作 …… 126

第四章　劳动合同变更的法律风险与实务操作 …… 130

一、协商一致变更劳动合同 …… 130
二、用人单位单方变更劳动合同 …… 132

第五章　企业年休假制度的法律风险与实务操作 …… 139

一、带薪年休假条件 …… 139
二、年休假的计算方法 …… 140
三、未休年休假工资 …… 141
四、福利性年休假 …… 141

第三编
解除和终止劳动合同的法律风险及实务操作

第一章　解除劳动合同的法律风险及实务操作 …… 146

一、用人单位与劳动者双方协商一致解除劳动合同 …… 146
二、用人单位单方解除劳动合同 …… 149
（一）过错性解除劳动合同 …… 150
（二）非过错性解除劳动合同 …… 151
（三）经济性裁员 …… 152
三、劳动者单方解除劳动合同 …… 165
（一）预告解除权 …… 165
（二）即时解除权 …… 166
（三）劳动者违反法律规定解除劳动合同的法律后果 …… 166
四、离职手续的办理 …… 171
（一）用人单位应当履行的义务 …… 171
（二）劳动者应当履行的义务 …… 172

第二章　终止劳动合同的法律风险及实务操作……174
一、劳动合同终止的一般规定……174
（一）劳动合同终止的法定事由……174
（二）劳动合同终止的程序……175
（三）劳动合同终止的后果……175
二、劳动合同终止的例外情形……176
第三章　经济补偿金和赔偿金的法律风险及实务操作……180
一、经济补偿金相关法律问题……180
（一）用人单位需支付经济补偿金的情形……180
（二）经济补偿金的计算标准……181
二、赔偿金相关法律问题……182
（一）用人单位的赔偿责任……182
（二）劳动者的赔偿责任……183
第四编
竞业限制、保密协议与服务期
第一章　企业保密制度的法律风险与实务操作……192
第二章　企业实行竞业限制制度的法律风险与实务操作……196
一、竞业限制协议的订立……196
（一）竞业限制协议签订主体……196
（二）协议内容……196
二、竞业限制的补偿金……197
三、竞业限制的违约金……197
四、竞业限制协议的解除……197
第三章　培训与服务期制度的法律风险与实务操作……214
一、约定服务期的约定……214

二、违反服务期约定的法律后果 …… 215
（一）支付违约金 …… 215
（二）赔偿损失 …… 215

第五编
劳动争议仲裁及诉讼程序

第一章 劳动争议的纠纷解决路径和基本程序 …… 224

一、劳动争议的纠纷解决路径 …… 224
二、劳动仲裁作为诉讼前置程序 …… 226

第二章 劳动争议的仲裁机制 …… 231

一、劳动争议仲裁的受理范围 …… 231
二、劳动争议的仲裁时效 …… 233
三、不服仲裁裁决的救济途径 …… 237
四、劳动仲裁裁决的执行问题 …… 240

第三章 劳动争议的诉讼机制 …… 244

一、劳动争议案件的管辖法院 …… 244
二、劳动争议诉讼中的证据问题 …… 247

附 件

中华人民共和国劳动合同法 …… 254
中华人民共和国劳动争议调解仲裁法 …… 268
最高人民法院关于审理劳动争议案件适用法律若干问题的解释（2001 年 4 月 16 日） …… 276
最高人民法院关于审理劳动争议案件适用法律若干问题的解释（2006 年 8 月 14 日） …… 280

最高人民法院关于审理劳动争议案件适用法律若干问题的解释（2010 年 9 月 13 日） …… 283
最高人民法院关于审理劳动争议案件适用法律若干问题的解释（2013 年 1 月 18 日） …… 286
北京市高级人民法院、北京市劳动争议仲裁委员会关于劳动争议案件法律适用问题研讨会会议纪要（一） …… 289
北京市高级人民法院、北京市劳动争议仲裁委员会关于劳动争议案件法律适用问题研讨会会议纪要（二） …… 296
北京市高级人民法院、北京市劳动人事争议仲裁委员会关于审理劳动争议案件法律适用问题的解答 …… 308

1

第一编

劳动合同
订立中的法律风险与实务操作

第一章
劳动合同的主体

根据《中华人民共和国劳动合同法》（以下简称《劳动合同法》）的规定，用人单位与劳动者建立劳动关系，应当订立书面劳动合同。劳动合同是证明双方之间存在劳动关系及权利义务关系的基本依据，用人单位最迟必须在用工之日起 1 个月内与劳动者签订书面劳动合同。

《劳动合同法》第十七条规定了九项必备条款，包括用人单位的名称、住所和法定代表人或者主要负责人；劳动者的姓名、住址和居民身份证或者其他有效身份证件号码；劳动合同期限；工作内容和工作地点；工作时间和休息休假；劳动报酬；社会保险；劳动保护、劳动条件和职业危害防护；法律、法规规定应当纳入劳动合同的其他事项。除必备条款外，用人单位还可就试用期、竞业限制、保守商业秘密、福利待遇等事项与劳动者进行约定。

一、 劳动关系主体

根据《劳动合同法》的规定，签订劳动合同的双方主体，一方为劳动者，另一方为用人单位。

（一） 用人单位

用人单位是指在劳动关系中依法使用和管理劳动者并付给其劳动报酬的组织。《中华人民共和国劳动法》（以下简称《劳动法》）意义上的用人单位分为以下两类：

（1）直接适用《劳动合同法》的用人单位，包括中华人民共和国境内的企业、个体经济组织、民办非企业单位等组织、依法成立的会计师事务所、律师事务所等合伙组织和基金会。民办非企业单位主要是指民办学校、医院、科研院所、文艺团体、福利院、体育场馆、职业培训中心、人才交流中心等。

（2）依照《劳动合同法》执行的单位，包括国家机关、事业单位、社会团体。该三类单位采用合同制或聘用制用工的，依照《劳动合同法》执行。

从以上分类内容可知，劳动合同的另一方主体只能是用人单位，其他任何主体都不能签订劳动合同。在我国，家庭或者个人不属于用人单位的范畴，故家庭或者个人与家政服务人员之间以及个体工匠与帮工、学徒之间的纠纷受其他法律规范的调整。此外，用人单位仅为前述八类主体，故现役军人、公务人员亦非相关劳动法律法规的规定权利义务主体。

【疑难问题】

1. 用人单位未办理营业执照、被吊销营业执照、营业期限届满仍继续经营的情况下， 能否建立劳动关系？

【裁判规则】

用人单位未办理营业执照、被吊销营业执照、营业期限届满仍继续经营的情况下招聘员工工作的，双方不构成劳动关系，但该单位或出资人应当按照《劳动合同法》的相关规定向劳动者支付劳动报酬、经济补偿、赔偿金等。给劳动者造成损害的，应当承担赔偿责任。

【法律风险提示与实务操作建议】

用人单位未办理营业执照、被吊销营业执照、营业期限届满仍继续经营，均属于不具备合法经营资格的情况，统称为非法用工单位。根据《劳动合同法》第九十三条的规定，劳动者已经付出劳动的，该用人单位或出资人应当根据《劳动合同法》的规定向劳动者支付劳动报酬、经济补偿、赔偿金等；给劳动者造成损害的，应当承担赔偿责任。

实务操作中，劳动者在签订劳动合同时应当尽到谨慎注意义务，对用人单位的用工资格、经营状态进行必要的审查，尽量避免选择上述三种非法用工单位。非法用工单位亦不应抱侥幸心理，认为此时可以置劳动者相关权利于不顾。在法律明确规定用人单位或出资人有义务对劳动者承担金钱给付义务即损害赔偿责任的情况下，用人单位应及时与劳动者协商，妥善处理用工关系履行或终止事项，避免给双方带来不必要的损失。

值得注意的是，设立中的公司因用工行为而发生的劳动争议纠纷与非法用工单位用工行为的上述处理意见基本一致。对于设立中的公司因用工行为而发生的争议是否属于劳动争议的问题，实务中主流观点认为设立中的公司不具有法人资质，不属于《劳动合同法》规定的用工主体，故设立中的公司因用工行为发生的争议一般不属于劳动争议。但需要注意的是，虽然设立中的公司不具备用工主体资格，但是筹备期间员工的报酬等权利，也应当得到保护。2006 年 7 月 5 日劳动和社会保障部（现为“人力资源与社会保障部”）办公厅《关于用人单位筹备组与职工发生劳动争议有关问题意见的函》规定：“用人单位在组建过程中，其筹备组与职工发生劳动争议的，筹备组和发起人（法人）共同作为劳动争议主体，承担连带责任。”此外，如果双方劳动合同中约定劳动者在筹备期间的工作期限计人劳动者工作年限的，应当予以支持。

【法规链接】

《中华人民共和国劳动合同法》第九十三条

《关于用人单位筹备组与职工发生劳动争议有关问题意见的函》劳社厅函〔2006〕341 号

《北京市高级人民法院、北京市劳动争议仲裁委员会关于劳动争议案件法律适用问题研讨会会议纪要（二）》第 16 条

2. 用人单位破产清算期间，劳动关系如何认定？

【裁判规则】

用人单位破产清算期间，用人单位与劳动者未解除、终止劳动关系，且劳动者继续在用人单位从事相关工作的，符合劳动关系认定条件的，按劳动关系处理，双方另有约定或破产清算组与劳动者建立劳务关系的除外。

破产清算组与其聘用人员之间关系的认定。破产清算组作为法院指定的管理人，不属于用人单位，不能作为用工主体与其聘用人员建立劳动关系，应按劳务关系处理。

【法律风险提示与实务操作建议】

破产清算组是由法院指定的管理人，并不是依法成立的实行独立经济核算的经济单位，也不是公司的部门或分支机构，也并未受公司的委托。它对债权人负责，向法院汇报工作，受债权人会议或债权人委员会的监督。管理人可以由有关部门、机构或专业人

员组成。也就是说，破产清算组是法院在受理破产案件程序时，为了保障企业职工的合法权益，保护债权人合法权益不受侵害而临时指定有关部门构成的管理人，不需要取得营业执照或登记证书，从事的是对破产企业的清算、对债权人权益的保护工作，而并没有从事产品的生产、流通或进行服务性活动，因此其不具备劳动方面的法律法规规定的用人单位主体资格，不能作为一方用工主体与受雇佣者签订劳动合同。故其与聘用人员所建立的只是一种临时性的劳务关系，所签订的协议性质应为劳务协议。劳动关系与劳务关系的区别及其相应法律风险提示与实务操作建议，详见本书相关章节。

【法规链接】

《中华人民共和国企业破产法》第二十二条、第二十八条

《北京市高级人民法院、北京市劳动争议仲裁委员会关于劳动争议案件法律适用问题研讨会会议纪要（二）》第24条、第25条

3. 农民专业合作社与其社员之间能否建立劳动关系？

【裁判规则】

对于农民专业合作社能否构成劳动法律关系中的用人单位，应结合农民专业合作社的生产经营性质和用工特点等因素，区分情况予以严格判定。对符合《关于确立劳动关系有关事项的通知》（劳社部发〔2005〕12号）规定精神的，应依法确认参与农民专业合作社日常生产经营活动的社员与该合作社存在劳动关系。

【典型案例】 蒋某与北京某农副产品产销专业合作社劳动争议

基本案情

北京某农副产品产销专业合作社于2008年5月27日注册登记成立。2014年1月1日，该农副产品合作社与蒋某签订“劳动合同书”，合同期限为1年。2015年1月6日，该农副产品合作社与蒋某再次签订“劳动合同书”，约定合同期限自2015年1月1日起至2015年12月31日止。蒋某主张其入职时间为2004年3月，该农副产品合作社主张蒋某的入职时间为2012年11月，双方均认可在2014年以前未签订过书面的劳动合同，但均未能提交相关证据证明蒋某的入职时间。2015年1月14日，蒋某因病住院治疗。2015年2月1日，北京某农副产品合作社给蒋某出具“解除劳动合同告知书”。后蒋某申请仲裁，

要求北京某农副产品合作社支付2004年3月至2015年2月的差额工资100 000元。仲裁委员会以蒋某的仲裁请求超过仲裁申请时效为由不予受理。蒋某不服提起诉讼。

裁判理由与结果

一审法院审理后认为，关于蒋某的入职时间，蒋某主张是2004年3月，北京某农副产品合作社主张是2012年11月，但双方均认可在2014年前未签订过书面的“劳动合同”。用人单位对劳动者的入职时间应承担举证责任，因北京某农副产品合作社未能提供相关证据证明蒋某的入职时间为2012年11月，而北京某农副产品合作社的成立时间为2008年5月27日，故法院认定北京某农副产品合作社与蒋某的劳动关系起始于2008年5月27日。蒋某于2012年8月24日已经达到法定退休年龄，不具备建立劳动关系的主体资格，此后仍继续工作，与北京某农副产品合作社之间建立劳务关系。鉴于蒋某在达到法定退休年龄后仍继续为北京某农副产品合作社工作，且双方签订了“劳动合同书”，故对北京某农副产品合作社提出的蒋某提起仲裁申请已经超过一年的仲裁时效的抗辩意见，法院不予采信。蒋某主张2012年8月25日至2013年2月6日的差额工资，因该段期间双方的劳动关系已经终止，双方属于劳务关系，故蒋某要求该段期间的差额工资，于法无据，法院不予支持。一审法院判决北京某农副产品合作社与蒋某在2008年5月27日至2012年8月24日存在劳动关系，并支付该段期间的差额工资。蒋某不服，提起上诉。二审法院经审理后判决，驳回上诉，维持原判。

【法律风险提示与实务操作建议】

农民专业合作社经工商登记可以取得法人资格，故取得工商营业执照的农民专业合作社具有用人单位的法律资格，享有用工自主权。农民专业合作社与其聘用人员之间是否成立劳动关系，应当依据所聘人员是否系该合作社社员的事实区分认定。

对于所聘人员为内部社员的，因农民专业合作社系平等主体之间按照自愿联合、民主管理、按盈余比例分配收入等原则设立的互助型经济性组织，其与社员（公民）之间没有明显的管理与被管理的关系，故双方之间的纠纷应按照相应的民事法律关系处理，即通常情况下不认定存在劳动关系。但农民专业合作社所聘用的人员具有多样性，故不排除有的农民专业合作社内部成员与农民专业合作社在特殊情形下形成劳动关系，司法实践中法院一般对此严格掌握，以不认定内部社员是劳动关系为原则。若所聘人员为外雇的非社员，在符合劳动关系构成要件、具备劳动关系本质特征的情况下，可以认定存在劳动关系。上述案例中，蒋某并非该农副产品合作社的社员，其于

2012 年 8 月 24 日已经达到法定退休年龄，自此不具备建立劳动关系的主体资格，但仍继续工作，与该农副产品合作社之间建立劳务关系。该农副产品合作社于 2008 年 5 月 27 日注册成立，此前不具备用人单位的主体资格，故法院认定蒋某自 2008 年 5 月 27 日至 2012 年 8 月 24 日存在劳动关系。

【法规链接】

《北京市高级人民法院、北京市劳动人事争议仲裁委员会关于审理劳动争议案件法律适用问题的解答》第三条

《关于确立劳动关系有关事项的通知》（劳社部发〔2005〕12 号）第一条、第二条、第三条

4. 外国企业常驻代表机构能否直接招用中国员工？

【裁判规则】

根据《中华人民共和国国务院关于管理外国企业常驻代表机构的暂行规定》（1980 年 10 月 30 日发布），常驻代表机构聘请工作人员，应当委托当地外事服务单位或者中国政府指定的其他单位办理。外国企业常驻代表机构未通过涉外就业服务单位直接招用中国雇员的，应认定有关用工关系为雇佣关系。

【典型案例】 张某与澳大利亚某公司代表处劳务合同纠纷案

基本案情

澳大利亚某公司代表处于 2007 年 5 月 25 日经工商行政管理部门登记设立，系澳大利亚某公司派驻我国的常驻代表机构。经澳大利亚某公司代表处直接聘请，张某自 2007 年起在澳大利亚某公司代表处工作，月薪 10 000 元，另根据工作业绩可获得相应比例的奖励。自 2007 年 9 月起，澳大利亚某公司代表处为张某缴纳了包括基本养老、工伤、生育、失业、基本医疗等社会保险。2016 年初，张某与澳大利亚某公司代表处签订一份“中止劳动合同协议书”，约定了双方劳动关系的存续期间，澳大利亚某公司代表处为张某补交社保金事宜，同时约定双方劳动关系自 2017 年 2 月 1 日起正式解除。后因张某认为澳大利亚某公司代表处为其少缴纳了社会保险金，且未支付经济补偿金 30 000 元，与澳大利亚某公司代表处产生纠纷，向仲裁委申请劳动仲裁，请求澳大利

亚某公司代表处支付“中止劳动合同协议书”载明的经济补偿金、退还未按实际工资缴纳社保金的费用，并赔偿相应退休金损失。仲裁委员会以不属于仲裁案件受案范围为由裁定不予受理。张某不服，向法院提起诉讼。

裁判理由与结果

法院经审理认为，《中华人民共和国劳动法》第二条规定：“在中华人民共和国境内的企业、个体经济组织（以下统称用人单位）和与之形成劳动关系的劳动者，适用本法。国家机关、事业组织、社会团体和与之建立劳动合同关系的劳动者，依照本法执行。”《中华人民共和国劳动合同法》第二条规定：“中华人民共和国境内的企业、个体经济组织、民办非企业单位等组织（以下称用人单位）与劳动者建立劳动关系，订立、履行、变更、解除或者终止劳动合同，适用本法。国家机关、事业单位、社会团体和与其建立劳动关系的劳动者，订立、履行、变更、解除或者终止劳动合同，依照本法执行。”《中华人民共和国国务院关于管理外国企业常驻代表机构的暂行规定》第十一条规定：“常驻代表机构租用房屋、聘请工作人员，应当委托当地外事服务单位或者中国政府指定的其它单位办理。”从以上我国现行的劳动法律法规可以看出，外国企业常驻我国的代表机构，并不属于《中华人民共和国劳动法》《中华人民共和国劳动合同法》规定的“用人单位”，其与中国雇员之间建立的具有劳动关系性质的合同关系，不属于劳动合同关系。澳大利亚某公司代表处未经外事服务单位或指定的单位直接聘请张某，双方之间形成的应系雇佣关系，故本案应系劳务合同纠纷。“中止劳动合同协议书”是经协商后自愿签订的协议，协议除约定了解除雇佣关系的时间外，还约定了澳大利亚某公司代表处应给予张某的经济补偿金及补偿方式等内容。故法院依据双方协议中的约定，结合澳大利亚某公司代表处实际为张某缴纳社会保险费的情况，判决澳大利亚某公司代表处向张某支付相应经济补偿金和社会保险费用。法院作出判决后，澳大利亚某公司代表处表示不服，提起上诉。二审法院经审理，最终判决驳回上诉，维持原判。

【法律风险提示与实务操作建议】

根据我国法律规定，外国企业常驻代表机构作为境外企业驻我国境内的办事机构，不具备独立的用工主体资格，不能直接在大陆聘用中国员工。但是实践中违反规定直接雇佣劳动者的情况大量存在。基于事实用工关系确实存在的客观情况，目前司法实践主流意见是将代表机构与其直接雇佣的员工之间认定为劳务关系。

外国企业常驻代表机构直接聘用中国员工属于违法用工行为，不仅应承担民事诉讼相关法律责任，还将受到行政部门的处罚。因此，外国企业常驻代表机构应当遵守中国法律相关规定，通过涉外劳务派遣的形式招聘和使用员工，避免侥幸心理，以免造成不必要的违法后果。劳动者则应慎重选择与外国企业常驻代表机构直接建立用工关系，否则作为劳动者应当享有的休息休假、保险福利、解除劳动合同应获得的补偿金或赔偿金等权利将很难得到充分保障。

【法规链接】

《中华人民共和国劳动合同法》第二条

《中华人民共和国国务院关于管理外国企业常驻代表机构的暂行规定》第十一条

《劳动和社会保障部办公厅关于外国使领馆雇用中国公民有关问题的复函》（劳社厅函〔2005〕51号）

《北京市人民政府关于外国企业常驻代表机构聘用中国雇员的管理规定》第五条、第六条、第八条

《北京市高级人民法院、北京市劳动争议仲裁委员会关于劳动争议案件法律适用问题研讨会会议纪要》第16条

5. 村民委员会、居民委员会能否成为《劳动法》意义上的用人单位？

【裁判规则】

依照《中华人民共和国村民委员会组织法》和《中华人民共和国城市居民委员会组织法》的规定，村民委员会和居民委员会成员（主任、副主任和委员）依法由选举产生，其与该组织之间不属于劳动关系。目前而言，村民委员会、居民委员会也不宜认定为《劳动法》意义上的用人单位。

【典型案例】 邵某与北京市怀柔区某村民委员会劳动争议案

基本案情

邵某在某村汽配厂工作。2017年2月10日，邵某工作时受伤。邵某主张，汽配厂拖欠其工资，因其未能查询到汽配厂的工商信息，应当由该村村委会承担责任。邵某遂向仲裁委申请仲裁，要求确认其与村委会存在劳动关系，并由村委会支付其工资及赔偿金、误工费等。仲裁委出具不予受理通知书。邵某不服提起诉讼。

裁判理由与结果

一审法院认为，根据《劳动合同法》第二条之规定，用人单位的范围应为中华人民共和国境内的企业、个体经济组织、民办非企业单位，及与劳动者建立劳动关系的国家机关、事业单位、社会团体。而村民委员会系根据《中华人民共和国村民委员会组织法》成立的基层群众性自治组织，其主要功能为村民自我管理、自我教育、自我服务并办理本村的公共事务和公益事业，且村民委员会亦无法到社保机构开户缴纳社保。故此，就目前而言，不宜将村民委员会认定为《劳动法》意义上的用人单位，遂驳回邵某的起诉。邵某不服提起上诉。二审法院最终判决驳回上诉，维持原判。

【法律风险提示与实务操作建议】

实践中，关于村民委员会、居民委员会能否作为用人单位的问题需要注意两个问题。

第一，村民委员会、居民委员会与其成员之间不存在劳动关系。根据《劳动合同法》第二条之规定，受《劳动合同法》调整的用人单位主要包括中华人民共和国境内的企业、个体经济组织、民办非企业单位等组织，以及国家机关、事业单位、社会团体。依照《中华人民共和国城市居民委员会组织法》的相关规定，居民委员会是居民自我管理、自我教育、自我服务的基层群众性自治组织，其成员系由本居住地区全体有选举权的居民或者由每户派代表选举产生。居民委员会的工作经费和来源，居民委员会成员的生活补贴费的范围、标准和来源，由不设区的市、市辖区的人民政府或者上级人民政府规定并拨付。依照《中华人民共和国村民委员会组织法》的相关规定，村民委员会是村民自我管理、自我教育、自我服务的基层群众性自治组织，村民委员会成员由民主选举产生，对于不脱离生产的村委会成员，可以给予适当补贴。

第二，对于村民委员会、居民委员会与其所聘用的工勤人员之间是否存在劳动关系的问题，一般认为，因前所述两委会性质原因，加之村民委员会亦无法到社保机构开户缴纳社保，故不宜将村民委员会、居民委员会认定为《劳动法》意义上的用人单位。

【法规链接】

《中华人民共和国村民委员会组织法》第十一条

《中华人民共和国城市居民委员会组织法》第八条

《北京市高级人民法院、北京市劳动争议仲裁委员会关于劳动争议案件法律适用问题研讨会会议纪要（二）》第22条

（二）劳动者

在相关法律制度中，劳动者是在劳动关系中提供劳动服务并获取劳动报酬的自然人。成为合法的劳动者需要满足两个条件。

一是达到法定年龄，即年满16周岁，但文艺、体育和特种工艺单位依照国家有关规定履行审批手续的除外。同时，法定退休年龄为男职工年满60周岁，女职工年满50周岁，“劳动者达到法定退休年龄的，劳动合同终止。”

二是具备劳动行为能力，即具备以自己行为行使劳动权利、履行劳动义务的资格。在校大学生虽然在法定就业年龄范围内，但其主要任务仍是学习，支配劳动能力的自由受到限制，因此，在校大学生利用业余时间勤工俭学原则上不视为就业，但是对于面临毕业的大学生到用人单位实习，其在用人单位和该单位普通员工一样从事全日制工作，通常会被认为是就业，该特殊情况将在后面具体论述。

劳动法律法规对未成年人和女职工，特别是“三期”内女职工的劳动权利作出了特别规定。

1. 未成年人

根据《中华人民共和国民法总则》的规定，16周岁以上不满18周岁的未成年人，以自己的劳动收入为主要生活来源的，视为完全民事行为能力人。未成年人在与用人单位建立劳动关系时身体仍处于生长发育期，因此包括《未成年工特殊保护规定》在内的多项劳动法律法规对其采取了特殊的劳动保护措施。比如，安排工作岗位之前，工作满1年，年满18周岁但距前一次的体检时间已超过半年的，用人单位都应当对未成年劳动者定期进行健康检查；实行登记制度，即用人单位招用未成年劳动者，除符合一般用工要求外，还须向所在地的县级以上劳动行政部门办理登记，由劳动行政部门核发《未成年工登记证》，未成年劳动者须持证上岗；不得安排未成年劳动者从事矿山井下、有毒有害、国家规定的第四级体力劳动强度的劳动和其他禁忌从事的劳动。

2. 妇女

我国对女职工实行特殊劳动保护。“三期”女职工，是指处在孕期、产期和哺乳期的妇女。由于特殊的生理特征，国家法律规定对“三期”女职工实行特殊的劳动保护和待遇，特别是国务院于2012年4月28日出台的新《女职工劳动保护特别规定》，全面明确和提升了女职工，尤其是“三期”女职工劳动待遇。“三期”女职工的特殊保障主要体现在以下方面。

（1）“三期”女职工的休息休假权

第一，根据相关法律规定，怀孕7个月以上女职工，用人单位不得延长其劳动时间或安排其夜班劳动，并应在劳动时间内安排一定的休息时间。第二，一些地区对产前假亦有明确规定。产前假是正常产假之外的假期，不包括正常产假中可以产前休息的15天假期。例如《上海市女职工劳动保护办法》规定，女职工妊娠7个月以上的，如工作许可，经本人申请，用人单位批准，可请产前假两个半月。而北京则没有产前假的相关规定。由于各地做法不一，具体适用应当根据当地政策规定执行。第三，怀孕女职工在劳动时间内进行产前检查的，应当算作劳动时间，按正常出勤对待，不能按照病假、事假或旷工处理。经过医师开具证明，需要保胎休息的，一般允许请保胎假，实际可按照病假待遇处理和执行。第四，女职工怀孕未满4个月流产的，享受15天假期；怀孕满4个月流产的，享受42天假期。实践中一些地方规定了更加有利于女性劳动者的标准，应当根据当地具体规定执行。第五，女职工生育享受不少于98天的产假，其中产前休息15天，产后休息83天。难产的，增加产假15天；多胞胎生育的，每多生育一个婴儿，增加产假15天。符合法律、法规规定生育的，享受延长生育假；国家并未对延长生育假的天数做统一规定，实践中根据各地的具体规定执行；由于2016年1月1日《女职工劳动保护特别规定》修正案的正式实施，合法生育的员工均可按照当地具体规定享受延长生育假的待遇。在以上产假的基础上，有些地区还规定了增加产假，如《北京市人口与计划生育条例》规定，女职工经所在机关、企事业单位、社会团体和其他组织同意，可以再增加产假1～3个月。增加产假并非法律强制规定，女职工申请增加产假的，用人单位可以根据实际工作安排需要及女职工实际情况决定是否同意。此外，产期女职工配偶享有陪产假，国家法律对此未明确规定，具体标准参照各地人口与计划生育条例。第六，女职工生育后至婴儿1周岁期间，用人单位应当在每天劳动时间内安排1小时哺乳时间；生育多胞胎的，每多哺乳1个婴儿增加1小时的哺乳时间。哺乳时间作为劳动时间。

（2）“三期”女职工的工资和福利待遇

用人单位不得因女职工怀孕、生育、哺乳降低其工资、予以辞退、与其解除劳动合同或聘用合同。“三期”女职工正常工作和出勤期间，用人单位应当按照正常标准支付工资；按照规定休假的，需区别情况处理。如保胎假一般按照病假工资支付，而产假和流产假工资由生育保险基金支付或按照劳动合同约定的本人工资标准支付。

（3）“三期”女职工的劳动保护和岗位调整

企业不得安排孕期、哺乳期女职工从事第三级体力劳动强度的劳动和其他孕期、哺乳期禁忌从事的劳动；不得安排怀孕7个月以上、哺乳期女职工加班和夜班劳动，并应在劳动时间内安排孕期 7 个月以上女职工一定的休息时间。女职工不能胜任原工作岗位的，经医疗机构出具证明，可要求用人单位减轻工作量或安排其他能够适应的劳动，用人单位应当批准并合理安排。用人单位主动调岗的，调岗理由应正当合理，并尽量采取协商一致的方式；对于用人单位意图通过调岗变相降薪或逼迫女职工主动辞职的，一般需承担不利法律后果。

（4）“三期”内劳动合同的终止和解除

劳动合同期满的，应当顺延至“三期”情形结束时终止，法律有特殊规定的除外。关于劳动合同的解除，根据法律规定，用人单位不得依照《劳动合同法》第四十条、第四十一条解除劳动合同，不得因女职工处于“三期”降低其工资、予以辞退、与其解除劳动合同或者聘用合同。因此，“三期”内用人单位不得解除劳动合同是指不得以女职工处在“三期”为由解除劳动合同，此时单位亦不得对其进行非过错性辞退和经济性裁员。当然，对于“三期”女职工的保护并不是无限的，根据《劳动合同法》第三十九条的规定，如果“三期”女职工属于以下情形的，用人单位仍然可以解除劳动合同：①在试用期间被证明不符合录用条件的；②严重违反用人单位的规章制度的；③严重失职，营私舞弊，给用人单位造成重大损害的；④劳动者同时与其他用人单位建立劳动关系，对完成本单位的工作任务造成严重影响，或者经用人单位提出，拒不改正的；⑤以欺诈、胁迫的手段或者乘人之危，使对方在违背真实意思的情况下订立或者变更劳动合同，致使劳动合同无效的；⑥被依法追究刑事责任的。综上，法律对解除“三期”内女职工劳动合同作出了十分严格的规定，即除了依据《劳动合同法》第三十九条的相关规定，以任何其他理由解除劳动合同都将构成违法解除。无论基于法律规定、国家民族长远利益还是人之常情，对“三期”内女职工给予一定的倾斜性保护都是合理的，但对于处于“三期”、不服从企业管理甚至违法违纪的女职工，用人单位有权运用《劳动合同法》第三十九条规定合法解除与其的劳动关系。

【疑难问题】

1. 达到法定退休年龄的劳动者与用人单位之间是否存在劳动关系？

【裁判规则】

根据《最高人民法院关于审理劳动争议案件适用法律问题的解释（一）》法释〔2020〕26 号第三十二条（原《劳动争议司法解释（三）》第七条）的规定，用人单位与其招用的已经依法享受养老保险待遇或领取退休金的人员发生争议而提起诉讼的，人民法院应当按劳务关系处理。对达到法定退休年龄但未享受养老保险待遇的人员与用人单位之间是否构成劳动关系，根据《北京市高级人民法院、北京市劳动争议仲裁委员会关于劳动争议案件法律适用问题研讨会会议纪要（二）》第12条的规定，目前仍倾向于按劳务关系处理。

退休人员的认定，参照劳动和社会保障部（现为“人力资源社会保障部”）《关于制止和纠正违反国家规定办理企业职工提前退休有关问题的通知》（劳社部发〔1999〕8号）的有关规定，即国家法定的企业职工退休年龄是：男职工年满60周岁，女职工年满50周岁，女干部年满55周岁。从事井下、高空、高温、特别繁重体力劳动或其他有害身体健康工作（以下称特殊工种）的，退休年龄为男职工年满55周岁、女职工年满45周岁；因病或非因工致残，由医院证明并经劳动鉴定委员会确认完全丧失劳动能力的，退休年龄为男职工年满55周岁、女职工年满45周岁。

【典型案例】 石某与北京某幕墙制造有限公司劳动争议案

基本案情

石某，女，出生于1968年9月1日。石某主张其与某集团公司、北京某幕墙制造有限公司均存在劳动关系。社会保险缴纳记录显示，2010年1月至4月、2012年8月至2015年1月，某集团公司为石某缴纳了社会保险，2015年2月至2018年7月，北京某幕墙制造有限公司为石某缴纳了社会保险。北京某幕墙制造有限公司称，2015年2月1日至2018年9月1日与石某存在劳动关系，双方的劳动关系因为石某达到法定退休年龄依法终止，公司已经按照石某在劳动合同书中填写的地址和电话向石某邮寄终止劳动合同通知书。石某认为劳动合同并未到期，且其并未办理退休手续，用人单位提前解除劳动合同应当支付解除劳动关系经济补偿金，遂持此诉求向仲裁委申请劳动仲裁。仲裁委裁决驳回其仲裁请求。石某不服诉至一审法院。

裁判理由与结果

一审法院经审理认为，根据相关法律规定，女职工达到法定退休年龄的标准为年满50周岁。石某于2018年9月1日年满50周岁，达到了法定退休年龄，不再具备建立劳动关系的主体资格。北京某幕墙制造有限公司以石某达到法定退休年龄主张双方劳动合同终止，并不违反法律规定。由于双方劳动关系因石某达到法定退休年龄而终止，该事由并不符合用人单位应当支付解除劳动关系经济补偿金的情形，故一审法院对于石某主张的解除劳动关系经济补偿金的诉讼请求不予支持。石某不服提起上诉。二审法院最终判决驳回上诉，维持原判。

【法律风险提示与实务操作建议】

对达到法定退休年龄但未享受养老保险待遇的人员与用人单位之间是否构成劳动关系的问题，实务中有两种观点。一种观点认为，劳动者只有达到退休年龄，并实际享受养老保险待遇，才属于真正意义上的退休；如果劳动者仅达到退休年龄，未实际享受养老保险待遇的，仍可以建立劳动关系。另一种观点认为，退休年龄和享受养老保险待遇只要满足其中一项条件，劳动者与用人单位之间即为劳务关系。本书赞成第二种观点，主要考虑到我国目前社会保险缴费制度的现状，即对于尚未达到领取养老保险待遇或领取养老金的劳动者，如果确认为劳动关系，那么用人单位就必须承担为劳动者缴纳社会保险的义务，但在现行的社会保险缴费体系下，如果劳动者已经达到退休年龄，用人单位在社会保险行政机关无法为劳动者办理社会保险的开户手续。本案判决亦采用此观点。石某于2018 年9 月1 日年满50 周岁，达到了法定退休年龄，不再具备建立劳动关系的主体资格，故用人单位以此为由主张双方劳动关系终止并不违反法律规定，因此事由不符合用人单位应当支付解除劳动关系经济补偿金的情形，北京某幕墙制造有限公司无须向石某支付解除劳动关系经济补偿金。

【法规链接】

《中华人民共和国劳动合同法实施条例》第二十一条

《国务院关于工人退休、退职的暂行办法》第一条

《最高人民法院关于审理劳动争议案件适用法律问题的解释（一）》法释〔2020〕26 号第三十二条

《北京市高级人民法院、北京市劳动争议仲裁委员会关于劳动争议案件法律适用问题研讨会会议纪要（二）》第 12 条

2. 在校学生与用人单位之间是否存在劳动关系？

【裁判规则】

根据《关于贯彻执行〈中华人民共和国劳动法〉若干问题的意见》第 12 条的规

定，在校学生利用业余时间勤工助学，不视为就业，未建立劳动关系，可以不签订劳动合同。可见，勤工助学、在校学生在用人单位进行社会实习或从事社会实践活动，不被认为是劳动关系。

但对于即将毕业的大学生，且用人单位知晓该大学生即将毕业的情况，大学生以毕业后即将就业为目的，向用人单位提供持续不间断的劳动，用人单位亦对该大学生实施劳动管理并支付劳动报酬的情况下，可以认定构成劳动关系。

【典型案例】 李某与北京某地产经纪公司劳动争议案

基本案情

李某是北京某职业技术学院的应届大学毕业生，2016年7月将从该大学正式毕业。2015年11月18日，北京某地产经纪公司向李某发出入职通知书，通知书载明，李某符合北京某地产经纪公司房地产经纪人岗位要求，请李某于2015年11月29日来北京某地产经纪公司报到，并参加公司统一的封闭式培训，试用期内底薪4000元，双方劳动关系的建立以及具体的权利义务最终以北京某地产经纪公司与李某签订的书面劳动合同为准，入职3个月后实习协议可盖章，实习生可在每年的2—6月申请回校答辩假，入职通知书有效期截止到2016年7月31日；李某在上述通知书的“毕业生签字:”后签名，并在“毕业院校:”后填写“北京某职业技术学院”。通知书中加盖北京某地产经纪公司公章。2015年11月29日，李某至北京某经纪地产经纪公司实习。2016年3月至10月，北京某地产经纪公司向李某银行卡每月汇入款项。2016年7月15日，李某与劳务派遣公司签订劳动合同，约定李某用工单位为北京某地产经纪公司。李某向北京市朝阳区劳动人事争议仲裁委员会申请仲裁，要求确认与北京某地产经纪公司有劳动关系。朝阳区仲裁委作出不予受理决定。李某不服起诉至法院。

裁判理由与结果

一审法院认为，李某系即将毕业的学生，北京某地产经纪公司亦知晓李某即将毕业的情况，李某以毕业后即将就业为目的至北京某地产经纪公司实习，且实习期间向北京某地产经纪公司提供持续不间断的劳动，北京某地产经纪公司亦对李某实施劳动管理并支付劳动报酬；李某与北京某地产经纪公司之间符合形成劳动关系的基本要素，故应当认定双方存在劳动关系。因李某与劳务派遣公司于2016年7月15日签订了劳动合同，李某与北京某地产经纪公司的劳动关系存续期间为2015年11月29日至2016年7月14日。北京某地产经纪公司不服一审判决，提起上诉。二审法院最终判决驳回上诉，维持原判。

【法律风险提示与实务操作建议】

上述案例的争议焦点是，在校大学生能否成为劳动关系的主体。

在校学生利用业余时间勤工助学或参加社会实践，一般情况下不视为就业，实习学生与单位不成立劳动关系。原劳动部《关于贯彻执行〈中华人民共和国劳动法〉若干问题的意见》第12条也是该观点。但第12条仅仅针对在校生在业余时间勤工助学期间的关系认定，并未明确排除在校学生建立劳动关系的资格。实践中很多临近毕业的大学生，其为就业往往提前进入用人单位工作，长期在用人单位从事与其他员工并无实质性差别的工作，用人单位对于大学生欲与其建立劳动关系的目的也是清晰的，在此情况下，如果双方之间的法律关系符合劳动关系的实质要件的，双方应当形成劳动关系。在上述案例中，李某系即将毕业的学生，北京某地产经纪公司亦知晓李某即将毕业的情况，李某以毕业后即将就业为目的至北京某地产经纪公司实习，且实习期间向北京某地产经纪公司提供持续不间断的劳动，北京某地产经纪公司亦对李某实施劳动管理并支付劳动报酬；李某与北京某地产经纪公司之间符合形成劳动关系的基本要素。

虽然法律对于在校大学生能否作为《劳动合同法》的主体与用人单位签订劳动合同没有明确规定，但从目前审判实践来看，如果在校生进行劳动的情况符合认定劳动关系的实质条件，认定在校生与用人单位构成劳动关系的可能性是存在的。如果用人单位仍然认为聘用在校大学生能够降低劳动力成本，甚至认为可以随意解聘，就可能承担不利法律后果。建议用人单位尤其在招聘准应届毕业生时，如果双方约定仅为实习或社会实践，无关就业，则应当按照双方真实意思表示订立书面协议，明确约定实习期间报酬、工作时间、事故责任等条款，并与其协商由其自行或由单位为其购买意外伤害险、雇主责任险等商业保险，以免将来出现不必要的纠纷，降低用工风险。

【法规链接】

原劳动部《关于贯彻执行〈中华人民共和国劳动法〉若干问题的意见》第12条

《北京市高级人民法院、北京市劳动争议仲裁委员会关于劳动争议案件法律适用问题研讨会会议纪要（二）》第23条

3. “四类” 人员与用人单位之间是否存在劳动关系？

【裁判规则】

“四类”人员是指，停薪留职人员、未达到法定退休年龄的内退人员、下岗待岗人员以及企业经营性停产放长假人员。“四类”人员在退休之前与新用人单位建立用工关系，应按劳动关系处理。该种情况下可以认定双重劳动关系的存在，但对于新用人单位因客观原因不能为其缴纳社会保险，该劳动者以此为由提出解除劳动合同并要求经济补偿金的，不予支持。

“四类”人员与原单位的关系：“四类”人员在退休前与新用人单位建立用工关系的，一般情况下可以认定原用人单位与其保持劳动关系，相关待遇依双方的约定。双方未约定或者约定不明的，考虑到国家法律法规和政策、同行业同类型劳动者保护标准，从保护劳动者的基本权益和用人单位现实情况进行综合判断。

【典型案例】 刘某与北京某技术服务公司劳动争议案

基本案情

刘某系某企业内退人员。2015 年 1 月 1 日，刘某入职北京某技术服务公司担任项目部技术工人，入职当天与该公司签订了书面劳动合同。2017 年 6 月 15 日，刘某发生交通事故。刘某认为，其与北京某技术服务公司之间存在劳动关系。北京某技术服务公司则主张，因刘某系某企业内退人员，双方仅能建立劳务关系。刘某遂向辖区内劳动人事争议仲裁委员会申请仲裁，要求确认双方存在劳动关系。仲裁委支持了刘某的仲裁请求。北京某技术服务公司不服，提起诉讼。

裁判理由与结果

一审法院认为，刘某身份是否为某企业内退人员并不影响其与北京某技术服务公司另行建立劳动关系的主体资格，且北京某技术服务公司与刘某之间订立了“劳动合同书”，双方应属劳动关系。同时，北京某技术服务公司与刘某虽另订立两份“劳务合同书”，但合同约定的双方权利义务的内容完全符合劳动关系的法律特征，具备劳动合同的性质，故自 2015 年 1 月 1 日至 2017 年 6 月 15 日北京某技术服务公司与刘某之间存在劳动关系。北京某技术服务公司不服提起上诉。二审法院最终判决驳回上诉，维持原判。

【法律风险提示与实务操作建议】

“四类”人员所面对的“双重或多重劳动关系”困境，是我国计划经济体制向市场经济体制转型过程中发生的历史性、体制性问题。体制转型过程中，产业升级换代不断推进，一些企业在这一优胜劣汰的过程中发生经营困难，或者由于科技创新极大地提高了生产效率，从而导致企业的人力资源相对过剩。为了安置相对过剩的劳动者，企业根据不同情况，对不同的劳动者采取停薪留职、提前退休、直接下岗待岗，甚至因经营性困难直接放长假等措施，以期达到分流剩余劳动力的目的。在此背景下，被分流的停薪留职人员、提前内退人员、下岗待岗人员以及因企业经营性困难放长假人员，往往会自行另谋出路，与其他用人单位建立劳动关系获取劳动报酬。这就形成了所谓“双重或多重劳动关系”的现象。

目前司法实践主流观点认为，在上述双重或多重劳动关系中，后一种或两种以上的关系属于劳动关系。停薪留职、提前退休、下岗待岗以及放长假制度实际上都是我国经济体制改革中为了解决国有企业机构臃肿、人浮于事、效率低下、企业经营困难等问题采取的措施，其目的是拓宽就业渠道、减轻国有企业负担、建立社会主义市场经济条件下的就业制度。因此，“四类”人员与新的用人单位建立用工关系，不仅符合上述措施的政策目的，更是上述政策所积极追求的目标。此外，“四类”人员与之前的用人单位之间的劳动关系，虽然在表面上尚未解除或终止，但是，从实质上看，都是有名无实的。劳动者与新的用人单位之间的用工关系，新的用人单位为劳动者提供工作岗位，劳动者付出劳动，两者的关系符合劳动关系的一切特征。如果不承认或者认定这种关系为劳务关系，则会造成有实无名的状态。将有名无实的关系认定为劳动关系，而将有实无名的关系认定为非劳动关系，不是一个良好的法律秩序。再者，《劳动法》的主要立法目的在于保护劳动者的合法权益。如果不承认“四类”人员与新用人单位之间的关系为劳动关系，在法律适用上，此种新的用工关系的权利义务主体适用劳动法的有关规定就存在障碍。由此，劳动法律中的劳动安全制度、最低工资制度、工时制度、社会保险制度、职业危害防护、福利、培训等旨在保护劳动者权益的制度也将难以发挥作用，从而也不利于劳动者的权利保护，这与《劳动法》的立法目的相悖。

【法规链接】

《最高人民法院关于审理劳动争议案件适用法律问题的解释（一）》法释〔2020〕26号第三十二条

二、 劳动关系认定的常见问题

根据劳动和社会保障部（现为“人力资源和社会保障部”）《关于确立劳动关系有关事项的通知》（劳社部发〔2005〕12 号）第一条的规定，劳动者与用人单位之间是否构成劳动关系有三方面的判断依据：一是劳动者与用人单位均具有符合法律、法规规定的主体资格；二是劳动者接受用人单位的劳动管理，遵守用人单位的规章制度，用人单位向劳动者支付劳动报酬；三是劳动者提供的劳动是用人单位业务的组成部分。在审理案件过程中，应详细审查劳动者的入职情况、工作内容、工作安排主体、接受管理的情况、劳动报酬的支付以及社会保险缴纳等情况。此外，司法实务中，劳动关系的认定往往还会涉及劳动关系与劳务关系如何区分、劳动关系认定举证责任等疑难问题。

【疑难问题】

1. 如何区分劳动关系与劳务关系？

【裁判规则】

劳动关系是指用人单位招用劳动者为其成员，劳动者在用人单位的管理下，提供由用人单位支付报酬的劳动而产生的权利义务关系。劳务关系是指平等民事主体之间就一方向另一方提供劳务、另一方接受劳务并支付对价而相互形成的权利义务关系。劳动关系与劳务关系的区别主要表现在：

（1）规范和调整劳动关系与劳务关系的法律依据不同

劳动关系由《劳动法》《劳动合同法》规范和调整，而且建立劳动关系必须签订书面劳动合同。劳务关系由《中华人民共和国民法总则》（以下简称《民法总则》）和《中华人民共和国合同法》（以下简称《合同法》）进行规范和调整，建立和存在劳务关系的当事人之间是否签订书面劳务合同，由当事人双方协商确定。

（2）劳动关系主体与劳务关系主体有所不同

劳动关系的当事人是特定的，即劳动者必须符合《劳动法》和《劳动合同法》规定的条件，是具有劳动能力和行为能力的自然人。劳务关系的当事人则没有上述限制，劳务提供方可以是自然人，也可以是法人或者其他组织。

（3）当事人的权利义务不同

在劳动关系中，劳动者享有休息休假权，用人单位必须按照法律法规和地方规章等为职工承担社会保险义务，且用人单位承担其职工的社会保险义务是法律的确定性规范。而劳务关系中，对劳务提供方不存在加班工资、未休带薪年休假工资的适用，一方当事人不存在必须承担另一方当事人社会保险的义务，相关保险等事项由双方协商确定。

（4）用人单位对当事人在管理方面的不同

用人单位具有对劳动者违章违纪进行处理的管理权。如对职工严重违反用人单位劳动纪律和规章制度、严重失职、营私舞弊等行为进行处理，有权依据其依法制定的规章制度解除与当事人的劳动合同，或者对当事人给予警告、记过、降职等处分。劳务关系中一般只能解除劳务关系或者要求当事人承担一定的经济责任，不存在对其解除劳动合同或给予其他纪律处分的形式。

（5）在支付报酬方面的不同

劳动关系中的用人单位对劳动者具有行使工资、奖金等方面的分配权利。用人单位向劳动者支付的工资应遵循按劳分配、同工同酬的原则，必须遵守当地有关最低工资标准的规定。在劳务关系中，一方当事人向另一方当事人支付的报酬完全由双方协商确定。

（6）纠纷的处理方式不同

劳动合同纠纷发生后，应先到劳动人事争议仲裁委员会仲裁，不服仲裁裁决的在法定期间内才可以到人民法院起诉，劳动仲裁是前置程序；但劳务合同纠纷出现后可以直接诉讼，无须劳动仲裁前置。

此外，在法律责任、用人单位的支配力、劳动时间的安排等方面也不尽相同。总的来说，劳务关系是一种私法关系，几乎所有的事项都可以在双方协商一致的基础上确定。但劳动关系则要受到《劳动法》《劳动合同法》等相关法律的严格限制。

【典型案例】 侯某与北京某文化公司劳动争议案

基本案情

侯某于2013年3月2日起在北京某文化公司担任保洁员，双方签订了劳务合同，约定月工资3300元，2017年8月之后工资上涨为3600元每月。北京某文化公司于每月10日左右以银行转账方式支付其上月工资，工资支付至2018年6月。北京某文化公司主张双方系劳务关系，2018年7月28日因裁员解除了与侯某的劳务关系。侯某亦于

2018年8月30日以公司拖欠工资、未缴纳社保为由提出解除劳动关系。侯某向所在辖区的劳动争议仲裁委员会提出仲裁申请，请求确认双方存在劳动关系，北京某文化公司向其支付解除劳动关系经济补偿金。仲裁委支持了侯某的仲裁请求，北京某文化公司不服仲裁裁决，提起诉讼。

裁判理由与结果

一审法院认为，侯某的工资结构相对固定，发放时间相对固定，北京某文化公司虽出具劳务合同否认双方存在劳动关系，但事实劳动关系建立并非仅以订立劳动合同为判断依据。双方签订的劳务合同具备劳动合同必备条款内容，具有劳动合同的性质。因北京某文化公司主张其公司因工作需要裁减保洁员而与侯某解除劳动合同，侯某亦认可收到单位解除劳动关系的通知后离开单位，故法院视为北京某文化公司与侯某双方协商一致解除劳动关系，北京某文化公司应支付侯某解除劳动关系经济补偿金。北京某文化公司不服提起上诉。二审法院最终判决驳回上诉，维持原判。

【法律风险提示与实务操作建议】

劳动合同关系和劳务合同关系最显著的区别特征在于劳动者对用人单位的人身隶属性。劳动关系是否存在要看是否符合劳动关系的基本特征，不能因为用人单位与劳动者约定是劳务关系，不交社保，没有劳动合同，就确认双方不存在劳动关系。具体应当依据《关于确立劳动关系有关事项的通知》（劳社部发〔2005〕12号）进行认定。本案中，北京某文化公司与侯某主体上符合《劳动法》规定的用人单位和劳动者范畴；从侯某的工作内容上看，其接受北京某文化公司的考勤等日常管理，北京某文化公司亦每月固定向其发放劳动报酬。侯某的工作属于北京某文化公司业务的组成部分，双方签订的劳务合同也实际上具备《劳动合同法》所规定的劳动合同必备条款，故双方关系更符合劳动关系的本质特征。

【法规链接】

《中华人民共和国民法总则》第二条

《中华人民共和国合同法》第三条

《中华人民共和国劳动法》第十六条

《中华人民共和国劳动合同法》第十七条

《关于确立劳动关系有关事项的通知》（劳社部发〔2005〕12号）第一条

2. 证券经纪人与证券公司之间是否存在劳动关系？

【裁判规则】

《证券经纪人管理暂行规定》第二条规定，证券公司可以通过公司员工或者委托公司以外的人员从事客户招揽和客户服务等活动。委托公司以外的人员的，应当按照《证券公司监督管理条例》规定的证券经纪人形式进行，不得采取其他形式。前款所称证券经纪人，是指接受证券公司的委托，代理其从事客户招揽和客户服务等活动的证券公司以外的自然人。据此，证券公司与证券经纪人之间的法律关系是委托代理关系，双方之间不构成劳动关系。

【典型案例】 杨某与某证券公司营业部劳动争议案件

基本案情

杨某于2009年7月7日入职某证券公司营业部，双方签订了期限自2009年7月7日起的非全日制劳动合同。2010年4月21日，证券公司营业部（甲方）与杨某（乙方）签订了期限自当日起至2010年12月31日的证券经纪人委托合同，双方约定：甲方委托乙方从事客户招揽、客户服务等活动；甲方与乙方之间的法律关系为委托代理关系；订立合同的依据为《证券公司监督管理条例》《证券经纪人管理暂行规定》《中国证券业协会证券经纪人执行规范（试行）》《证券经纪人委托合同必备条款》等；甲方和乙方之间不构成任何劳动关系，乙方不具有甲方任何类别的员工身份；乙方知晓"证券经纪人报酬标准协议书"中规定的乙方应达到的业务量指标、报酬计算依据、计算方法、支付时间和支付方式，该"证券经纪人报酬标准协议书"中明确的报酬是乙方依据本合同所应得的全部报酬。2011年1月1日、2013年4月1日，某证券公司营业部与杨某分别签订了期限自2011年1月1日至2013年3月31日、2013年4月1日至2015年3月31日的"证券经纪人委托合同"。

2014年6月19日，杨某以未为其缴纳社会保险为由向某证券公司营业部送达解除劳动关系通知书。杨某主张2010年4月21日前后，其工作岗位、工作内容、工资构成均未发生变化，且其一直受某证券公司营业部管理，2010年4月21日之后双方仍应为劳动关系。证券公司营业部则主张自2010年4月21日起双方系委托代理关系。

杨某遂向劳动人事争议仲裁委员会提出申请，要求确认某证券公司营业部与其自2009年7月1日至2014年6月18日存在劳动关系，并由证券公司营业部向其支付解除劳动关系经济补偿金。该仲裁委裁决确认自2009年7月7日至2010年4月20日，杨某与某证券公司营业部存在劳动关系，驳回杨某的其他申请请求。杨某不服仲裁裁决诉至法院。

裁判理由与结果

一审法院认为，2009年7月7日至2010年4月20日，某证券公司营业部与杨某依据非全日制劳动合同确定彼此间的权利义务，故上述期间双方系劳动关系。关于2010年4月21日之后某证券公司营业部与杨某之间法律关系的性质，首先，双方在证券经纪人委托合同中明确约定双方之间为委托代理关系，双方之间不构成任何劳动关系，杨某不具有某证券公司营业部任何类别的员工身份；其次，杨某提交的证券经纪人证书载明了杨某与某证券公司营业部的委托代理期间，该证书亦可表明双方之间系委托代理关系；最后，双方在证券经纪人委托合同中明确约定，杨某有权参加某证券公司营业部组织的相应培训，某证券公司营业部有权对杨某进行考核，故杨某提交的员工会议纪要、留用考察申请书亦不能证明双方之间系劳动关系。因此，2010年4月21日之后该证券公司营业部与杨某之间系委托代理关系。法院对杨某要求确认2010年4月21日之后双方之间系劳动关系，以及支付劳动关系存续前提下的解除劳动关系经济补偿金的诉讼请求均不予支持。杨某不服提起上诉。二审法院最终判决驳回上诉，维持原判。

【法律风险提示与实务操作建议】

本案的争议焦点为证券公司营业部与证券经纪人之间法律关系的性质，是劳动关系还是委托代理关系？

在判断上述问题时不能简单地以双方签订的合同名称来确定，而要以双方实际履行合同的权利义务来判定。委托代理关系是指委托人指定、雇佣或者委托他人为其提供服务，完成一定的任务，委托人根据受委托人提供服务的数量和完成任务的质量支付报酬的权利义务关系。而劳动关系中，劳动者须遵守用人单位的各项规章制度，服从用人单位的劳动管理，从用人单位处有规律性地领取劳动报酬，接受用人单位的考勤管理，双方之间存在人身依附关系。委托关系中的受委托人与委托人之间则一般不具备此种人身依附关系。

本案中，双方明确签订了“证券经纪人委托合同”，杨某工作时间亦较为自由，不需严格遵守八小时的工作制，证券公司也无须对原告进行考勤，这与劳动关系中劳动者受用人单位的考勤管理和约束有很大的区别。凡此种种，法院最终认定杨某与某证券公司营业部之间系委托代理关系。事实上，证券行业中存在着大量公司委托个人从事客户招揽和客户服务的现象，这种现象并不违反法律规定，《证券公司监督管理条例》《证券经纪人管理暂行规定》等相关法律规定均对此给予肯定。杨某与某证券公司营业部签订委托代理合同招揽客户符合证券行业的特点，判决结果也肯定了行业发展的趋势。

【法规链接】

《证券经纪人管理暂行规定》第二条

3. 用人单位发生发包、转包、承包情形下的劳动关系如何认定?

【裁判规则】

用人单位存在将业务发包、转包的情况，应当区别情况处理。

一般情况下，建设单位将工程发包给有用工主体资格的承包人的，劳动者与承包人之间存在劳动关系。如果劳动者系发包单位自行招录、自行管理、直接发放工资，则与发包单位存在用工管理关系，应认定劳动者与发包单位存在劳动关系。

在违法分包或者非法转包情形下，劳动者与实际用工的承包人之间形成劳务关系。如果承包人将承包业务非法转包给不具备用工主休资格的组织或者自然人，该组织或者自然人聘用的职工与该组织或自然人之间系雇佣关系，与承包人之间不存在劳动关系，承包人仅为承担工伤保险责任的单位。

【典型案例】 文某与北京某房地产有限公司劳动争议案件

基本案情

文某系木工，2011 年 4 月 24 日至 5 月 27 日在北京市朝阳区某工地工作 28.5 天，工作地点为北京某建筑集团下属的某公司五项目部工地，归属谢某、陈某两个班组。北京某房地产公司系工程总发包方，北京某建筑集团系总承包方。文某称，入职时约定了每天 300 ~400 元的工资标准，但实际按照每天 200 元进行了结算，文某遂以北京某房地产公司为被申请人，向劳动人事争议仲裁委员会申请仲裁，要求北京某房地产公司返还工资、支付相应赔偿金。仲裁委员会出具不予受理通知书。文某向法院提起诉讼。

裁判理由与结果

一审法院经审理认为，文某自述经老乡介绍到工地从事木工工作，该陈述不能体现文某与北京某房地产公司就建立劳动关系进行过平等自愿协商。结合北京某建筑集团下属的某公司在朝阳劳动监察大队调查的过程中认可使用过文某，文某所提交证据不能证明其与北京某房地产公司形成了劳动关系，文某诉讼请求不能成立，故裁定驳回文某的起诉。文某不服提起上诉，二审法院经审理判决驳回上诉并维持原判。

【法律风险提示与实务操作建议】

违法分包或者非法转包一般涉及四方主体，分别为总发包方、总承包方、受转包方或违法分包方、劳动者。总承包方将自己的业务转包或违法分包，个人挂靠情形下一般存在三方当事人，分别是被挂靠单位、挂靠的个人、劳动者，挂靠人自行对外招揽业务。在劳动争议纠纷中，确认劳动关系与否的背后往往涉及劳动者受伤时的工伤责任承担问题。工伤认定属于行政案件，劳动关系确认系民事纠纷，由于存在民事与行政交叉的难题，不具备用工主体资格的组织或自然人招聘的员工与承包人之间是否构成劳动关系，一直是困扰审判实务领域的难题。

目前审判实务领域主流观点认为，不具备用工主体资格的组织或自然人与其招用的劳动者之间是雇佣关系，承包人与劳动者之间不存在劳动关系，承包人在劳动者发生因工伤亡的情况下承担工伤保险责任。相关法律法规表述中，将承包人的工伤保险责任表述为“用工主体责任”，故该“用工主体责任”并非确认双方存在劳动关系，而是对劳动者特殊保护的一种替代责任。承包人承担工伤保险责任之后可向组织或自然人追偿。此外，根据《劳动合同法》第九十四条的规定，承包人对于劳动者因个人承包经营者违法招用人员遭受损失的，应当与个人承包经营者承担连带赔偿责任。故承包人用工主体责任除承担工伤保险责任外，还包括承担解除劳动关系补偿金、赔偿金、工资差额等金钱给付责任。

因此，承包人应当谨慎处理转包、分包事项，慎重对待挂靠要求，严格遵守相关法律法规规定，以免在出现因工伤亡情况下被追究用工主体责任，同时避免挂靠人行为被认定为表见代理而承担不必要的连带给付义务。同时提醒劳动者在发生事故后，应首先清楚了解诉争工地各方主体之间系何种关系，并根据前述司法认定规则理智选择被告，以节约时间成本，尽快维护合法权利。

【法规链接】

《最高人民法院关于审理工伤保险行政案件若干问题的规定》第三条

《北京市高级人民法院、北京市劳动人事争议仲裁委员会关于审理劳动争议案件法律适用问题的解答》第1条、第2条

4. 关联企业混同用工中，如何认定劳动关系和用人单位？

【裁判规则】

有关联关系的用人单位交叉轮换使用劳动者的，根据现有证据难以查明劳动者实际工作状况的，参照以下原则处理。

（1）订立劳动合同的，按劳动合同确认劳动关系；

（2）未订立劳动合同的，可以根据审判需要或者当事人申请将有关联关系的用人单位列为当事人，依据有关联关系的各个单位发放工资、缴纳社会保险、工作地点、工作内容等情况，判断与劳动者存在劳动关系的单位；

（3）在有关联关系的用人单位之间交叉轮换使用劳动者、工作内容交叉重叠的情况下，对劳动者涉及给付内容的主张，可根据劳动者的主张，由其中一家用人单位承担责任，或由多家用人单位共同承担连带责任。

【典型案例】 张某与某文化公司、某影院公司劳动争议案

基本案情

张某主张其于2017年4月5日入职某影院公司担任艺人总监，双方未订立书面劳动合同，在职期间接受公司副总李某及董某的管理。2017年9月6日，副总李某口头提出解除与其的劳动关系。

某影院公司否认与张某存在劳动关系，主张只是受某文化公司法人王某的委托代为管理张某至2017年6月（即某文化公司成立时间），具体包括向张某代发工资并报销费用。

某文化公司主张其与张某存在劳动关系，存续期间为成立之日至2017年9月5日，双方没有签订劳动合同。某文化公司认可某影院公司关于代管张某的主张，张某在某文化公司任职期间接受副总李某管理，李某同时在某影院公司担任监事。张某于2017年7月24日向李某口头提出辞职，正常工作至2017年9月5日。某文化公司使用某影

院公司的办公地点。

张某向劳动仲裁委员会申请仲裁，要求确认与某影院公司存在劳动关系，并要求其支付解除劳动关系经济补偿金、未提前30天书面通知解除劳动关系的1个月工资补偿、未签劳动合同双倍工资以及工资，某文化公司承担连带责任。仲裁委员会作出裁决后，张某与某影院公司均不服并提起诉讼。

裁判理由与结果

法院经审理认为，根据某影院公司提交的报销记录和员工离职审批表中内容，以及关于李某的职务陈述可见，某影院公司与某文化公司之间管理人员及财务人员存在重叠之情形，两家公司存在关联关系。根据查明的事实，张某的工作地点为某影院公司的办公地点，其接受某影院公司的管理，某影院公司与某文化公司先后向其支付劳动报酬，根据上述情形，法院确认某影院公司与某文化公司存在混同用工的情况，法院对张某关于其与某影院公司之间存在劳动关系的主张予以采信，并确认张某与某影院公司在2017年4月5日至2017年9月5日存在劳动关系，某影院公司应当支付张某未签劳动合同二倍工资差额及解除劳动合同经济补偿金，某文化公司承担连带给付责任。

【法律风险提示与实务操作建议】

混同用工一般系用人单位有意为之，目的是规避连续工龄、无固定期限劳动合同、补偿金或赔偿金等用工风险。混同用工表现为以下几种形式。

第一，"一套人马，两块牌子"，混淆用工，为混同用工最典型的表现形式。具体表现为实际控制人系同一人，或者具有亲属关系或其他关联关系的两个或多个经济组织，业务内容相同或存在交叉，经营场所无法区分，人员、财务等高度混同，劳动者明确但用人主体不明确。极端情况下，企业恶意注销（注销不清算）后成立另一家公司继续经营，以此规避法律责任。对此可以认定为混同用工，对劳动者权利通过认定连带责任予以救济。

第二，采用出租经营合同、承包合同等形式，隐蔽用工。部分公司在劳动争议发生后主张已将相应场地出租给第三人经营，或相应业务外包给第三人，劳动者与自己不存在劳动关系。此类公司系实际用工主体，但与关联企业或存在业务资源联系的企业签订出租合同、承包合同，意图隐蔽与劳动者之间的劳动关系。根据法律规定，租赁经营（生产）、承包经营（生产）的企业，如果所有权并没有发生改变，法人名称未变，在与职工订立劳动合同时，该企业仍为用人单位一方；经发包单位授权或形成表见代理的个人承包经营者招用的职工与发包单位之间存在劳动关系；违法分包的，发包人对于劳动者因个人承包经营者违法招用遭受损失的，应当与个人承包经营者承担连带赔偿责任。

第三，利用总、分公司或母子公司关系，交替用工。集团型公司下辖分公司和子公司，有些集团公司将劳动者在各分公司、子公司之间频繁调动，交替用工，甚至将员工的劳动合同、工作地点、工资、社保等分布在不同的公司，目的主要是规避连续工龄和签订无固定期限合同。但根据法律规定，交替用工如非“职工本人原因”造成的，则新旧用人单位之间的工龄连续计算；原单位未支付经济补偿金的，交替用工的经济补偿金年限从职工入职原单位之日开始计算。因此，在非因“职工本人原因”造成交替用工的情况下，新旧用人单位之间工龄应当连续计算，职工工龄满十年的仍须订立无固定期限劳动合同。对于通过交替用工规避连续两次订立固定期限劳动合同的处理，目前没有明确的法律依据，笔者倾向于参照工龄连续对此类情形设定“连续计算”，即认定通过交替用工规避连续两次订立固定期限劳动合同的行为无效，认定交替用工单位签订固定期限劳动合同次数连续计算。

第四，逆向劳务派遣，转移用工。一方面表现为用工单位与劳动者已达成用工意向，却不直接与劳动者签订劳动合同，而要求劳动者与其指定的劳务派遣公司签订劳务派遣合同，使劳动者只能以派遣员工名义从事劳动；另一方面表现为逆向劳务派遣，还可以理解为总、分公司或母子公司交替用工的变形，即用工单位将原有员工的劳动关系、社保、工资转移至劳务派遣公司，由劳务派遣公司承继原劳动关系，劳动者工作地点、工作岗位、工作内容等实际均不发生变化。以上两种行为均违背了劳动者的自主择业权，并模糊了用工单位的用人主体地位，劳动争议发生后用工单位与劳务派遣单位往往互相推诿责任。实务中，一般从劳动者的实际招录主体，劳动者与劳务派遣单位之间劳动合同、劳务派遣协议订立的先后顺序，劳务派遣是否针对用工单位现有职工等方面认定是否存在逆向劳务派遣。法律没有明确规定逆向劳务派遣的法律后果。本书认为，劳务派遣协议本质上为平等主体（劳务派遣公司、用工单位）之间订立的合同，内容为劳动力使用权的转移，虽然涉及劳动者人身，但其本身并非人身性合同，故应被视为民事合同受《合同法》调整。依据《合同法》第五十二条第三项“以合法形式掩盖非法目的的合同无效”，逆向劳务派遣协议虽然具有劳务派遣形式，但其订立的目的是规避用工单位的用工风险，其订立目的具有可责难性，符合《合同法》第五十二条第三项的规定情形，应认定无效。逆向劳务派遣协议作为劳动关系的基础，其无效导致劳动者与劳务派遣单位之间劳动合同亦无效。若劳动者已经向用工单位提供了劳动，符合事实法律关系的特征，应当认定劳动者和用工单位之间存在事实劳动关系。

在上面的典型案例中，法院经审查认定某文化公司与某影院公司存在关联关系，对张某存在混同用工行为，应当承担连带给付责任。该案例及相关裁判规则提示用人单位应规范用工行为，避免出现混同用工情形，否则不仅达不到规避用工风险的目的，反而存在被判决承担连带责任的法律后果，得不偿失。劳动者在被要求与其他主体签订劳动合同或劳务派遣协议时，应当与实际用人单位充分沟通，问清楚签订原因和签订后果，过程中可留存证据，即便不做诉讼用途，至少可以增加维护自身权利时与用人单位协商的筹码。

【法规链接】

《北京市高级人民法院、北京市劳动争议仲裁委员会关于劳动争议案件法律适用问题研讨会会议纪要（二）》第26条

原劳动部关于印发《关于贯彻执行〈中华人民共和国劳动法〉若干问题的意见》第15条

5. 签订劳动合同主体与劳动者实际工作单位不一致的情况下如何认定劳动关系？

【裁判规则】

劳动者与用人单位签订劳动合同后，被该用人单位派至其他单位工作，劳动者虽在被派往单位工作，但应认定其与签订劳动合同的用人单位存在劳动关系，可根据案件审理情况，追加实际用人单位参加诉讼。在判决仅由签订劳动合同的用人单位承担责任、可能损害劳动者实际利益的情况下，可判决由实际用人单位承担连带责任。

【典型案例】郭某与北京某工程承包公司、大连某建设公司劳动争议案

基本案情

郭某与大连某建设公司于2011年2月28日签订劳动合同，劳动合同对于工作地点、工资等均未约定。2011年2月到2011年5月大连某建设公司按月向郭某支付人民币1800元，之后仅每月缴纳社会保险。大连某建设公司与北京某工程承包公司系关联公司，同属于中国某经济集团有限公司。

郭某称，北京某工程承包公司才是实际用工单位，北京某工程承包公司以大连某建设公司名义招聘了郭某，目的是在国内缴纳社会保险。郭某主张，2011年5月11日其被派到非洲赤道几内亚工作，职务是北京某工程承包公司赤道几内亚分公司物资部经理，2012年2月9日北京某工程承包公司向郭某发放了2011年5月11日到12月31日的工资19 112.04美元。

北京某工程承包公司不认可与郭某存在劳动关系。大连某建设公司认可郭某与其签订了劳动合同，郭某的工资由其支付、社保由其缴纳，因集团公司将大连某建设公司划归北京某工程承包公司管理，故部分海外工作人员的工资由北京某工程承包公司代为发放。郭某与大连某建设公司均主张双方劳动关系于2014年8月31日解除。

郭某以北京某工程承包公司、大连某建设公司在2014年3月至2014年7月未签订劳动合同为由提起仲裁申请，要求两家公司共同支付未签订劳动合同期间双倍工资共计125 000元。仲裁委裁决驳回郭某的申请。郭某不服，诉至法院。

裁判理由与结果

一审法院认为，郭某虽主张其为北京某工程承包公司在赤道几内亚的分公司工作，但郭某未能提交证据证明其主张，亦未能证明该分公司系合法用工主体，且北京某工程承包公司不认可该分公司存在，故郭某关于其与北京某工程承包公司存在劳动关系的主张不能成立，郭某无权主张未签订劳动合同双倍工资赔偿。因大连某建设公司与郭某签订了劳动合同，并为郭某缴纳社会保险，法院认定郭某与大连某建设公司存在劳动关系。由于双方签订了期限为2011年3月1日至2014年2月28日的劳动合同，后未再续签，故双方自2014年3月1日起应视为已订立无固定期限劳动合同，郭某要求支付未签订书面劳动合同双倍工资赔偿的诉讼请求于法无据。综上判决驳回郭某的诉讼请求。郭某不服提起上诉。二审法院经审理驳回上诉，维持原判。

【法律风险提示与实务操作建议】

本案涉及的焦点问题为，劳动合同签订主体与劳动者实际提供劳动的主体不一致的情况下，劳动关系应当如何认定。由于签订合同单位与劳动者实际提供劳动的单位之间一般存在某种关联关系，故该问题与前述关联企业混同用工存在一定相似性。司法实践中，如果两家单位存在关联关系或者混同用工情形，可以参照前述关联企业混同用工情况处理。仅就如何认定劳动关系而言，理论上应当依照合同相对性，依据有效劳动合同对劳动关系予以确认。但考虑到用人单位往往为规避用工风险而作此安排，故从保护劳动者权益目的出发，司法实践进一步明确了劳动者保护原则。如《北京市高级人民法院、北京市劳动争议仲裁委员会关于劳动争议案件法律适用问题研讨会会议纪要（二）》第20条规定，劳动者与用人单位签订劳动合同后，被该用人单位派至其他单位工作的，劳动者虽在被派往单位工作，应认定其与签订劳动合同的用人单位存在劳动关系。可根据案件审理情况，追加实际用人单位参加诉讼。在判决仅由签订劳动合同的用人单位承担责任，可能损害劳动者实际利益的情况下，可判决由实际用人单位承担连带责任。

应当说，司法实践对于混同用工导致的劳动纠纷各项问题的处理，无论劳动关系确认还是金钱给付赔偿责任问题，均给予了劳动者倾斜性保护。主要是由于混同用工行为实质是用人单位利用其强势地位对劳动关系的建立和履行施加了强制性干预，目的通常为规避法定义务、排除劳动者合法权利。用人单位如确需调用员工，应当依照法律规定履行变更劳动关系手续，以免承担不必要的法律后果。

【法规链接】

《北京市高级人民法院、北京市劳动争议仲裁委员会关于劳动争议案件法律适用问题研讨会会议纪要（二）》第20条

6. 长期“两不找”情况下劳动关系应如何认定和处理？

【裁判规则】

劳动者长期未向用人单位提供劳动，用人单位也长期不再向劳动者支付劳动报酬等相关待遇，双方长期“两不找”的，可以认定此期间双方不享有和承担《劳动法》上的权利义务。

【典型案例】孟某与某服务公司劳动争议案

基本案情

孟某于1987年10月从部队转业到某服务公司工作，先后被派往南斯拉夫航空公司、港龙航空公司和意大利航空公司工作。1997年10月31日意大利航空公司部分航线停航，同年11月1日孟某返回公司。之后孟某未再提供劳动，某服务公司也未再向孟某支付报酬。2016年9月26日，孟某向仲裁委申请确认其与某服务公司劳动关系，

要求某服务公司支付其1997年至2016年工资681 000元。仲裁委裁决确认双方劳动关系，驳回孟某的其他仲裁请求。孟某、某服务公司均不服提起诉讼，法院判决确认双方存在劳动关系，驳回双方其他诉讼请求。

判决书生效后孟某一直要求某服务公司恢复岗位，某服务公司均答复没有岗位。2018年7月17日，孟某收到某服务公司邮寄的解除劳动合同通知书，载明服务公司以双方长期“两不找”提出解除劳动关系。孟某认为，某服务公司构成违法解除劳动关系，且2016年10月1日之后其未能提供劳动系由于某服务公司原因。故孟某再次申请劳动仲裁，要求某服务公司支付2016年10月1日至提起劳动仲裁申请之日的工资372 548元。仲裁委裁决某服务公司应当支付孟某诉争期间基本生活费28 440.36元，并驳回孟某其他仲裁请求。孟某不服提起诉讼。

裁判理由与结果

一审法院认为，根据已生效的在先判决，孟某与某服务公司之间存在劳动关系。后孟某多次要求恢复工作岗位，某服务公司以无适合岗位为由未安排孟某工作，故孟某未提供劳动的原因非其本人所导致。考虑到孟某的原工作岗位已经不存在，双方的劳动关系长期处于中止履行状态，某服务公司暂时无法安排合适的工作岗位并无明显不当，故孟某要求按照北京市职工上年度月平均工资计算工资没有事实和法律依据。考虑到上述情况，法院认可仲裁委的仲裁结果，即某服务公司仅应支付诉争期间孟某的基本生活费。孟某不服提起上诉。二审法院最终判决驳回上诉，维持原判。

【法律风险提示与实务操作建议】

长期“两不找”劳动争议案件包含如下要件：一是劳动者与用人单位长期互不享有和履行《劳动法》上的权利义务，主要指劳动者与用人单位之间几年甚至十几年没有联系，在此期间劳动者未给单位提供过任何劳动，用人单位也没有给劳动者发放过任何工资及福利待遇；二是用人单位一直未正式与劳动者解除劳动关系，或者用人单位虽主张已经解除劳动关系但未能证明已将解除劳动关系的书面通知送达劳动者；三是劳动者与用人单位就《劳动法》上的权利义务产生争议，如若干年后劳动者因办理退休手续等问题诉至法院，要求与原单位继续履行劳动合同或者要求用人单位为其办理退休手续、补缴社会保险费、支付待岗期间的基本工资或生活费等。

长期“两不找”情形下劳动关系应如何认定，实践中各地法院做法不一，主要有以下三种意见。

第一种意见认为：双方的劳动合同于劳动者离开用人单位之日解除。

理由：劳动者离开用人单位后，未再回用人单位工作，未向用人单位提供劳动，不存在相互间的权利义务关系，从公平的角度应承认双方的劳动关系从劳动者离开用人单位之日解除。

第二种意见认为：双方的劳动关系应当从劳动者提出解除劳动合同的意思表示到达用人单位时解除。

理由：劳动关系既然是依法建立，也应当依法解除，因为劳动关系一旦建立，双方的劳动关系即是一种持续稳定的状态，且我国劳动法律并无劳动关系自生自灭的规定，劳动者虽然未给用人单位提供劳动，但用人单位对此行为未做处理存在过错。因此，双方的劳动关系应当从劳动者提出解除劳动合同的意思表示到达用人单位之日解除。

第三种意见认为：双方的劳动关系从劳动者离开用人单位之日起，至劳动者提出解除劳动关系的意思表示到达用人单位之日止，其间双方的劳动关系处于中止状态，该期间的工作年限不计入计算经济补偿金及失业保险待遇损失的工作年限内。

理由：《劳动法》规定，用人单位如果要解除劳动关系，须以明示的方式为之，即通过书面通知、张贴公告等能够让当事人知晓的方式为之。故用人单位没有履行法定程序解除劳动合同的，虽然劳动者没有提供劳动，双方的劳动关系仍不当然解除。将劳动者离开用人单位之日作为认定双方事实上劳动合同解除的客观依据，虽然在情理上能够自圆其说，但无法律依据。因此，在劳动者离开用人单位之日至劳动者提出解除劳动合同的意思表示到达用人单位之日期间，为双方之间劳动关系处于中止状态较为适宜。

本书倾向于第三种观点，即劳动关系处于中止状态。《北京市高级人民法院、北京市劳动争议仲裁委员会关于劳动争议案件法律适用问题研讨会会议纪要》亦持该观点。因为劳动者与用人单位双方多年来不存在相互间的权利义务关系，继续履行劳动关系失去了存在的基础，但不应认定双方劳动关系已经解除，因为《劳动法》规定用人单位解除劳动合同，必须以明示的方式为之，如果用人单位没有履行法定程序，很难认定用人单位已经履行了解除劳动合同所必需的形式要件，因此认定劳动者与用人单位已事实上解除劳动合同没有法律依据。从公平角度出发，宜认定劳动关系处于中止状态。如果劳动者已经另谋职业，可视为双方已协商一致解除劳动关系。关于劳动者主张的福利，因“两不找”期间劳动者并未实际提供劳动，故不应予以支持。

关于劳动关系存续期间，本书认为应区分不同情形具体认定：如果劳动者已经另谋职业，可视为双方已协商一致解除劳动关系，则劳动关系存续期间应为劳动者实际向用人单位提供劳动期间；如劳动者未另谋职业，劳动关系存续期间应自劳动者入职至劳动者主张权利之日止，如劳动者主张权利时已达到法定退休年龄，则应截至劳动者达到法定退休年龄之日。关于劳动者是否有权要求继续履行劳动合同，本书认为，用人单位与劳动者多年来不存在权利义务关系，劳动关系失去了继续存在的基础，故原则上不应支持劳动者要求继续履行劳动合同的请求。如劳动者确有证据证明其系长时间待岗、待岗系用人单位要求且劳动者多年来一直没有其他工作，可以支持其诉讼请求，但应严格把握，除了要考虑双方过错程度外，还要考虑履行的客观可能性。

本案中，孟某与服务公司之间处于长期“两不找”，劳动关系应处于中止状态，在此情况下，服务公司暂时无法安排合适的工作岗位并无明显不当，故孟某要求按照北京市职工上年度月平均工资计算工资，没有事实和法律依据，但考虑到孟某并未入职其他单位，双方劳动关尚未解除，因此法院认定服务公司应支付其生活费，符合法律规定。因此，在劳动者“不辞而别”情况下，用人单位不应怠于应对，而是需要积极履行法定程序解除劳动合同，以免后患。

【法规链接】

《北京市高级人民法院、北京市劳动争议仲裁委员会关于劳动争议案件法律适用问题研讨会会议纪要》第 14 条

7. 确认劳动关系的纠纷中，应如何分配举证责任？

【裁判规则】

劳动者起诉要求确认与用人单位存在劳动关系，应当遵循“谁主张、谁举证”的一般举证原则，由劳动者就其主张存在劳动关系承担举证责任。但考虑到劳动者的相对弱势地位，对于劳动者提交证据的要求把握不宜过于严苛，劳动者提交初步证据证明劳动关系存在即可，证据形式包括但不限于录用通知书（短信、邮件）、工作证、服务证、出入证、工作牌、工资条、社保缴费记录、住房公积金单、工资卡交易记录、考勤记录、证人证言、工作手册、荣誉证书、与工作内容相关的 QQ/微信/电子邮件记录、用人单位加盖公章的各类审批表等。用人单位一般无须对消极的事实承担举证责任，但对于由用人单位掌握管理或控制的证据，应当由用人单位举证，一般包括工资支付凭证或记录、劳动者填写的用人单位招聘登记表/报名表等招用记录、职工花名册、考勤记录等。

【典型案例】 杜某与某文化发展公司劳动争议案件

基本案情

杜某曾于2016年3月至9月，在“放羊公社”项目组从事人员协调等工作。其间，某文化发展公司法定代表人王某每月向杜某的银行账户汇款。杜某主张系受王某统一管理。某文化发展公司则主张，杜某的工作内容要向其公司及“放羊公社”项目组共同汇报，双方领导共同监督项目实施，工作中杜某受王某以及柳某的指导。某文化发展公司称，由于杜某和李某私下克扣演员的劳务报酬，某文化发展公司向二人提出了警告。

后杜某向劳动人事争议仲裁委员会申请仲裁，要求确认双方存在劳动关系，某文化发展公司支付解除劳动关系经济补偿金、未签订劳动合同双倍工资差额、未休年假工资等款项。仲裁委作出裁决后，杜某、某文化发展公司均不服，提起诉讼。

一审庭审中，双方提交了同一份录音证据，杜某主张录音52分52秒以及57分12秒左右的谈话证明了双方的劳动关系。52分52秒的谈话内容为：“王某：‘小杜（杜某），人员运营主管，首先，起草一个人员招聘的通告……’”。57分12秒的谈话内容为：“王某：‘小颖（刘某）呢，主要负责行政工作，所有行政的事交给你，我们所有人的工资，所有人的社保，我说的是所有人啊……’”。某文化发展公司主张该录音60分18秒左右的对话内容能够体现双方建立的是劳务关系。60分18秒的谈话内容为：“王某：‘音乐节来了，咱们单说音乐节的，所以在这方面，一定还会有一定的收益。我想，你们就不按薪水算，算劳务费的形式……’”。

裁判理由与结果

一审法院认为，本案中，杜某提交的证据不能充分显示其与某文化发展公司之间建立了劳动关系，也没有证据显示杜某受某文化发展公司的实际管理，故杜某提交的证据并未形成高度盖然性，不足以证明其与某文化发展公司之间形成劳动关系，故法院综合考虑认定双方不存在劳动关系。杜某基于劳动关系主张的各项诉讼请求无事实及法律依据，法院依法不予支持。

杜某不服一审判决，提出上诉。二审法院认为，首先，对于劳动关系的认定，需从事实基础、法律依据、证明责任三个方面综合考量，并参照原劳动和社会保障部《关于确立劳动关系有关事项的通知》（劳社部发〔2005〕12号）第一条的规定。关于证明责任，根据《最高人民法院关于适用〈中华人民共和国民事诉讼法〉的解释》第九十条及第九十一条第一项的规定，主张法律关系存在的当事人，应当对产生该法律关系的基本事实承担举证证明责任，未能提供证据或者证据不足以证明其事实主张的，应承担不利的后果。具体到本案，杜某主张双方2016年3月1日至9月7日存在劳动关系，应就其为某文化发展公司提供有报酬的劳动、接受某文化发展公司劳动管理等能够产生劳动关系法律后果的相关事实承担证明责任。一审审理过程中，杜某提交了银行明细、会议录音等证据。上述证据反映了某文化发展公司法人代表王某支付杜某报酬时间呈现周期性规律且数额相对固定的事实。某文化发展公司虽主张支付杜某的费用系劳务费性质，但其提交的录音中，王某明确说到"咱们单说音乐节的，所以在这方面，一定还会有一定的收益。我想，你们就不按薪水算，算劳务费的形式"，根据逻辑推理和日常生活经验法则，该内容无法推出王某所称的"劳务费形式"不仅包括音乐节的收入还包括杜某5000元底薪的意思表示。另外，根据某文化发展公司的企业类型、经营范围及某文化发展公司和"放羊公社"项目组签订的活动协议书，某文化发展公司符合《劳动合同法》规定的用人单位主体资格，杜某从事的工作亦是某文化发展公司的业务组成部分。关于管理行为，杜某主张系受王某统一管理，某文化发展公司主张杜某的工作内容要向其公司及"放羊公社"项目组共同汇报，双方领导共同监督项目实施，工作中杜某受王某以及柳某的指导，并称由于杜某和李某私下克扣演员的劳务报酬，某文化发展公司向二人提出了警告。上述事实至少可以反映出某文化发展公司系杜某管理主体的事实。综合以上情况，可以认定杜某从事某文化发展公司的业务，接受某文化发展公司的管理并领取报酬，且报酬支付周期及数额相对固定的事实。根据该认定的事实，结合前述认定劳动关系的考量因素，双方之间所呈现的法律关系符合劳动关系的特征。对于杜某基于劳动关系主张的合理的未签订劳动合同双倍工资差额及未休年休假工资亦予以支持。故撤销一审判决，改判：确认杜某与某文化发展有限公司于2016年3月1日至9月7日存在劳动关系；并判令某文化发展公司支付未签订书面劳动双倍工资差额、未休年休假工资等。

【法律风险提示与实务操作建议】

确认劳动关系纠纷往往由用工不规范所导致。法院审理确认劳动关系纠纷案件一般从以下几个角度进行考虑：一是主体是否适格，即劳动者和用人单位是否具备相应主体资格；二是确定双方达成的合意，根据证据材料、经验法则和逻辑推理去推断双方是否存在建立劳动关系的合意；三是双方实际履行的情况，确定权利义务实际内容，审查是否符合劳动关系的交换形式及从属性特征，如个人的工资报酬是否稳定、是否并不参与单位利润分配、个人是否向单位提供劳动、个人劳动的生产工具是否由单位提供、单位是否存在“员工手册”等具体化的规章制度、个人是否知晓这些规章制度并需要在日常工作中严格遵守，单位对个人的用工过程是否进行全程的监督、管理、控制，个人的工作内容是否构成单位业务的组成部分等。

具体到举证责任问题，一般要求主张劳动关系存在的劳动者应当对产生该劳动法律关系的基本事实承担举证责任。但考虑到劳动者受其客观条件的限制和劳动诉讼特殊性的限制，举证能力相对有限，故审判实践中，法院往往需要充分考察劳动者提交的书证、物证、证人证言等，同时结合用人单位抗辩意见的合理性，运用逻辑推理和日常生活经验法则，综合评断双方之间是否存在劳动关系。具体而言，劳动者可以提供一些基础证据，比如工作证、服务证、其他劳动者证言等。此外，人民法院可以要求用人单位提供工资支付凭证或记录（职工工资发放花名册）、缴纳各项社会保险费的记录、劳动者填写的用人单位招聘登记表/报名表等招用记录、考勤记录，如果用人单位拒不提供，则用人单位承担不利后果。

劳动者一方提供的可以认定劳动关系的主要证据包括：

（1）盖有用人单位公章的工作证、服务证等工作证件；

（2）用人单位工服；

（3）劳动者在用人单位工作时的视听资料；

（4）劳动者在用人单位工作期间形成的工作资料；

（5）证人可以证明其是用人单位劳动者的前提下提供的证人证言；

（6）用人单位为劳动者缴纳社保的记录；

（7）工资打卡记录；

（8）用人单位制订的盖有公司公章或者管理人员签字确认的工资表、考勤记录；

（9）用人单位为劳动者办理的暂住证；

（10）第三方出具的可以证明双方劳动关系的证据；

（11）其他证据。

用人单位一方提供的可以否认劳动关系的主要证据包括：

（1）经过备案的工资支付凭证；

（2）经过备案的职工花名册；

（3）考勤记录；

（4）双方签订的劳务关系协议等书面证据；

（5）其他证据。

此外，人民法院在认定劳动关系时要本着慎重、负责的态度进行调查取证，在查清事实的基础上认定劳动关系。同时，在劳动者有证据证明其为用人单位提供了劳动的，人民法院还应排除其他法律关系之后再认定是否形成劳动关系，如雇佣关系、劳务关系、委托关系、居间关系等。

在上述案例中，虽杜某未能就双方存在劳动关系的事实直接提供证据，但从主体上，杜某与某文化发展公司符合《劳动合同法》规定的劳动者和用人单位范畴。从用工管理上，某文化发展公司陈述称杜某的工作内容要向其公司及“放羊公社”项目组共同汇报，双方领导共同监督项目实施，工作中杜某受王某以及柳某的指导，并称由于杜某和李某私下克扣演员的劳务报酬，某文化发展公司向二人提出了警告。某文化发展公司的陈述体现了其系杜某的汇报对象和工作指导主体之一，也因杜某的克扣演员劳务报酬行为对杜某进行了一定程度的管理。从报酬支付上，某文化发展公司以周期及数额相对固定的方式支付杜某劳动报酬。故综合本案中双方证据及陈述事实，足以形成杜某“较有可能”受某文化发展公司劳动管理的证据。此时，基于劳动者举证能力的局限性，结合多数要件事实均达到高度盖然性证明标准的情况，二审法院认定杜某就其主张存在劳动关系的基本事实已达到高度盖然性的证明标准，显然更符合《劳动法》“实质平等”的价值追求和保护劳动者的基本原则。

【法规链接】

《中华人民共和国劳动争议调解仲裁法》第六条

《关于确立劳动关系有关事项的通知》（劳社部发〔2005〕12号）第二条

8. 如何确认劳动关系纠纷是否适用时效？

【裁判规则】

时效的立法目的在于消灭因权利人不行使权利而导致的法律关系的不稳定状态，只有请求权性质的民事权利才适用时效，主要适用于债权及债权以外的财产权请求权。而劳动者仅提出确认劳动关系一项诉讼请求时，属于确认之诉，原则上不应当适用时效的相关规定。

【典型案例】杨某与北京某石油化工公司劳动争议案

基本案情

杨某主张其2007年7月1日至2012年4月18日被北京某石油化工公司派至安哥拉新国际机场项目工作，其与北京某石油化工公司存在劳动关系。2015年，杨某向劳动人事争议仲裁委员会申请仲裁，要求确认与北京某石油化工公司存在劳动关系等。仲裁委对杨某申请予以支持。北京某石油化工公司不服仲裁裁决，提起诉讼。

裁判理由与结果

一审法院经审理，确认杨某与北京某石油化工公司在2007年7月1日至2012年4月18日存在劳动关系。北京某石油化工公司不服，提起上诉，主张杨某的仲裁申请超过时效，仲裁委应当予以驳回。劳动争议申请仲裁的时效为一年，从当事人知道或应当知道其权利被侵害之日起计算。杨某在仲裁申请中明确提出双方劳动关系于2012年4月18日解除，即使双方存在劳动关系，杨某也应当在2015年4月18日前提出。

二审法院经审理认为，确认劳动关系是对劳动者与用人单位是否存在用工事实以及用工行为在法律上的定性，是劳动人事争议仲裁委员会或人民法院在职权范围内，对是否存在劳动关系进行的法律定性，属于确认之诉。时效的立法目的在于消灭因权利人不行使权利而导致的法律关系的不稳定状态，只有请求权性质的民事权利才适用时效，故确认劳动关系之诉不受诉讼时效限制。遂判决：驳回上诉，维持原判。

【法律风险提示与实务操作建议】

关于确认劳动关系纠纷是否适用一年仲裁时效的问题，实务中一般认为，劳动关系确认之诉不适用仲裁时效。首先，确认劳动关系是对劳动者与用人单位是否存在劳动关系的确认，并不涉及实体权利义务纠纷，仅仅是对已经发生的事实进行认定，根据民法理论，确认之诉不受诉讼时效之限制。其次，单就确认劳动关系争议这一确认之诉环节而言，因不涉及劳动者具体的权益，即无“诉的利益”，并且在确认劳动关系之诉中不存在权利义务被侵害的情形，故无法适用《中华人民共和国劳动争议调解仲裁法》中关于仲裁时效“自当事人知道或者应当知道其权利被侵害之日起计算”的规定。最后，根据公平原则，劳动关系确认如适用仲裁时效规定则会造成当事人部分合法权利无法得到救济。

【法规链接】

《中华人民共和国劳动争议调解仲裁法》第二条、第二十七条

9. 非全日制劳动关系如何认定?

【裁判规则】

非全日制劳动关系是指以小时计酬为主，劳动者在同一用人单位一般平均每日工作时间不超过4小时，每周工作时间累计不超过24小时的用工形式。区分劳动关系与非全日制劳动关系，主要考量的因素包括劳动者提供劳动的时间、用人单位支付劳动报酬的周期、劳动报酬的计算依据（是否以小时计算）以及劳动合同的约定等方面。

【典型案例】 耿某与北京某健身公司劳动争议案

基本案情

2018年3月1日，耿某入职北京某健身公司担任私人教练，试用期为7天。耿某工资构成为底薪1500元，另有课提及业绩提成。双方未签订劳动合同，健身公司未给耿某缴纳社会保险。耿某实际工作地点位于北京市西城区××园1号楼1202-××健身工作室。工作时间为三班制，早班8:45—16:30；中班11:00—19:00；晚班14:30—22:15，由健身公司统一排班。

耿某主张，入职前某健身公司法定代表人李某川曾承诺入职后与其签订劳动合同并缴纳社会保险。耿某提交的其与李某川的微信聊天记录显示，2018年1月23日耿某询问："某川老师，我想问合同是怎么签的啊，是签一年还是签三年呀?""还要上保险吗?"李某川回复："合同一年一签，签合同上保险。"健身公司对该聊天记录的真实性认可，但辩称该聊天记录形成于入职前。某健身公司主张，耿某提交的私人教练课程表显示其每周工作不超过24小时，故耿某为非全日制用工。

耿某于2018年7月31日以某健身公司未按相关法律规定为其缴纳社会保险费用为由提出辞职。后向劳动人事争议仲裁委员会申请仲裁，请求确认双方存在劳动关系，要求某健身公司支付其未签订劳动合同双倍工资差额、解除劳动关系经济补偿金以及欠付工资。仲裁委不支持耿某的仲裁请求，耿某不服仲裁裁决，提起诉讼。

裁判理由与结果

法院认为，首先，耿某入职前双方曾进行商洽，某健身公司法定代表人承诺与耿某签订劳动合同及为耿某缴纳社会保险，可以证明耿某与某健身公司之间有建立全日制用工劳动关系的意思表示。其次，耿某入职之后，双方约定了试用期。耿某在工作中接受健身公司的严格管理，在健身公司开办的工作室工作，在外并无兼职。耿某工作时间为三班制，由健身公司进行排班。根据授课统计表显示，耿某在职期间的多个月份中，仅其授课时长一项即已多次出现过明显超出非全日制用工劳动强度的情形。虽然耿某在岗工作期间并非自始至终处于授课状态，但其每天工作的班次时长均在8小时左右。最后，健身公司支付耿某工资构成固定、底薪固定、支付周期固定，并非按小时计薪。综上所述，耿某与某健身公司之间的关系不符合非全日制用工的特点，符合全日制用工劳动关系的法律特征。故法院确认2018年3月1日至7月31日双方存在全日制用工劳动关系。

【法律风险提示与实务操作建议】

根据《劳动合同法》的规定，在非全日制用工情形下，双方当事人可以订立口头协议。从事非全日制用工的劳动者可以与一个或者一个以上用人单位订立劳动合同，但后订立的劳动合同不得影响先订立的劳动合同的履行。非全日制用工双方当事人不得约定试用期。非全日制用工双方当事人任何一方都可以随时通知对方终止用工。终止用工，用人单位不向劳动者支付经济补偿。非全日制用工小时计酬标准不得低于用人单位所在地人民政府规定的最低小时工资标准。此外，非全日制用工劳动报酬结算支付周期最长不得超过十五日。

虽然实践中存在有的用人单位实为全日制用工，却要求与劳动者签订非全日制用工格式合同，从而企图逃避因全日制用工应当给职工缴纳社会保险费、支付经济补偿金等法定义务的情形。但司法实践中，仲裁委、法院在审查是否构成非全日制劳动关系时，并不会拘泥于合同名称而将书面合同割裂于劳动关系履行事实，而会注重对劳动力交换的实际状况进行审查，发现双方真实的意思表示。

具体到本案中，某健身公司主张耿某在职期间系非全日制劳动关系，耿某不予认可，某健身公司应当对自身主张的事实承担举证责任。授课统计表显示，耿某在职期间的多个月份中，仅其授课时长一项即已多次出现过明显超出非全日制用工劳动强度的情形，并且，耿某的工资标准并非以小时计薪，而是由每月的固定底薪加上授课提成、业绩提成等部分组成。某健身公司对于耿某的薪酬发放，在明细构成、底薪数额以及支付周期等方面均与非全日制用工关系不符。故某健身公司的证据不足以证明其与耿某之间系非全日制劳动关系，故法院对某健身公司的主张未予采信，因双方之间更符合全日制劳动关系的特征，故法院最终认定双方构成全日制劳动关系。

【法规链接】

《中华人民共和国劳动合同法》第六十八条、第六十九条、第七十条、第七十一条、第七十二条

《关于非全日制用工若干问题的意见》（劳社部发〔2003〕12号）第一条

第二章
劳动合同的条款、期限及效力认定

《劳动合同法》明确规定了劳动合同的订立、内容、形式以及未签订劳动合同的法律后果。用人单位拟定劳动合同条款、与劳动者签订合同均应严格遵守法律规定，否则一旦劳动合同出现效力瑕疵，极易造成不利法律后果。

一、劳动合同的条款

根据《劳动合同法》的规定，劳动合同中须具有九项必备条款。用人单位可以在必备条款之外，与劳动者就实际用工需要约定其他条款。

（一）必备条款

《劳动合同法》第十七条规定了劳动合同九项必备条款，包括：

（1）用人单位的名称、住所和法定代表人或者主要负责人；

（2）劳动者的姓名、住址和居民身份证或者其他有效身份证件号码；

（3）劳动合同期限；

（4）工作内容和工作地点；

（5）工作时间和休息休假；

（6）劳动报酬；

（7）社会保险；

（8）劳动保护、劳动条件和职业危害防护；

（9）法律、法规规定应当纳入劳动合同的其他事项。

（二）约定条款

除必备条款外，用人单位还可就试用期、竞业限制、保守商业秘密、福利待遇等事项与劳动者进行约定。

用人单位与劳动者在劳动合同中可以约定前述事项，但必须遵守相关法律规定。

【疑难问题】

用人单位未与劳动者订立书面劳动合同，双方之间签署的其他有效书面文件具备了劳动合同必备条款的，用人单位是否需要承担未订立书面劳动合同的法律责任？

【裁判规则】

用人单位虽未与劳动者订立书面劳动合同，但双方之间签署的其他有效书面文件的内容已经具备了劳动合同的各项必备要件的，因该文件明确了双方劳动关系和权利义务，具备书面劳动合同的性质，应视为双方已订立书面劳动合同。对于劳动者提出因未订立书面劳动合同而要求二倍工资的诉讼请求不应予以支持。

【典型案例】单某与北京某物流有限公司劳动争议案

基本案情

单某于2011年6月30日入职北京某物流公司，担任人力行政部员工。单某主张，物流公司未与其签订书面劳动合同，其最后工作至2011年8月30日，当日北京某物流公司无故口头告知与其解除劳动关系。北京某物流公司对此不予认可，并主张单某入职时与其签订了3年期的劳动合同，单某负责保管员工档案，其离职时擅自将劳动合同等材料带走。北京某物流公司提交显示单某签字的“工作职责”，其中载明“2011年7月7日经理分配给我的工作如下：员工投诉……员工档案管理：档案转我处后，审表格、审手续……”关于双方劳动关系解除原因，北京某物流公司主张系单某自行离职，其于2011年8月17日向公司相关负责人发送电子邮件辞职。

单某否认自己负责员工档案管理工作，亦否认“工作职责”中的签字系自己书写。经法院释明，单某不申请对上述签名是否为自己书写进行司法鉴定。认可发送电子邮件的邮箱系其本人注册，但否认邮件是其本人发送。后单某向北京市海淀区劳动争议仲裁委员会提出申诉，要求北京某物流公司向其支付未签订劳动合同二倍工资。仲裁委员会作出支持单某申诉的裁决。北京某物流公司不服，提起诉讼。

一审审理过程中，单某提交了员工录用审批表以及公司物品申请表的原件。北京某物流公司提出，上述审批表及申请表与劳动合同同时存放于单某的员工档案中，上述材料原件在单某手中的事实本身即说明了单某负责保管档案并带走劳动合同的事实。

裁判理由与结果

一审法院认为，依据北京某物流公司提供的“工作职责”所显示内容，单某负责公司员工的档案管理工作，其虽否认负责上述工作，且否认“工作职责”中自己签字的真实性，但经法院释明，其未申请对上述签字的真伪进行鉴定，应当承担上述事实不能查明的不利法律后果。但仅凭借单某负责保管档案以及其持有部分北京某物流公司文件的事实，并不足以证实北京某物流公司曾与单某签订书面劳动合同。单某持有的员工录用审批表中明确约定了其工作部门、工作地点、聘用期限、试用期、工资待遇等，并附有北京某物流公司法定代表人苏某的签字，上述审批表内容已经具备劳动合同的要件，既能够明确双方的劳动关系又固定了双方的权利义务，实现了书面劳动合同的功能。故判定北京某物流公司无须支付上述期间二倍工资差额。单某不服，提起上诉。二审法院最终判决驳回上诉，维持原判。

【法律风险提示与实务操作建议】

根据《劳动合同法》第八十二条的规定，用人单位自用工之日起超过一个月不满一年未与劳动者订立书面劳动合同的，应当向劳动者每月支付二倍工资。如用人单位虽未与劳动者订立书面劳动合同，但双方之间签署的其他有效书面文件的内容已经具备了劳动合同的各项必备条款，明确了双方的劳动关系和权利义务，具有了书面劳动合同的性质，则该文件应视为双方的书面劳动合同，对于劳动者提出因未订立书面劳动合同而要求二倍工资的诉讼请求不应予以支持。

此外，如果双方虽然订立了书面劳动合同，但劳动合同欠缺必备条款的，用人单位是否需承担未签订劳动合同的法律责任？本书认为，根据《劳动合同法》第八十一条的规定，用人单位提供的劳动合同文本中未载明必备条款，由劳动行政部门责令改正，给劳动者造成损害的，应当承担赔偿责任。由于法律明确规定了劳动合同欠缺必备条款情况下用人单位所应承担的法律责任，因此，未订立书面劳动合同和劳动合同欠缺必备条款的情况不能等同，用人单位所承担的法律责任也是不同的。

【法规链接】

《中华人民共和国劳动合同法》第十七条、第八十一条、第八十二条

二、 劳动合同的期限

根据《劳动合同法》的规定，劳动合同根据期限不同可分为三类：固定期限、无固定期限、以完成一定工作任务为期限。由于劳动关系的期限属于劳动合同的法定必备条款，因此，用人单位必须在合同中与劳动者明确约定期限。约定试用期的，必须遵守法律对于试用期条款作出的相应规定，否则用人单位将承担不利法律后果。

（一）固定期限劳动合同

顾名思义，即用人单位与劳动者经协商一致，所约定的起始时间、终止时间均为固定日期的劳动合同。一旦期限届满，如双方未做其他约定，劳动关系即告终止；如双方协商一致，还可以续订劳动合同，延长期限。固定期限的劳动合同可以是较短时间的，如 1 年甚至半年；也可以是较长时间的，如 3 年、5 年、10 年。

需要特别注意的是，约定试用期的，试用期不能超过《劳动合同法》规定的试用期的最长时限：劳动合同期限 3 个月以上（包括 3 个月）不满 1 年的，试用期不得超过 1 个月；劳动合同期限 1 年以上（包括 1 年）不满 3 年的，试用期不得超过 2 个月；3 年以上（包括 3 年）固定期限和无固定期限的劳动合同，试用期不得超过 6 个月。

（二）无固定期限劳动合同

无固定期限劳动合同是指用人单位与劳动者约定的没有确定的终止时间的合同。无固定期限劳动合同虽不存在到期的问题，但是如果出现了法律规定的情形，无固定期限劳动合同是可以终止和解除的。

可以签订无固定期限劳动合同的情形有以下 3 种：

（1）约定订立。即用人单位和劳动者经协商一致订立。

（2）法定订立。根据《劳动合同法》的规定，出现下列情形之一的，除非劳动者提出签订固定期限劳动合同外，用人单位应当与劳动者订立无固定期限劳动合同：

①劳动者在该用人单位连续工作满 10 年的；

②用人单位初次实行劳动合同制度或者国有企业改制重新订立劳动合同时，劳动者在该用人单位连续工作满 10 年且距法定退休年龄不足 10 年的；

③连续订立 2 次固定期限劳动合同，且劳动者没有《劳动合同法》第三十九条和第四十条第 1 项、第 2 项规定的情形，续订劳动合同的。

（3）视为订立。用人单位自用工之日起满 1 年不与劳动者订立书面劳动合同的，视为用人单位与劳动者已订立无固定期限劳动合同。

（三）以完成一定工作任务为期限的劳动合同

以完成一定工作任务为期限的劳动合同，是指用人单位与劳动者协商，约定以某项工作的完成为合同期限的劳动合同。因此，某项工作开始之日为劳动合同期限起算时间，该项工作完成之日为期限终止时间。

关于用人单位对该类劳动合同的劳动者是否需要支付经济补偿金的问题，《劳动合同法》虽然规定劳动合同终止需要支付经济补偿金的情形仅适用于固定期限劳动合同，但《中华人民共和国劳动合同法实施条例》补充规定，以完成一定工作任务为期限的劳动合同因任务完成而终止的，用人单位应当根据劳动者实际工作年限支付相应的补偿金。

【疑难问题】

1. 劳动合同的起始时间与用工时间不一致，应如何确定劳动关系的建立时间？

【裁判规则】

劳动合同的起始时间与用工时间不一致的，劳动关系自用工之日起建立；双方均不能确定用工时间的，可以将劳动合同载明的起始时间，作为劳动关系的建立时间。

【典型案例】 王某与北京某工程有限责任公司劳动争议案

基本案情

王某称，其曾于2001 年至2006 年在北京某工程有限责任公司工作，双方签订了期限自 2001 年 3 月 13 日至 2003 年 3 月 13 日的劳动合同，其中北京某工程有限责任公司处加盖公章并有其委托人吴某签字。期满后续签至 2006 年 3 月 16 日。北京某工程有限责任公司认为上述劳动合同载明的劳动关系起始时间错误，因为王某档案资料显示，办理招工手续时间为 2002 年 8 月 26 日，王某个人鉴定资料中其自行填写的入职时间亦与劳动合同不一致。2011 年 2 月，北京某工程有限责任公司向劳动争议仲裁委员会申请仲裁，请求确认与王某签订的劳动合同无效。仲裁委员会驳回北京某工程有限责任公司申请请求。北京某工程有限责任公司不服，诉至法院。

裁判理由与结果

法院审理后认为，北京某工程有限责任公司主张于2002年8月26日为王某办理了招工手续，但该招工手续不足以反映王某实际入职时间。王某个人鉴定资料中个人填写的入职时间与劳动合同约定的不一致，仍应以劳动合同约定的时间为准。故北京某工程有限责任公司请求确认双方签订的劳动合同无效并无法律依据，判决驳回北京某工程有限责任公司诉讼请求。

【法律风险提示与实务操作建议】

劳动合同是劳动者与用人单位确立劳动关系，明确双方权利义务的最为有效和关键的证据。实践中，有些用人单位在招录劳动者时，没有及时与劳动者订立书面劳动合同，或出现其他劳动合同开始时间与实际用工时间不一致的情形，导致双方对劳动者入职时间存在争议，一般而言，如果确有其他证据，例如入职登记表、应聘登记等证据证明劳动者入职时间早于书面劳动合同约定的，应采信劳动者实际入职时间；但是如果没有相应证据证明劳动者实际入职时间不同于劳动合同约定的，仍然应当以劳动合同载明的劳动关系起始时间为建立劳动关系的开始时间。本案中，北京某工程有限责任公司主张在2002年8月26日为王某办理了招工手续，王某个人鉴定资料中个人填写的入职时间亦与劳动合同不一致，但因北京某工程有限责任公司未能提交充分证据证明王某实际入职时间，故仍应以劳动合同约定时间来确定双方劳动关系存续期间。

【法规链接】

《中华人民共和国劳动合同法》第七条、第十条

《中华人民共和国劳动合同法实施条例》

2. 如何确定劳动关系的存续期间？

【裁判规则】

因用人单位作出的开除、除名、辞退、解除劳动合同、减少劳动报酬、计算劳动者工作年限等决定而发生的劳动争议，由用人单位负举证责任。《劳动合同法》第七条规定，用人单位自用工之日起与劳动者建立劳动关系，用人单位应当建立职工名册备

查。由此，劳动者的入职时间、离职时间应当由用人单位承担举证责任，用人单位不能举证的，应当承担举证不利的法律后果。

【典型案例】张某与中国某印刷厂劳动争议案

基本案情

张某系中国某印刷厂职工，双方劳动关系于2018年4月4日解除。张某主张其入职时间为2003年7月1日，并提交北京市社会保险个人权益记录（单位名称显示为中国某印刷厂、工伤保险缴费起始年月为2005年3月）、外地来京人员登记卡、工资条、银行流水、居住证明（显示张某于2003年7月已入职中国某印刷厂）、工作证明（显示2007年5月31日张某已在中国某印刷厂处工作）、收入证明（复印件）。中国某印刷厂认可北京市社会保险个人权益记录、银行流水、居住证明、工作证明的真实性，但不认可证明目的，其余证据均不认可。中国某印刷厂主张张某于2007年11月1日入职，但未就其主张提供证据予以证明。张某向劳动人事争议仲裁委员会申请劳动仲裁，要求确认其与中国某印刷厂于2003年7月1日至2018年4月4日存在劳动关系。仲裁委支持了张某的仲裁请求。中国某印刷厂不服该裁决，诉至一审法院。

裁判理由与结果

一审法院认为，劳动者的合法权益受法律保护。当事人应当对其主张的事实提供证据予以证实。劳动者的工作年限由用人单位举证。中国某印刷厂虽不认可张某的入职时间，但未就其主张提交证据予以证明，且张某提交的证据显示其入职时间早于2007年11月，故一审法院采信张某的主张，确认双方于2003年7月1日至2018年4月4日存在劳动关系。一审判决后中国某印刷厂不服，提起上诉。二审法院最终判决驳回上诉，维持原判。

【法律风险提示与实务操作建议】

劳动争议案件中，考虑到双方当事人地位的强弱、离证据材料的远近、举证的难易，有关法律法规对劳动争议案件的证明责任分配作了特别的规定。比如，《中华人民共和国劳动争议调解仲裁法》第六条规定："发生劳动争议，当事人对自己提出的主张，有责任提供证据。与争议事项有关的证据属于用人单位掌握管理的，用人单位应当提供；用人单位不提供的，应当承担不利后果。"《最高人民法院关于审理劳动争议案件适用法律问题的解释（一）》（法释〔2020〕26号）第四十四条（原《劳动争议司法解释（一）》）第十三条规定："因用人单位作出的开除、除名、辞退、解除劳动合同、减少劳动报酬、计算劳动者工作年限等决定而发生的劳动争议，用人单位负举证责任。"

从以上规定不难看出，对于是否存在劳动关系的问题上，由主张的一方承担证明责任。而一旦确认了双方存在劳动关系之后，则由用人单位对工作年限（劳动关系的存续期间）承担证明责任。典型案例中，中国某印刷厂主张张某自2007年11月1日入职，但未就其主张提供任何证据予以证明，且张某不予认可，主张其于2003年7月1日入职，并提交了居住证明、北京市社会保险个人权益记录等证据证明，故法院采信张某之主张，确认双方自2003年7月1日至2018年4月4日存在劳动关系。因此，用人单位对于劳动者入职时间应留存好相应证据，否则一旦发生劳动纠纷，用人单位在劳动关系起始时间问题上容易陷入被动局面。

【法规链接】

《中华人民共和国劳动合同法》第七条

《中华人民共和国劳动争议调解仲裁法》第六条

《最高人民法院关于审理劳动争议案件适用法律问题的解释（一）》（2020年12月29日）第四十四条

3. 固定期限劳动合同履行过程中，用人单位与劳动者协商对劳动合同终止时间作出变更，是否属于签订了两次劳动合同？

【裁判规则】

用人单位与劳动者协商一致变更固定期限合同终止时间的，如变更后的终止时间晚于原劳动合同终止时间，使整个劳动合同履行期限增加，视为用人单位与劳动者连续订立两次劳动合同。对初次订立固定期限劳动合同时间变更的，按连续订立两次固定期限劳动合同的相关规定处理，对两次及多次订立固定期限劳动合同时间变更的，按订立无固定期限劳动合同的相关规定处理。如变更后的终止时间比原劳动合同终止时间提前，使整个劳动合同履行期限减少，则仅视为对原劳动合同终止时间的变更。

【法规链接】

《中华人民共和国劳动合同法》第三十五条

《北京市高级人民法院、北京市劳动争议仲裁委员会关于劳动争议案件法律适用问题研讨会会议纪要（二）》第42条

4. 用人单位与劳动者连续订立两次固定期限劳动合同的，第二次固定期限劳动合同到期时，用人单位能否终止劳动合同？

【裁判规则】

根据《劳动合同法》第十四条第二款第三项的规定，此种情形下，劳动者有权选择订立固定期限劳动合同或者终止劳动合同，用人单位无权选择订立固定期限劳动合同或者终止劳动合同。劳动者提出或者同意续订、订立无固定期限劳动合同，用人单位应当与劳动者订立无固定期限劳动合同。

【典型案例】 路某与北京某大学劳动争议案

基本案情

路某于2011年6月9日入职北京某大学，双方签订过两次固定期限劳动合同，最后一份劳动合同期限为2014年6月9日至2017年6月8日。路某称，劳动合同到期后北京某大学更换其办公室门锁，导致其无法提供劳动。路某认为，其与北京某大学连续订立两次固定期限劳动合同，第二次合同到期后其提出签订无固定期限劳动合同遭到学校拒绝，其认为双方劳动关系应延续，且北京某大学未依法签订劳动合同，应支付未签订无固定期限劳动合同二倍工资差额。北京某大学对此不予认可，主张因路某出勤存在问题影响单位管理，且工作期间经常找不到人，故不同意与路某继续签订劳动合同。路某遂向劳动人事争议仲裁委员会提起仲裁申请，要求延续双方劳动关系、北京某大学支付其工资及未签订劳动合同二倍工资差额。仲裁委对此未予支持。路某不服，诉至一审法院。

裁判理由与结果

一审法院认为，北京某大学已与路某签订两次固定期限劳动合同，仅能在路某存在《中华人民共和国劳动合同法》第三十九条和第四十条第一项、第二项规定的情形下，方可与劳动者终止劳动合同。但本案北京某大学提交的考勤表、部门岗位人员变

动意见征求及会议记录表等均仅为单方制作，不足以证明本案存在法律规定的可以与劳动者终止劳动合同的情形。路某关于北京某大学应与其签订无固定期限劳动合同、双方劳动关系延续的请求应予支持。因北京某大学违法终止与路某的劳动合同，应支付路某2017年6月9日至9月30日的工资及未签订无固定期限劳动合同二倍工资差额。故判决确认北京某大学与路某劳动关系存续，北京某大学支付路某相应期间的工资及未签订无固定期限劳动合同二倍工资差额。北京某大学不服，提起上诉。二审法院最终判决驳回上诉，维持原判。

【法律风险提示与实务操作建议】

连续订立两次固定期限劳动合同后，是否必须订立无固定期限劳动合同？即用人单位是否还具有续订与否的选择权？目前审判实践的主流观点认为，在第二次固定期限劳动合同到期后，用人单位没有终止劳动合同的权利，除非劳动者决定不续订劳动合同，或者提出订立固定期限劳动合同，否则用人单位与劳动者必须订立无固定期限劳动合同。也就是说，用人单位在与劳动者第二次订立固定期限劳动合同的同时，也意味着丧失了在第二次劳动合同到期后决定是否续签劳动合同的选择权，除非存在《劳动合同法》第三十九条和第四十条第一项、第二项规定的情形，合同是否续订完全取决于劳动者。

因此，建议用人单位谨慎设置劳动合同期限，充分考虑到短期化的劳动合同可能会带来的用工后果。在首次与员工续签固定期限劳动合同时，就应当做好合同到期后签订无固定期限劳动合同的准备。

【法规链接】

《中华人民共和国劳动合同法》第十四条

《北京市高级人民法院、北京市劳动争议仲裁委员会关于劳动争议案件法律适用问题研讨会会议纪要（二）》第34条

5. 用人单位与劳动者连续订立两次固定期限劳动合同后，劳动者与用人单位再次订立固定期限劳动合同的，最后一次固定期限劳动合同到期时，用人单位是否可以终止劳动合同？

【裁判规则】

在用人单位与劳动者连续订立两次固定期限劳动合同后，劳动者与用人单位再次

订立固定期限劳动合同的，适用《劳动合同法》第十四条的规定。在最后一次固定期限劳动合同到期时，应认定符合连续两次订立固定期限劳动合同的条件，除法定情形外，劳动者提出或者同意续订、订立无固定期限劳动合同，用人单位应当与劳动者订立无固定期限劳动合同。

【法律风险提示与实务操作建议】

如果用人单位与劳动者连续签订的第三次劳动合同为固定期限劳动合同，第三次签订的固定期限劳动合同能否视为双方达成了不再签订无固定期限劳动合同的合意？本书认为不宜这样理解。结合立法本意，连续签订两次固定期限劳动合同或连续工作满 10 年的劳动者往往已具备了固定的职业技能，如果被用人单位随意解雇，有可能会由于学习新技术存在困难而遭到社会淘汰。法律对这部分群体给予了特殊保护，赋予其在续订劳动合同时选择订立无固定期限劳动合同的权利。劳动者连续第三次签订固定期限劳动合同的原因有很多种，其本人不愿签订无固定期限劳动合同仅仅是其中原因之一，故不应简单粗暴地剥夺法律赋予其的特殊保护，而应在最后一次固定期限劳动合同到期后同样给予劳动者自行决定的机会。

【法规链接】

《中华人民共和国劳动合同法》第十四条

《北京市高级人民法院、北京市劳动争议仲裁委员会关于劳动争议案件法律适用问题研讨会会议纪要（二）》第 35 条

6. 劳动者依照《劳动合同法》规定符合与用人单位签订无固定期限劳动合同条件，但已与用人单位签订了固定期限劳动合同的，现劳动者要求将其固定期限劳动合同变更为无固定期限劳动合同的，如何处理？

【裁判规则】

劳动者与用人单位签订了固定期限劳动合同后，劳动者要求变更为无固定期限劳动合同的，不予支持，但有证据证明用人单位存在欺诈、胁迫、乘人之危等情形的除外。

【典型案例】 贺某与北京某制冷产品销售公司劳动争议案

基本案情

贺某系北京某制冷产品销售公司员工，双方签订过三份固定期限劳动合同，期限分别为2011年1月1日至12月31日、2012年1月1日至12月31日、2013年1月1日至2014年12月31日。贺某主张，2012年的劳动合同到期后，北京某制冷产品销售公司应当与其订立无固定期限劳动合同。北京某制冷产品销售公司主张，固定期限劳动合同是双方协商一致的结果，且符合国家法律规定。贺某向劳动人事争议仲裁委员会申请仲裁，要求北京某制冷产品销售公司支付2013年1月1日至2014年12月31日未签订无固定期限劳动合同二倍工资。仲裁委对此未予支持，贺某不服提起诉讼。

裁判理由与结果

法院经审理认为，用人单位与劳动者连续订立两次固定期限劳动合同的，依法应与劳动者订立无固定期限劳动合同，但法律并不禁止双方当事人协商一致后继续订立固定期限劳动合同。本案双方签订了自2013年1月至2014年12月的固定期限劳动合同，并已实际履行完毕，贺某在劳动合同履行完毕后主张合同无效，并要求北京某制冷产品销售公司支付2013年1月至2014年12月未签订无固定期限劳动合同的二倍工资差额并无事实和法律依据，法院不予支持。

【法律风险提示与实务操作建议】

就目前司法实践而言，在符合《劳动合同法》第十四条规定的法定情形下，对于订立何种期限的劳动合同，劳动者具有选择权。但需要注意的是，这一法律规定的目的并非强行规定双方必须续订无固定期限劳动合同。《劳动合同法实施条例》第十一条即给出了补充规定："除劳动者与用人单位协商一致的情形外，劳动者依照劳动合同法第十四条第二款的规定，提出订立无固定期限劳动合同的，用人单位应当与其订立无固定期限劳动合同。"因此，只要劳动者与用人单位协商一致，双方完全可以签订固定期限劳动合同。

上述案例中，贺某与公司之间连续订立两次固定期限劳动合同之后，第三次又续签了固定期限劳动合同，未有证据显示所签订的第三次固定期限劳动合同非基于其真实意思表示，也未能证明签订合同时公司存在欺诈、胁迫、乘人之危等导致劳动合同无效的行为。因此，法院最终认定，第三次固定期限劳动合同具有法律效力，属于双方真实意思表示，用人单位无须支付其二倍工资。

与此相类似的实务问题包括，固定期限劳动合同履行过程中，劳动者达到连续工作满 10 年的条件的，能否要求将固定期限劳动合同变更为无固定期限劳动合同？根据《劳动合同法》的规定，用人单位应当订立无固定期限劳动合同的时间，只能是在双方续订或订立劳动合同时。固定期限劳动合同履行过程中劳动者连续工作满 10 年的，如果双方协商一致，可以变更劳动合同期限。但如果用人单位不同意变更，则应当继续履行原固定期限劳动合同。待劳动合同期满，劳动者提出订立无固定期限劳动合同的，用人单位应当订立。

【法规链接】

《中华人民共和国劳动合同法》第十四条

《北京市高级人民法院、北京市劳动人事争议仲裁委员会关于审理劳动争议案件法律适用问题的解答》第 17 条

7. 对用人单位存在规避签订无固定期限劳动合同和连续计算工作年限的情况，如何处理？

【裁判规则】

用人单位存在下列行为的，劳动者订立固定期限劳动合同和工作年限的次数仍应连续计算：

（1）为减少计算劳动者的工龄，迫使劳动者与其解除或终止劳动合同后重新与其签订劳动合同的；

（2）通过设立关联用人单位，在与劳动者签订合同时交替变换用人单位名称的；

（3）仅就劳动合同的终止期限进行变更，用人单位无法作出合理解释的；

（4）采取注销原单位、设立新单位的方式，将劳动者重新招用到新单位，且单位经营内容与劳动者的工作地点、工作内容均没有实质性变化的；

（5）其他明显违反诚信和公平原则的规避行为。

【典型案例】王某与某老干部俱乐部劳动争议案

基本案情

王某于 2003 年 10 月 8 日入职某老干部俱乐部。2016 年 6 月 30 日，某老干部俱乐

部与王某终止劳动合同。某老干部俱乐部主张，2011 年 1 月 1 日至 6 月 30 日王某与北京某餐饮有限责任公司存在劳动关系，其间工资由该餐饮公司支付。王某对此认可，但主张系某老干部俱乐部强制安排其与餐饮公司签订劳动合同，实际未在劳动合同中约定的工作地点即某老干部餐厅工作，工资由该餐饮公司代发。某老干部俱乐部主张其与某老干部餐厅并非同一单位，但认可地址都在北京市海淀区复兴路乙某号院内。王某以要求某老干部俱乐部支付违法解除劳动合同赔偿金等为由向北京市海淀区劳动人事争议仲裁委员会提出申请。仲裁委员会对此未予支持，王某不服提起诉讼。

裁判理由与结果

法院经审理认为，关于王某的工龄是否连续计算问题，某老干部俱乐部主张其单位与王某于 2010 年 12 月 31 日终止劳动关系，王某与北京某餐饮有限责任公司在 2011 年 1 月 1 日至 6 月 30 日签订劳动合同，2011 年 7 月 1 日其单位重新与王某建立劳动关系。但某老干部俱乐部针对王某在 2011 年 1 月 1 日至 6 月 30 日，王某工作内容及工作地点变动情况未提供相应的证据证明。法院根据双方当事人的举证情况及王某的工作岗位、工作地点情况，结合某老干部俱乐部提供的王某书写的申请等，判定王某在北京某餐饮有限责任公司处的工龄应当与王某在某老干部俱乐部的工龄连续计算。

【法律风险提示与实务操作建议】

本案中，虽然某老干部俱乐部与北京某餐厅有限责任公司属于不同的法人主体，但王某与北京某餐饮有限责任公司签订的劳动合同系由某老干部俱乐部向法院提交，该劳动合同载明王某工作地点为某老干部餐厅，王某称该期间工作地点及内容均没有变化，而某老干部俱乐部虽辩称与某老干部餐厅没有关系，但未能对王某陈述的情况提交证据予以反驳，结合双方的陈述及某老干部俱乐部提交的王某书写的申请在案证据，法院最终判定王某在北京某餐饮有限责任公司处的工龄应当与王某在某老干部俱乐部的工龄连续计算。

实践中，有些用人单位会采用多种方式规避劳动者工龄计算问题，侵犯劳动者的合法权益。《劳动合同法实施条例》第十条规定："劳动者非因本人原因从原用人单位被安排到新用人单位工作的，劳动者在原用人单位的工作年限合并计算为新用人单位的工作年限。"如何把握"非因劳动者本人原因""从原用人单位被安排到新用人单位"，《劳动争议司法解释（一）》（法释〔2020〕26 号）第四十六条对此进一步进行了阐述，应当注意把握。对于符合上述规定情形的，劳动者可以主张工龄连续计算。

【法规链接】

《中华人民共和国劳动合同法实施条例》第十条

《最高人民法院关于审理劳动争议案件适用法律问题的解释（一）》（2020 年 12 月 29 日）第四十六条

《北京市高级人民法院、北京市劳动争议仲裁委员会关于劳动争议案件法律适用问题研讨会会议纪要（二）》第 37 条

8. 用人单位与劳动者约定试用期存在何种限制？

【裁判规则】

劳动合同期限为三个月以上不满一年的，试用期不得超过一个月；劳动合同期限为一年以上不满三年的，试用期不得超过二个月；三年以上固定期限和无固定期限的劳动合同，试用期不得超过六个月。

同一用人单位与同一劳动者只能约定一次试用期。

以完成一定工作任务为期限的劳动合同或者劳动合同期限不满三个月的，不得约定试用期。

【典型案例】 段某与北京某文化传播公司劳动争议案

基本案情

段某于 2014 年 5 月 4 日入职北京某文化传播公司，双方签订了自 2014 年 5 月 4 日起至 2017 年 5 月 3 日止的劳动合同，约定试用期为入职之日至 2014 年 8 月 3 日，试用期工资按照约定工资 80% 的标准支付。2014 年 10 月 11 日，双方签订试用期延长协议，约定试用期延长至 2014 年 11 月 4 日。2014 年 11 月 2 日，北京某文化传播公司以段某不符合录用条件为由解除了劳动合同。段某主张，北京某文化传播公司存在重复订立试用期、违法解除劳动关系的行为，遂向劳动争议仲裁委员会申请仲裁，要求北京某文化传播公司支付工资差额、违法解除劳动关系赔偿金。仲裁作出支持段某申请的裁决后，北京某文化传播公司不服提起诉讼。

裁判理由与结果

法院经审理认为，北京某文化传播公司与段某在双方签订的劳动合同中已明确约

定了期限为3个月的试用期，随后双方又签订了试用期延长协议，但该协议系双方初次约定的试用期届满后签订，应属于再次约定试用期的情形。依据《中华人民共和国劳动合同法》第十九条“同一用人单位与同一劳动者只能约定一次试用期”的规定，该行为违反了法律规定，延长协议应属无效，北京某文化传播公司应当向段某支付工资差额。故北京某文化传播公司以段某在试用期内不符合录用条件为由与其解除劳动合同亦属违法解除劳动合同的行为，应支付违法解除劳动合同赔偿金。北京某文化传播公司不服，提起上诉。二审法院最终判决驳回上诉，维持原判。

【法律风险提示与实务操作建议】

试用期的延长和缩短都是对劳动合同条款的变更，必须经过双方协商一致。劳动者对“提前转正”一般不会拒绝，延长试用期则容易造成纠纷。延长试用期务必注意三点：一是须经双方协商一致；二是试用期总时间不得超过法定期限；三是必须在之前约定的试用期届满前延长。此外，由于法律规定使用了“同一用人单位与同一劳动者只能约定一次试用期”的措辞，用人单位应当谨慎决定是否延长试用期。除把握以上三点之外，还应特别注意所在地区的司法裁判口径，如当地明显不认可协商延长试用期，用人单位应尽量执行双方首次约定的试用期，而不要轻易地与劳动者约定延长试用期。

【法规链接】

《中华人民共和国劳动合同法》第十九条

9. 用人单位仅与劳动者约定试用期的，应如何处理？

【裁判规则】

试用期包含在劳动合同期限内。劳动合同仅约定试用期的，试用期不成立，该期限为劳动合同期限。

【典型案例】 陈某与北京某投资管理有限公司劳动争议案

基本案情

陈某于2014年6月2日入职北京某投资管理有限公司。北京某投资管理有限公司作为甲方，与乙方陈某签订试用期合同，约定：甲方聘用乙方为试用期员工，试用期2个月，自2014年6月2日起至8月1日止；乙方的岗位为美食城营运总监，乙方试用期工资为每月10 000元，筹备期间每日餐补15元；乙方在试用期内，每天工作8小时、每周工作6天，考勤均由甲方按实际出勤状况和公司考勤制度执行。2014年7月25日，北京某投资管理有限公司以陈某不能胜任工作为由将其解雇。陈某向劳动人事争议仲裁委员会提出仲裁申请，要求北京某投资管理有限公司支付工资及解除劳动合同赔偿金。仲裁委作出支持陈某的申请裁决后，北京某投资管理有限公司不服，提起诉讼。

裁判理由与结果

一审法院认为，试用期包含在劳动合同期限内，劳动合同仅约定试用期的，试用期不成立，该期限为劳动合同期限。故陈某与北京某投资管理有限公司签订的试用期合同系期限为2014年6月2日至8月1日的劳动合同，试用期不成立。用人单位对作出的解除劳动合同决定负有举证责任，北京某投资管理有限公司未提交证据证明其提出与陈某解除劳动合同的决定符合法律规定，应当支付陈某解除劳动合同赔偿金10 000元。北京某投资管理有限公司不服，提起上诉。二审法院最终判决驳回上诉，维持原判。

【法律风险提示与实务操作建议】

试用期其实是考察期，用人单位和劳动者经过互相考察，各自决定是否继续履行劳动合同。有些用人单位却通过滥用试用期条款规避法律责任，降低用工成本，意图将试用期变成“白用期”。本案中，北京某投资管理有限公司与劳动者仅约定试用期，并在试用期届满前解除了劳动合同，规避法律责任目的是比较明显的。《劳动合同法》第十九条第四款明确规定，试用期包含在劳动合同期限内；劳动合同仅约定试用期的，试用期不成立，该期限为劳动合同期限。因此，仅约定试用期的，该期限将被视为劳动合同期限。而试用期一般较短，企业管理人员一旦忽略了及时续签劳动合同，反而可能会给用人单位带来更大的用工成本，甚至需要承担不利的法律后果。

【法规链接】

《中华人民共和国劳动合同法》第十九条

10. 用人单位违反《劳动合同法》的规定与劳动者约定试用期的，有何种法律后果？

【裁判规则】

用人单位违反《劳动合同法》的规定与劳动者约定试用期的，由劳动行政部门责令改正；违法约定的试用期已经履行的，由用人单位以劳动者试用期满月工资为标准，按已经履行的超过法定试用期的期间向劳动者支付赔偿金。

【典型案例】 张某与北京某国际贸易公司劳动争议案

基本案情

张某入职北京某国际贸易公司，双方签订了自2017年9月25日至2019年9月24日的劳动合同，约定试用期为6个月，试用期至2018年3月24日。2018年3月1日，北京某国际贸易公司向张某送达劳动合同解除通知书，以公司战略调整、撤销岗位等理由，与张某解除劳动合同。张某主张北京某国际贸易公司违法约定试用期，应当支付赔偿金。北京某国际贸易公司不予认可，认为虽约定了6个月的试用期，违反了《劳动合同法》的相关规定，但实际上该6个月的工资标准与转正后的工资标准一致，故张某不存在工资收入的损失，且双方并未实际履行试用期的约定。因此，无须向张某支付违法约定试用期的赔偿金。张某向劳动人事争议仲裁委员会提出仲裁申请，要求北京某国际贸易公司支付其超过法定试用期期间的赔偿金。仲裁委作出支持张某的申请裁决后，北京某国际贸易公司不服，提起上诉。

裁判理由与结果

法院认为，试用期系用人单位与劳动者在订立劳动合同期限内特别约定的期间，本质在于供当事人双方互相考察，并赋予了用人单位因劳动者不符合录用条件即可解除劳动关系的权利。本案中，北京某国际贸易公司与张某约定劳动合同期限为两年，但双方之间约定试用期为6个月，这一项超过法定标准，北京某国际贸易公司确系违法约定试用期。北京某国际贸易公司以试用期工资标准与转正后工资标准一致为由主张双方实际并未履行试用期，但其未就该主张提交相应证据，应当向张某支付违法约定试用期赔偿金。

【法律风险提示与实务操作建议】

《劳动合同法》对于用人单位违法约定试用期的行为规定了明确的法律责任：

（1）由劳动行政部门责令改正。本规定针对的是违法约定的试用期尚未履行的情况。

（2）支付赔偿金。违法约定的试用期已实际履行的，用人单位应当以劳动者试用期满月工资为标准，按已经履行的超过法定试用期的期间向劳动者支付赔偿金。需要注意的是，对于已经履行的超过法定试用期上限的期间，用人单位除了应当支付赔偿金，还应按照试用期满月工资标准补足工资金额，实际上等于用人单位对于该期间需要支付双倍工资。

应当说，法律对于用人单位违法约定试用期的行为规定了十分严厉的法律责任。有些做法看似对用人单位有利，实则得不偿失。如上一个问题的单独约定试用期，用人单位自以为拥有了很大的主动权，实际上却因该约定无效而丧失了试用期内享有的灵活性和相应权利；超出法定上限约定试用期的，不但不能获得任何好处，还会付出支付双倍工资的代价。因此，用人单位应当转变旧有观念，了解相关法律规定，严格按照法律规定拟定试用期条款和各项试用期制度，以避免承担不利的法律后果。

【法规链接】

《中华人民共和国劳动合同法》第八十三条

三、 劳动合同的有效要件

一份有效的劳动合同，其订立的主体、形式、内容和程序方面必须符合法律相关规定。

（1）主体适格。用人单位应当是具备用工自主权的适格主体，劳动者则应当具有相应的劳动权利能力和行为能力。

（2）形式合法。根据法律规定，劳动合同必须以书面形式订立。

（3）内容合法。合同条款不得违背法律法规相关规定。

（4）程序合法。订立劳动合同，必须遵循公平、自愿、协商一致、诚实信用的基本原则。

【疑难问题】

劳动者要求仲裁委裁决或法院判决与用人单位签订书面劳动合同的，如何处理？

【裁判规则】

订立书面劳动合同需要当事人意思表示一致，由劳动者与用人单位平等协商，以确定合同期限、工作内容、劳动报酬等事项。经劳动者与用人单位协商，双方就劳动合同必要条款能够达成一致的，可以裁判双方订立书面劳动合同，并在裁判文书中就达成一致的条款予以表述。

双方就劳动合同必要条款不能达成一致的，由仲裁委裁决或法院直接判令双方订立书面劳动合同有违当事人意思自治原则，亦无法确定具体执行内容和申请强制执行。故在此情况下，劳动者要求与用人单位订立书面劳动合同的，仲裁委、法院可释明当事人变更请求，主张确认双方存在劳动关系。

因可归责于用人单位的原因导致无法订立书面劳动合同的，劳动者可另行依法主张用人单位承担未订立书面劳动合同的法律责任。

【典型案例】 张某与北京某商贸中心劳动争议案

基本案情

2005 年 12 月 29 日，北京某商贸中心（甲方）与张某（乙方）签订劳动合同书，约定合同期限为 5 年。2010 年 12 月 29 日，北京某商贸中心又与张某签订劳动合同书，约定 3 年固定期限。2013 年 12 月 18 日，北京某商贸中心再次与张某签订劳动合同续订书，约定续订劳动合同期限为 3 年。到期后，商贸中心拒绝与张某签订劳动合同，并停止发放工资。张某向劳动人事争议仲裁委员会提出仲裁请求，要求北京某商贸中心按《劳动合同法》规定签订无固定期劳动合同。仲裁委支持了张某的仲裁请求。北京某商贸中心不服，提起诉讼。

裁判理由与结果

一审法院认为，2008 年后张某与北京某商贸中心公司已连续两次签订了固定期限劳动合同，北京某商贸中心公司应依据《劳动合同法》第十四条的规定，与劳动者签订无固定期限劳动合同。鉴于书面劳动合同需要经过劳动者与用工单位就劳动合同必要条款进行协商达到一致，在不违反当事人意思自治原则的情况下，不能直接判令北京某商贸中心公司与张某签订无固定期劳动合同。一审法院判决：确认北京某商贸中心与张某自2016年12月29日起存在无固定期限劳动合同关系。北京某商贸中心不服，提起上诉。二审法院经审理后，判决驳回上诉，维持原判。

【法律风险提示与实务操作建议】

从《劳动合同法》第十四条的规定来看，只要符合法定情形，就应当订立无固定期限劳动合同。但仲裁委或法院不宜直接裁决或判决用人单位与劳动者签订无固定期限劳动合同。原因在于，劳动合同关系虽区别于一般民商事合同，具有一定的强制性色彩，但劳动合同归根结底仍然是合同，其私域性决定了公共意志不能“越俎代庖”、包揽一切。劳动合同中除合同期限等相关内容外，其他内容，诸如工作内容、工作地点、劳动报酬等，仍属双方当事人意思自治的范围，应由用人单位和劳动者自行协商订立。若裁决或判决双方签订无固定期限劳动合同，但用人单位执意不与劳动者就期限之外条款进行协商，劳动合同将因主要条款不能达成一致而无法签订，裁决书或判决书将丧失可执行性。

司法实践的一般做法是法院向当事人释明以上内容，由原告变更诉讼请求，判决“确认双方之间存在劳动关系”。判决作出后，因可归责于用人单位的原因导致无法订立书面劳动合同的，劳动者可另行依法主张用人单位承担相应法律责任，如支付待岗工资、未签订无固定期限劳动合同二倍工资等。

【法规链接】

《中华人民共和国劳动合同法》第十四条

《北京市高级人民法院、北京市劳动争议仲裁委员会关于劳动争议案件法律适用问题研讨会会议纪要（二）》第三十六条

四、 无效劳动合同

根据《劳动合同法》的规定，劳动合同无效的法定情形有三种，第一是以欺诈、胁迫的手段或者乘人之危，使对方在违背真实意思的情况下订立或者变更劳动合同的；第二是用人单位免除自己的法定责任、排除劳动者权利的；第三是违反法律、行政法规强制性规定的。劳动合同无效分为全部无效和部分无效，相应法律后果亦

存在不同。

第一，以欺诈、胁迫的手段或者乘人之危，使对方在违背真实意思的情况下订立或者变更劳动合同的。

虽然劳动合同相较于一般合同具备人身隶属的特殊性质，劳动法律法规作为一种社会法，注重对劳动者的人身和财产权利保护，此亦区别于合同法。但劳动合同归根到底仍然属于合同，订立劳动合同必须遵循自愿、协商一致和诚实信用等基本原则。任何一方采用欺诈、胁迫手段或乘人之危，致使对方违反真实意思订立或变更劳动合同的，该合同归于无效。

欺诈是指一方当事人故意陈述虚伪事实、隐瞒真实情况或捏造假象误导对方，致使对方违背真实意思而订立合同。常见情形如劳动者伪造学历、履历或提供其他虚假情况骗取与用人单位签订劳动合同，用人单位虚假夸大劳动者福利待遇或工资标准等。胁迫是指一方使用暴力、其他手段或以将来要发生的损害相威胁，致使对方屈服压力，违背真实意思表示订立合同。例如限制劳动者人身自由、扣押身份证件或押金等行为。乘人之危，一般指诱骗或强迫处于危难境地的一方违背真实意思表示，接受明显不公平的条件而订立合同。如用人单位乘劳动者处在经济状况窘迫、急于找到工作的境地而大幅压低劳动者工资福利待遇的行为。

第二，用人单位免除自己的法定责任、排除劳动者权利的。

为避免用人单位滥用自身优势地位，法律规定用人单位不得与劳动者在劳动合同中约定免除自己法定责任、排除劳动者权利的条款。实务中常见的此类条款不少，比如，合同履行期内不得生育、用人单位对工伤概不负责、用人单位有权根据实际经营状况调整岗位或工作地点等。根据法律规定，以上约定均为无效条款。

第三，违反法律、行政法规强制性规定的。

此条款为兜底条款。《劳动合同法》对于前两种无效的法定情形无法覆盖的其他情况或条款，通过本款予以了补充。对于“违反法律、行政法规强制性规定”的无效情形需要注意把握两点。一是违反了由全国人大及其常委会制定的法律、国务院制定的行政法规（不包括各部委制定的规章，也不包括地方性法规或地方政府规章）。二是违反了法律、行政法规的强制性规定。常见的违法条款如超过法定期限约定试用期、违法约定劳动者支付违约金、违法约定工资标准的条款等。

关于劳动合同无效的法律后果。劳动合同的无效分为全部无效和部分无效两种情形。无效劳动合同因无效原因不同、订立后履行情况不同、导致的劳动关系变化程度不同，无效的法律后果不尽相同。

1. 劳动合同全部无效

指劳动合同的全部条款均不发生法律效力。劳动合同被认定全部无效的情况下，双方当事人之间的劳动关系及权利义务关系均归于消灭。

（1）随时解除劳动合同

因用人单位过错导致劳动合同无效的，劳动者可以随时解除劳动合同，此时用人单位需要按照法定标准向其支付经济补偿金；若由于劳动者原因致使劳动合同无效，用人单位可以随时解除劳动合同，无须支付经济补偿金。

（2）劳动者已付出的劳动，用人单位应当支付报酬

无论哪一方过错导致劳动合同无效，只要劳动者已经付出了劳动，用人单位必须向劳动者支付相应报酬。关于劳动报酬支付标准，可参照本单位相同或近似岗位的报酬确定；如无相同或近似岗位，按照本单位职工平均工资确定。

（3）过错方需承担赔偿责任

劳动合同被确认无效后，因无效劳动合同给一方当事人造成实际损失的，有过错的一方应当承担赔偿责任。由于劳动者过错致使劳动合同无效的，用人单位有权主张劳动者赔偿招聘支出的合理费用、培训费用等。

2. 劳动合同部分无效

指劳动合同的部分条款虽然无效，但并不影响其他条款效力的情形。部分无效劳动合同中，无效条款如果不影响其他条款效力，则其余条款依然有效，对合同双方仍然具有约束力。

（1）无效条款约定的事项，自合同订立之时依照法律规定标准确定

劳动合同中无效的条款部分自始无效。该部分事项及相应法律关系调整标准，应当根据相关法律规定进行，并应追溯至合同签订之时。

（2）过错方承担赔偿责任

因劳动合同部分条款被确认为无效而给一方当事人造成实际损失的，过错方应当承担赔偿责任。

【疑难问题】

1. 用人单位以劳动者未如实说明学历、工作履历等信息为由解除劳动合同，或者主张劳动合同无效的，如何处理？

【裁判规则】

应区分劳动者未如实说明的信息是否属于与劳动合同直接相关的基本情况，分别处理。

第一，如果劳动者未如实说明的信息是用人单位判断劳动者职业技能高低、能否胜任工作的依据，是用人单位决定是否与劳动者建立劳动关系以及确定工作岗位、报酬标准、合同期限等的考量因素，用人单位以劳动者未如实说明上述信息为由解除劳动合同或者主张劳动合同无效的，一般法院会予以支持。反之，如果劳动者未如实说明的信息与劳动者履行劳动合同的能力无必然联系，对用人单位决定是否与劳动者建立劳动关系以及确定工作岗位、报酬标准、合同期限等无实质影响，用人单位以劳动者未如实说明上述信息为由解除劳动合同或者主张劳动合同无效的，法院一般不予支持。

第二，一般情况下，倾向于认定学历、工作履历、技能资质、健康状况等信息属于与劳动合同直接相关的基本情况，婚姻状况、生育情况、籍贯、家庭状况等信息不属于与劳动合同直接相关的基本情况。在案件审理中，法院会具体结合行业特殊性、岗位要求、工作内容以及用人单位支付的劳动对价等因素进行综合判断。

【典型案例】 隋某与某技术装备公司劳动争议案

基本案情

隋某于2013年11月13日入职某技术装备公司担任司炉工，双方签订期限为2013年11月13日至2014年11月12日的劳动合同。隋某最后工作至2014年5月30日，当日某技术装备公司以隋某持有假的特种设备作业人员证为由，与隋某解除了劳动合同。隋某认可其持伪造的特种设备作业人员证上岗，但主张其实际提供了劳动。双方认可2014年4月14日隋某获得了相关真实的从业资格。某技术装备公司就本案劳动争议向仲裁委提出仲裁申请，要求确认双方劳动合同无效。仲裁委作出不予受理通知书，某技术装备公司不服，诉至法院。

裁判理由与结果

一审法院认为，第一，虽然隋某入职时提供了虚假的特种设备作业人员证，但某技术装备公司可以通过相关系统较为便利地审查证件的真假，却未尽到相应的审查义务，而是轻信隋某的陈述，此后不得以此为由主张劳动者欺诈。第二，某技术装备公司称其于2014年3月初发现隋某特种设备作业人员证属于伪造，却仍未核实，一直到2014年5月30日才以证件造假为由解除劳动关系，某技术装备公司在发现证件造假后没有及时处理，事后不得随意以此为由主张劳动合同无效。第三，隋某在2014年4月14日，即劳动关系存续期间取得了真实有效的特种设备作业人员证，且隋某实际上从劳动合同签订之日起即为某技术装备公司提供了劳动，双方已经建立事实劳动关系。判决：驳回某技术装备公司的诉讼请求。某技术装备公司不服，提起上诉。

二审法院经审理认为，首先，隋某的岗位为司炉工，根据相关法律规定，隋某必须取得特种设备作业人员证才能从事相应的工作，其应当持证上岗。另根据双方签订的劳动合同书及当事人陈述，隋某明知应持证上岗，即特种设备作业人员证是某技术装备公司录用隋某的必要条件。其次，劳动者在订立劳动合同时，应当依据诚实信用原则如实履行说明义务。本案中，特种设备作业人员证关系到隋某的岗位任职条件和履行劳动合同资格等关键问题，隋某故意提供虚假证件与某技术装备公司订立劳动合同，其行为已经构成欺诈。最后，《中华人民共和国劳动合同法》第二十六条规定："下列劳动合同无效或者部分无效：（一）以欺诈、胁迫的手段或者乘人之危，使对方在违背真实意思的情况下订立或者变更劳动合同的……"。根据上述理由，隋某持有虚假的特种设备作业人员证与某技术装备公司订立合同，其行为构成欺诈，双方之间的劳动合同无效，某技术装备公司关于双方劳动合同无效的上诉主张，于法有据，应予支持。

【法律风险提示与实务操作建议】

关于劳动者在应聘过程中未履行如实说明义务是否必然构成欺诈，实务中一般认为，只有劳动者未如实说明、并且导致用人单位作出了订立劳动合同的错误意思表示时，才构成欺诈，并导致合同无效。司法实践中，法院会综合形式标准和实质标准来审查、判断劳动者说明义务的范围。第一，形式上审查用人单位是否明确、充分告知了劳动者需要提供的信息及证明材料内容；第二，实质上用人单位要求劳动者说明的内容不得违反法律、行政法规的规定，且与劳动者工作具有直接的、必然的联系，劳动者未如实说明导致用人单位作出了订立劳动合同的意思表示。因此，用人单位在招聘过程中，应当明确、清晰地表述和告知相关岗位的招聘要求，在核实劳动者提供的相关资质证明或材料时，应当遵循严格和审慎原则，需要求劳动者提供原件，在可能通过公开途径核实的情况下应及时核实；对于劳动者未如实提供相关资质证明或材料的后果应当明确告知。作为劳动者，在应聘过程中应遵循诚实信用原则，确保自身提供的相关资料真实有效，避免产生劳动合同无效的法律风险。

具体到上述案例中，根据相关法律规定，隋某从事的岗位为司炉工，必须取得特种设备作业人员证才能从事相应的工作，其应当持证上岗；根据双方签订的劳动合同书及当事人陈述，隋某明知应持证上岗，即特种设备作业人员证是某技术装备公司录用隋某的必要条件，是关系到隋某的岗位任职条件和履行劳动合同资格等关键问题，隋某故意提供虚假证件与某技术装备公司订立劳动合同，其行为已经构成欺诈，根据《劳动合同法》的相关规定，双方订立的劳动合同应属无效。

【法规链接】

《中华人民共和国劳动法》第十八条

《中华人民共和国劳动合同法》第三条、第二十六条、第二十七条、第二十八条

2. 劳动合同被确认为无效后，应如何确定用人单位与劳动者之间的权利义务？

【裁判规则】

劳动合同被确认为无效后，用人单位对劳动者付出的劳动，用人单位应当按照《劳动合同法》第二十八条、第四十六条、第四十七条的规定向劳动者支付劳动报酬和经济补偿。

由于用人单位的原因导致订立的合同无效，给劳动者造成损害的，用人单位应当赔偿劳动者因合同无效所造成的经济损失。

【法律风险提示与实务操作建议】

劳动合同被确认为无效的情况下，劳动者有权获得已付出劳动的相应报酬，不考虑劳动者对劳动合同无效是否存在过错。换言之，只要劳动者为用人单位提供了劳动，用人单位就必须无条件地为此给付相应的劳动报酬。

劳动关系双方应当自觉遵守诚实守信的基本原则。此外，用人单位还应当谨慎审查劳动者的相关资质和各种信息，严格根据法律规定确定劳动合同内容，避免出现劳动合同全部或部分无效的情形。无论是用人单位还是劳动者原因导致劳动合同无效，用人单位都面临着责任和损失的承担。如果是用人单位原因造成的劳动合同无效，用人单位除给付相应的劳动报酬外，还需承担一定的损害赔偿责任。如果是劳动者原因造成的劳动合同无效，用人单位仍应支付相应的劳动报酬。

第三章 未签订书面劳动合同的法律后果

《劳动合同法》要求用人单位必须与劳动者订立书面劳动合同，同时设立了二倍工资差额的惩罚性赔偿制度，立法本意在于提高劳动合同签订率，书面固定双方权利义务，以保护劳动者合法权益，规范用工秩序。但需要注意，劳动合同由用人单位和劳动者协商订立，是双方意思自治的结果，劳动关系双方未依法订立书面劳动合同，通常是用人单位原因造成，但实践中也存在劳动者久拖不签书面劳动合同的情况，需区分情况处理。

司法实践中，对于劳动者与用人单位基于未签订书面劳动合同引发的劳动争议，仲裁委、法院一般侧重对以下事实的审查：劳动者入职时间；双方是否签订书面劳动合同；未签订原因；劳动者的岗位、工资标准；未签订书面劳动合同的时间；用人单位是否主张时效抗辩。

根据《劳动合同法》《劳动合同法实施条例》的相关规定，用人单位与劳动者建立劳动关系，至迟应在用工之日起一个月内与劳动者订立书面劳动合同。否则，用人单位将承担不利法律后果。

一、 支付二倍工资、补签劳动合同

（1）自用工之日起超过一个月、不满一年未订立的，应向劳动者支付自用工之日起满 1 个月的次日起至补签劳动合同的前一日的二倍工资，并补签劳动合同。

（2）自用工之日起满一年未订立，应向劳动者支付自用工之日起满一个月的次日至满 1 年的前一日的二倍工资，并视为自用工之日起满一年的当日已经与劳动者订立无固定期限劳动合同，双方据此补签劳动合同。

（3）应当订立无固定期限劳动合同未订立的，自应当订立无固定期限劳动合同之日起，向劳动者每月支付二倍工资。

二、 行政责任

《劳动法》规定，用人单位故意拖延不订立劳动合同的，由劳动行政部门责令改正。各地方性劳动法规具体规定了此种情况下的处罚措施。如《北京市劳动合同规定》要求，用人单位不订立劳动合同被责令限期改正，逾期不改的，按照未签订劳动合同的人数，对用人单位处以每人500元罚款。

三、 赔偿责任

用人单位不依法订立劳动合同给劳动者造成损害的，还应当承担相应赔偿责任。

【疑难问题】

1. 《劳动合同法》第八十二条“二倍工资”的认定与起止时间如何计算?

【裁判规则】

对于《劳动合同法》第八十二条规定的“二倍工资”的计算，应当遵循以下原则:

（1）依据《劳动合同法》第十条、第八十二条第一款的规定，用人单位自用工之日起超过一个月不满一年未与劳动者订立书面劳动合同的，自用工之日满一个月的次日起开始计算二倍工资，截止点为双方订立书面劳动合同的前一日，最长不超过十一个月。

（2）用人单位因违反《劳动合同法》第十四条第三款的规定，自用工之日满一年不与劳动者订立书面劳动合同，视为用人单位与劳动者已订立无固定期限劳动合同的情况下，劳动者可以向仲裁委、法院主张确认其与用人单位之间属于无固定期限劳动合同关系。在此情况下，劳动者同时主张用人单位支付用工之日满一年后的二倍工资的不予支持。

（3）如果劳动合同期满后，劳动者仍在用人单位工作，用人单位未与劳动者订立书面劳动合同的，计算二倍工资的起算点为自劳动合同期满的次日，截止点为双方补签书面劳动合同的前一日，最长不超过十二个月。

（4）用人单位违反《劳动合同法》第十四条第二款、第八十二条的规定，不与劳动者订立无固定期劳动合同的，二倍工资自应订立无固定期限劳动合同之日起算，截止点为双方实际订立无固定期限劳动合同的前一日。

（5）二倍工资中属于劳动者正常工作时间劳动报酬的部分，适用《劳动争议调解仲裁法》第二十七条的规定；增加一倍的工资属于惩罚性赔偿的部分，不属于劳动报酬，适用《劳动争议调解仲裁法》第二十七条的规定，即一年的仲裁时效。

二倍工资适用时效的计算方法：在劳动者主张二倍工资时，因未订立书面劳动合同行为处于持续状态，故时效可从其主张权利之日起向前计算一年，据此实际给付的二倍工资不超过十二个月，二倍工资按未订立书面劳动合同所对应时间用人单位应当正常支付的工资为标准计算。

【典型案例】 姚某与北京某科技有限公司劳动争议案

基本案情

姚某主张其于2013年2月25日入职北京某科技有限公司，职务为销售代表，双方约定试用期月工资为2500元，转正后月工资为3000元，北京某科技有限公司未与其签订劳动合同，未为其缴纳社会保险，2014年1月3日北京某科技有限公司将其解聘。2014年1月15日，姚某向劳动人事争议仲裁委员会提起仲裁申请，为证明其主张，姚某提交了其名片、显示工作环境的照片、证人证言、银行卡客户交易查询明细等证据。要求北京某科技有限公司支付其2013年3月25日至2014年1月3日未签订劳动合同二倍工资。仲裁委作出了支持姚某申请的裁决，北京某科技有限公司不服仲裁裁决，提起诉讼。

裁判理由与结果

一审法院认为，用人单位招用劳动者未订立书面劳动合同的，可以参考其他因素确认双方之间是否存在劳动关系。姚某提交的证据相互印证形成证据链，能够认定双方存在事实劳动关系。因北京某科技有限公司未提交相应证据，法院采信姚某陈述的入职、离职时间、月工资数额等事实。用人单位自用工之日起超过一个月不满一年未与劳动者订立书面劳动合同的，应当向劳动者每月支付二倍的工资。本案中，北京某科技有限公司与姚某未签订书面劳动合同，故北京某科技有限公司应支付姚某2013年3月25日至2014年1月3日的二倍工资差额。北京某科技有限公司不服，提起上诉。二审法院最终判决驳回上诉，维持原判。

【法律风险提示与实务操作建议】

本案涉及未签订书面劳动合同二倍工资的起止时间如何确定的问题。根据《劳动合同法》第八十二条和《劳动合同法实施条例》第七条的规定，双倍工资的起算时间应该是“自用工之日起满一个月的次日”，截止时间应该是“满一年的前一日”。即用人单位最迟应该自实际用工的第二个月与劳动者签订书面劳动合同，否则最长就要从第二个月开始支付二倍工资直到第十二个月。举例来说，劳动者甲于 2008 年 1 月 1 日到乙公司工作，乙公司一直未与其签订书面劳动合同，应支付双倍工资的起算时间是 2008 年 2 月 1 日，截止时间应为 2008 年 12 月 31 日。

【法规链接】

《中华人民共和国劳动合同法》第八十二条

《中华人民共和国劳动争议调解仲裁法》第二十七条

2. 二倍工资差额的仲裁时效如何确定？

【裁判规则】

用人单位未依法与劳动者签订书面劳动合同而额外支付的一倍工资，是对用人单位未履行法定义务的惩罚，并非劳动者的劳动报酬。因此，未签订书面劳动合同的二倍工资差额不属于《劳动争议调解仲裁法》第二十七条第四款规定的不受仲裁时效期间限制的范围，而应当适用《劳动争议调解仲裁法》第二十七条第一款关于劳动争议申请仲裁的时效期间从当事人知道或应当知道权利被侵害之日起算一年的规定。（从劳动者申请仲裁之日往前算一年，用人单位应给付劳动者二倍工资在上述期间，则应予以支持；如果不在上述期间内，用人单位主张时效抗辩的，则劳动者的请求因超过仲裁时效不应被支持）。

人民法院在用人单位未提起时效抗辩时不应主动适用一年仲裁时效的规定。

【典型案例】 王某与北京某文化发展公司劳动争议案

基本案情

王某入职北京某文化发展公司，双方签订了试用期劳动合同，约定合同自 2010 年 12 月 30 日起生效，有效期至 2011 年 1 月 30 日止。王某主张，2012 年 5 月 12 日北京某文化发展公司单方提出解除劳动合同，且双方未签订过正式的劳动合同。北京某文化发展公司称，王某系自动离职，双方按照试用期合同、保密协议、考勤制度履行了实际用工，虽没有签订正式名称为“劳动合同”的文件，但是试用期合同在法律上属于劳动合同。

2012 年 5 月 22 日，王某向北京市丰台区劳动监察大队投诉北京某文化发展公司未签订劳动合同、未缴纳社会保险、无故辞退员工。2013 年 4 月 26 日，王某申请仲裁，要求北京某文化发展公司支付 2011 年 1 月至 2012 年 5 月未签订劳动合同二倍工资。仲裁委裁决驳回王某的仲裁请求。王某不服，提起诉讼。

裁判理由与结果

一审法院认为，王某与北京某文化发展公司签订的试用期劳动合同中约定的期限应为劳动合同期限。该期限届满后，王某继续在北京某文化发展公司工作至 2012 年 5 月 12 日，其间双方未签订书面劳动合同。北京某文化发展公司虽主张王某的请求已超过一年的仲裁时效，但因王某已于 2012 年 5 月 22 日向北京市丰台区劳动监察大队投诉北京某文化发展公司未签订劳动合同，依照《劳动争议调解仲裁法》第二十七条关于“劳动争议申请仲裁的时效因当事人一方向对方当事人主张权利，或者向有关部门请求权利救济，或者对方当事人同意履行义务而中断。从中断时起，仲裁时效期间重新计算”之规定，该投诉行为应视为向有关部门请求权利救济的行为，其仲裁时效于 2012 年 5 月 22 日中断，北京某文化发展公司应支付王某自 2011 年 5 月 23 日至 2012 年 1 月 30 日未签订劳动合同的二倍工资差额。北京某文化发展公司不服，提起上诉。二审法院最终判决驳回上诉，维持原判。

【法律风险提示与实务操作建议】

劳动争议申请仲裁的时效期间为一年。法律另外规定，拖欠劳动报酬引发的劳动争议，劳动者申请仲裁不受一年的仲裁申请时效期间限制。由此产生的问题是，未订立书面劳动合同二倍工资的仲裁请求是否受到一年仲裁时效的限制？

答案是肯定的。未订立书面劳动合同的二倍工资，虽然带有“工资”字样，但其性质并非劳动者提供劳动获得的对价，而是基于用人单位存在违法行为所产生的不利法律后果，属于惩罚性赔偿金的范畴。因此，未订立书面劳动合同二倍工资的仲裁请求受到一年仲裁时效的限制。劳动者主张该权利时应对时效问题特别加以注意，否则一旦超出法定仲裁申请时效，将可能丧失胜诉权。

还需要注意的是，《劳动争议调解仲裁法》第二十七条规定，“劳动争议申请仲裁的时效因当事人一方向对方当事人主张权利，或者向有关部门请求权利救济，或者对方当事人同意履行义务而中断。从中断时起，仲裁时效期间重新计算。”因此，仲裁时效还存在因中断而重新计算的问题。

【法规链接】

《中华人民共和国劳动争议调解仲裁法》第二十七条

3. 劳动合同期满后未订立劳动合同，劳动者仍在原用人单位继续工作，如何处理？

【裁判规则】

劳动合同期满后未继续订立劳动合同，劳动者仍在原用人单位继续工作的，应适用《劳动合同法》第十条、第十四条第三款、第八十二条和《劳动合同法实施条例》第六条、第七条的规定来进行处理。在此情况下，因为用人单位对原劳动合同期满和继续用工的法律后果均有预期，因此不需要再给予一个月的“宽限期”，原劳动合同期满次日，即是用人单位应当订立劳动合同之日和承担未订立劳动合同的法律后果之日。

【典型案例】 王某与北京某工艺制品公司劳动争议案

基本案情

2013年5月13日，王某入职北京某工艺制品公司，双方签订自2013年5月13日至2015年5月13日的劳动合同。王某主张，劳动合同到期后未再续签，其工作到2016年1月30日，当天北京某工艺制品公司违法解除了与其的劳动关系。北京某工艺制品公司不予认可，称双方续签了劳动合同，于2016年1月30日经协商一致解除劳动关系。诉讼中，北京某工艺制品公司提交了其主张的双方所续签的劳动合同。经鉴定，该份合同中王某的签字并非其本人书写。王某向劳动人事争议仲裁委申请仲裁，要求北京某工艺制品公司支付2015年6月14日至2016年1月30日未签订劳动合同二倍工资差额等。仲裁委驳回了王某的仲裁申请。王某不服，提起诉讼。

裁判理由与结果

一审法院认为，根据双方所提交的证据情况，2015年5月13日双方签订的原劳动合同到期后，北京某工艺制品公司未与王某续签劳动合同，应支付王某2015年5月14日至2016年1月30日未签订书面劳动合同二倍工资差额，王某要求北京某工艺制品公司支付2015年6月14日至2016年1月30日未签订劳动合同二倍工资差额的诉讼请求具备法律和事实依据，法院予以支持。北京某工艺制品公司不服，提起上诉。二审法院最终判决驳回上诉，维持原判。

【法律风险提示与实务操作建议】

劳动合同期满后双方未续签劳动合同的，用人单位仍然需要向劳动者支付二倍工资差额。但是，此时二倍工资差额的起算时间时是否仍然需要留出一个月的“宽限期”，法律对此并无明确规定。实践中一般认为，用人单位对原劳动合同期满和继续用工的法律后果均有预期，因此不需要再给予一个月的“宽限期”。原劳动合同期满次日，即是用人单位应当续订劳动合同之日和承担未续订劳动合同的法律后果之日。本案中，因北京某工艺制品公司提交的劳动合同上的签字并非王某本人所签，故法院认定2015年5月13日双方签订的原劳动合同到期后，双方未续签劳动合同，北京某工艺制品公司应支付王某2015年5月14日至2016年1月30日未续订书面劳动合同二倍工资差额。

4. 二倍工资差额的计算基数如何确定？

【裁判规则】

二倍工资的计算基数为相对应月份的应得工资，并不是劳动者的实得工资，是应得工资。

因未签订书面劳动合同二倍工资差额系对用人单位不依法签订书面劳动合同的惩罚，在性质上不同于劳动者的劳动报酬，不宜进行过度地倾斜性保护，故仅应将较为固定的工资数额作为计算未续订劳动合同双倍工资差额的基数。用人单位根据劳动者的工作业绩表现而随机发放的效益工资、提成、加班费等并非与基本工资一样是月工资的必然固定构成，在性质上存在一定的偶然性、随机性和不确定性，不宜计算在上述基数之内。应当注意用人单位将固定工资不合理地拆分为非固定报酬的情形。另，在无法区分固定工资与非固定工资的情况下，应遵循保护劳动者的立法精神和裁判准则。

【典型案例】王某与北京某商贸公司劳动争议案

基本案情

王某于2014年10月25日入职北京某商贸公司担任销售员，最后工作至2014年12月31日。双方未签订书面的劳动合同，北京某商贸公司未为王某缴纳社会保险。王某称其月工资构成为基本工资2600元+提成+保险补助900元；北京某商贸公司主张王某的月工资构成为基本工资2600元+提成。北京某商贸公司主张对王某岗位实行综合工时制，但未经过劳动行政部门审批。2015 年 1 月，王某向朝阳劳动仲裁委提出仲裁申请，要求北京某商贸公司支付加班工资、未签订劳动合同的二倍工资差额等。裁决作出后，双方均不服，故提起诉讼。

裁判理由与结果

一审法院认为，虽然北京某商贸公司安排王某适用综合工时制度未经劳动行政部门审批，但根据查明的王某实际工作情况，北京某商贸公司应当按照综合工时制度为王某计算工作时间。北京某商贸公司未经行政许可采用综合工时制度的问题，属于行政管理的范畴，应由劳动行政部门对北京某商贸公司的行为进行相应的处理。根据已查明的情况，王某的工作时间超过了法定的工作时间，故北京某商贸公司应当向王某支付延时加班的加班费。因北京某商贸公司未与王某签订书面劳动合同，且未签劳动合同的原因不可归责于王某，北京某商贸公司应当向王某支付未签订劳动合同期间二倍工资差额。判决后，王某对一审法院认定的未签订劳动合同二倍工资差额的数额不服，提起上诉。二审法院最终判决驳回上诉，维持原判。

【法律风险提示与实务操作建议】

目前，普遍观点认为，计算“二倍工资”应当以正常工作时间下应支付的固定工资为基数。换言之，对于可能发生的提成工资、加班费等不固定的收入应予剔除，以实得工资中的基本工资、岗位工资和多种津贴、补贴等每月固定发放的部分作为“二倍工资”的计算基数。这是考虑到未签订劳动合同双倍工资差额系对用人单位不依法签订书面劳动合同的惩罚，在性质上不同于劳动者的劳动报酬，不宜进行过度地倾斜性保护，故仅应将较为固定的工资数额作为计算未签订劳动合同双倍工资差额的基数。

实践中一般按照以下标准具体核算。劳动关系双方对月工资有约定的从其约定，没有约定或约定不明的，按照《劳动合同法》第十八条的规定予以确定。若仍然无法确定正常工作时间工资数额，可按劳动者实际获得的月收入扣除加班工资、非常规性奖金、福利性和风险性等项目后所得金额确定。如月工资未明确构成项目的，由用人单位对工资构成项目进行举证，用人单位不能举证或证据不足的，两倍工资的计算基数按照劳动者实际获得的月收入确定。劳动者月工资高于用人单位所在直辖市、设区的市级人民政府公布的本地区上年度职工月平均工资 3 倍的，按职工月平均工资 3 倍的数额支付；劳动者月工资低于当地最低工资标准的，按照最低工资标准支付。

【法规链接】

《中华人民共和国劳动合同法》第十条

《北京市高级人民法院、北京市劳动人事争议仲裁委员会关于审理劳动争议案件法律适用问题的解答》第二十一条

5. 用人单位与劳动者补签劳动合同，劳动者主张未订立劳动合同二倍工资可否支持？

【裁判规则】

用人单位与劳动者建立劳动关系后，未依法自用工之日一个月内订立书面劳动合同，在劳动关系存续一定时间后，用人单位与劳动者在签订劳动合同时将日期补签到实际用工之日，视为用人单位与劳动者达成合意，劳动者主张二倍工资可不予支持，但劳动者有证据证明补签劳动合同并非其真实意思表示的除外。

用人单位与劳动者虽然补签劳动合同，但未补签到实际用工之日的，对实际用工之日与补签之日间相差的时间，依法扣除一个月订立书面劳动合同的“宽限期”，劳动者主张未订立劳动合同二倍工资的可予支持。

【典型案例】 李某与北京某出租客运公司劳动争议案

基本案情

2009年2月18日，李某入职北京某出租客运公司，担任出租汽车驾驶员。同日，双方签订了期限为2009年2月18日至2012年2月17日的“劳动合同书”和“承包运营合同书”。李某最后工作至2012年5月2日。2012年5月2日，双方签署“劳动合同变更书”“承包营运合同变更书”。其中“劳动合同变更书”显示：“经甲（北京某出租客运公司）、乙（李某）双方协商一致，对本合同终止日期变更为2012年5月2日。”落款处有北京某出租客运公司的盖章和李某的签字，落款日期为2012年5月2日。

李某称，其与北京某出租客运公司的劳动合同于2012年2月17日到期，但北京某出租客运公司一直让其工作至2012年5月2日，并于该日解除了与其的劳动关系，期间北京某出租客运公司并未与其签订劳动合同。北京某出租客运公司对此不予认可，主张双方经协商一致将原劳动合同的终止日期变更为2012年5月2日，且该劳动合同到期前曾多次与李某协商续签劳动合同事宜，李某均予以拒绝。

2013年4月2日，李某向仲裁委申请劳动争议仲裁，要求北京某出租客运公司支付未签劳动合同二倍工资。仲裁委未支持李某申请，李某不服提起诉讼。一审期间，北京某出租客运公司向法院提交传递单和李某出具的声明。传递单中显示运营合同、劳动合同终止（解除）原因为“合同到期，不再续签”，申请人处有李某的签字。声明内容为李某手写：“本人合同到期，不再续签，李某，2012年5月2日。”

裁判理由与结果

一审法院认为，李某主张其在空白的劳动合同变更书上签名，但未提交充分证据，结合劳动合同终止（解除）传递单，认定李某与北京某出租客运公司之间的劳动合同补签至2012年5月2日，故李某要求北京某出租客运公司支付其2012年2月18日至5月2日未签订书面劳动合同二倍工资之主张无依据，不予支持。李某不服，提起上诉。二审法院最终判决驳回上诉，维持原判。

【法律风险提示与实务操作建议】

用人单位与劳动者在签订劳动合同时将日期补签到实际用工之日，视为用人单位与劳动者达成合意，劳动者主张二倍工资可不予支持，但劳动者有证据证明补签劳动合同并非其真实意思表示的除外。用人单位与劳动者虽然补签劳动合同，但未补签到实际用工之日的，对实际用工之日与补签之日间相差的时间，依法扣除一个月订立书面劳动合同的“宽限期”，劳动者主张未订立劳动合同二倍工资的可予支持。

本案中，李某虽称其与北京某出租客运公司的劳动合同于2012年2月17日到期后，北京某出租客运公司未与其续签劳动合同，但北京某出租客运公司提交的“劳动合同变更书”“承包运营合同变更书”均显示双方协商一致将劳动合同终止的日期变更为2012年5月2日，李某亦签字确认，故2012年2月18日至5月2日双方存在劳动合同，李某要求北京某出租客运公司支付相应期间未签订劳动合同二倍工资的诉讼请求不能成立。

【法规链接】

《中华人民共和国劳动合同法》第八十二条

《中华人民共和国劳动合同法实施条例》第六条、第七条

《北京市高级人民法院、北京市劳动争议仲裁委员会关于劳动争议案件法律适用问题研讨会会议纪要（二）》第29条

6. 用人单位法定代表人、高管人员、人事管理部门负责人或主管人员未与用人单位订立书面劳动合同并依据《劳动合同法》第八十二条的规定向用人单位主张二倍工资的，应否支持？

【裁判规则】

法定代表人依据《劳动合同法》第八十二条的规定向用人单位主张二倍工资的，一般不予支持。

高管人员依据《劳动合同法》第八十二条的规定向用人单位主张二倍工资的，可予支持，但用人单位能够证明该高管人员职责范围包括管理订立劳动合同内容的除外。对有证据证明高管人员向用人单位提出签订劳动合同而被拒绝的，仍可支持高管人员的二倍工资请求。

人事管理部门负责人或主管人员依据《劳动合同法》第八十二条的规定向用人单位主张二倍工资的，如用人单位能够证明订立劳动合同属于该人事管理部门负责人的工作职责，可不予支持。有证据证明人事管理部门负责人或主管人员向用人单位提出签订劳动合同，而用人单位予以拒绝的除外。

【典型案例】 王某与北京某知识产权代理公司劳动争议案

基本案情

王某于2012年夏天入职北京某知识产权代理公司担任人力行政总监，双方未签订劳动合同，双方对于入职、离职及工资标准均存在争议。关于未签订劳动合同的原因，王某主张系由于公司要求其签订空白合同，王某认为不妥遂未签订；北京某知识产权代理公司则主张王某作为人力行政总监，工作职责之一是负责全员劳动合同的签订和保管，王某将已经加盖了公司公章的其本人劳动合同带走未予归还。北京某知识产权代理公司提交了印章使用登记表、公证书和其他两名员工的劳动合同书佐证其主张。2013年7月4日，王某申诉至北京市朝阳区劳动人事争议仲裁委员会，要求北京某知识产权代理公司支付工资差额、未签订劳动合同二倍工资差额等。仲裁委作出裁决后，王某和北京某知识产权代理公司均不服仲裁裁决，提起诉讼。

裁判理由与结果

一审法院经审理后，判决北京某知识产权代理公司无须支付王某未签订劳动合同二倍工资差额。王某不服，提起上诉。二审法院认为，依据法院查明的事实，首先，王某系北京某知识产权代理公司的人力行政总监，其工作岗位决定了王某对劳动法律、法规的熟悉程度远高于一般员工，对人力行政部门的工作负有领导和管理职责，而积极促进用人单位与员工签订劳动合同也是其工作职责之一；其次，从王某陈述的情况来看，其入职时北京某知识产权代理公司是欲与其签订劳动合同的，王某虽上诉主张因北京某知识产权代理公司不同意其填写相关内容而未签订劳动合同，但其未就此提交充分证据予以证明；最后，北京某知识产权代理公司提交的印章使用登记表亦显示王某的劳动合同需要盖章，且用章批准人就是王某，王某虽辩称该劳动合同事实上未能签订，但未就此提交有效证据证明。综合上述情况，王某上诉要求北京某知识产权代理公司支付其未签订劳动合同二倍工资差额之请求缺乏相关事实和法律依据，法院不予支持。

【法律风险提示与实务操作建议】

与普通劳动者相比，用人单位法定代表人、高管人员特别是人事部门负责人与用人单位的关系更为密切，对用人单位的经营管理和规章制度的制订有一定的参与度，鉴于以上特殊性，在上述人员主张用人单位未与其签订书面劳动合同，并依据《劳动合同法》第八十二条的规定主张二倍工资差额赔偿时，法院的审判态度也较为谨慎。北京地区处理此问题时，没有对高管未签订书面劳动合同“一刀切”地认为支持或者不支持二倍工资，而是首先将举证责任给予用人单位，如用人单位举证不能，则承担不利责任。即使用人单位能够举证，但是如果劳动者能够举证其向用人单位提出签订书面劳动合同而被拒绝的，用人单位仍然需要承担不利责任。如此规定，既能避免用人单位在没有任何工作职责说明的情况下，以高管人员负责用人单位全局工作、不签订劳动合同存在过错为由进行抗辩，又能避免高管人员在明知用人单位明确规定其工作职责包括签订劳动合同却故意不签订，也不向用人单位主张签订劳动合同，却主张二倍工资差额赔偿的行为。该规定合理地平衡了用人单位和高管人员的义务，促使用人单位履行签订劳动合同以及岗位职责的告知义务，防止特殊劳动者单纯以未签订劳动合同的客观事实来主张二倍工资差额赔偿。此类似规定同时也向用人单位昭示了确定岗位职责并履行告知义务的重要性。

【法规链接】

《中华人民共和国劳动合同法》第八十二条

《中华人民共和国劳动合同法实施条例》第七条

《北京市高级人民法院、北京市劳动争议仲裁委员会关于劳动争议案件法律适用问题研讨会会议纪要（二）》第31条

2

第二编

劳动合同履行中的法律规范与实务操作

第一章
劳动者薪酬管理的法律规范与实务操作

薪酬福利关系到劳动者的切身利益，相关法律、法规、规章众多，一旦处理不当极易引发矛盾，因而工资纠纷也是劳动争议案件中发案率最高、数量最多的一类纠纷。

一、 工资标准的确定

工资是指用人单位依据国家有关规定或劳动合同的约定，以货币形式直接支付给劳动者的报酬。工资的主要形式包括计时工资、计件工资、奖金、津贴和补贴、加班加点工资和特殊情况下支付的工资。

（一） 工资的主要形式

国家统计局发布的《关于工资总额组成的规定》和《〈关于工资总额组成的规定〉若干具体范围的解释》详细列举并说明了6种工资形式。《关于企业加强职工福利费财务管理的通知》（财企〔2009〕242号）、《防暑降温措施管理办法》等进一步扩大了工资范围，从而增加了职工工资总额的基数。

（1）计时工资。计时工资是按照计时工资标准和工作时间支付给个人的劳动报酬，是实践中最普遍和最基本的工资形式，较为常见的是日工资和小时工资。

日工资和小时工资是核算加班费、年休假工资以及病假工资等的依据。日工资和小时工资的折算方法为：

日工资 = 月工资收入 ÷ 月计薪天数（21.75天）

小时工资 = 月工资收入 ÷ （月计薪天数21.75天 × 8小时）

（2）计件工资。计件工资是指对已完成工作按照计件单价支付的劳动报酬，属于另一种计算报酬的工资形式，但不是直接用劳动时间来计算，而是根据一定时间内完成的工作量予以核算。

（3）奖金。奖金是指支付给员工的超额劳动报酬和增收节支的劳动报酬，顾名思义，其性质是奖励性的。一般根据企业和员工签订的劳动合同和规章制度规定予以支付。

（4）津贴和补贴。津贴和补贴是指为补偿职工特殊的或额外的劳动消耗，或保证职工工资水平不受物价影响及因其他特殊原因而支付给劳动者的金钱补助。

根据《防暑降温措施管理办法》的规定，用人单位安排劳动者在35℃以上高温天气从事室外露天作业以及不能采取有效措施将工作场所温度降低到33℃以下的，应当向劳动者发放高温津贴，并纳入工资总额。因此，高温津贴的性质应当属于工资，具体应归于工资总额构成中的“津贴和补贴”一类，是企业为补偿员工额外和特殊的劳动消耗支付给员工的金钱补助。

（5）加班加点工资。加班加点工资是指对于劳动者在法定标准工作时间之外从事劳动而依法支付的工资。

（6）特殊情况下支付的工资。主要是指依照法律和规章制度规定支付给员工的各种假期工资。

此外，根据《关于企业加强职工福利费财务管理的通知》（财企〔2009〕242号）的规定，按月按标准发放或支付的住房补贴、交通补贴、车改补贴和通讯补贴应当纳入职工工资总额，不再纳入职工福利费管理；企业给职工发放的节日补助、未统一供餐而按月发放的午餐费补贴，应当纳入工资总额管理。即过去属于职工福利费用的房补、车补、餐补、通信费、过节费等都成了职工工资的一部分。

此外，关于业务提成是否属于工资、应当如何支付，实务中存在一定的争议。目前主流意见认为，业务提成即提成工资，是计件工资的方式之一，属于《关于工资总额组成的规定》中明确的计件工资的第3种形式，即按营业额提成或利润提成办法支付给个人的工资，是企业对劳动者完成一定的销售业务或超额完成的奖励，属于劳动者所享有基本工资以外所应得的劳动报酬。关于业务提成的核算和支付，一般认为，用人单位有权根据自己的实际情况制订业务提成制度或者与劳动者签订业务提成协议，只要上述制度或协议不违反法律法规的强制性规定，就具有法律效力。建议用人单位制定清晰的业务提成制度，与劳动者签订书面业务提成协议，明确业务提成发放形式、计算方式、发放时间等问题，以避免因约定不明或制度不详发生不必要的纠纷。

（二）不属于工资范围的劳动收入

根据《关于贯彻执行〈中华人民共和国劳动法〉若干问题的意见》的相关规定，

工资是劳动者劳动收入的主要组成部分，以下劳动收入不属于工资范围：

（1）单位支付给劳动者个人的社会保险福利费用，如丧葬抚恤救济费、生活困难补助费、计划生育补贴等；

（2）劳动保护方面的费用，如用人单位支付给劳动者的工作服、解毒剂、清凉饮料费用等；

（3）按规定未列入工资总额的各种劳动报酬及其他劳动收入，如根据国家规定发放的创造发明奖、国家星火奖、自然科学奖、科学技术进步奖、合理化建议和技术改进奖、中华技能大奖等，以及稿费、讲课费、翻译费等。

（三）工资支付标准的确定

1. 正常情形下的工资支付标准

劳动者在法定工作时间内提供了正常劳动，用人单位应当按照劳动合同约定的工资标准向劳动者足额支付劳动报酬。根据法律规定，用人单位和劳动者在劳动合同中必须明确约定工资标准，劳动合同约定的工资标准是用人单位计付加班费和各种假期工资的依据。此外，相关约定不能违反法律法规的强制性规定，如最低工资标准的规定。劳动者所得实际工资扣除该月加班费后的数额低于本市规定的最低工资标准的，按照本市规定的最低工资标准执行。

2. 假期工资标准

休息日和事假为无薪假期，用人单位可以不支付工资。法定节假日、年休假、探亲假、婚假、丧假则为带薪假期，一般按照劳动合同约定的劳动者本人工资标准支付劳动报酬。病假、产假、看护假、流产假期间的工资支付，参考本书相关章节内容。

停工停产期间的工资支付分为两个阶段。根据《工资支付暂行规定》的规定，停工停产在一个工资支付周期内的，用人单位按照劳动合同规定的标准支付工资。停工停产超过一个工资支付周期的，若劳动者提供了正常劳动，支付给劳动者的报酬不得低于当地最低工资标准；若劳动者没有提供正常劳动，按照国家有关规定办理。各地做法不一，如北京市规定，用人单位没有安排劳动者工作的，按照不低于当地最低工资标准的 70% 支付基本生活费。

3. 最低工资标准

我国实行最低工资保障制度，以保障劳动者能按月获得基本的劳动报酬，维持基本的生活需要。根据《最低工资规定》（中华人民共和国劳动和社会保障部令第 21 号）的规定，最低工资标准是指劳动者在法定工作时间或依法签订的劳动合同约定的工作时间提供了正常劳动的前提下，用人单位依法应支付的最低劳动报酬。因此，只要劳动者提供了正常劳动，用人单位就应当支付不低于最低工资标准的劳动报酬。最低工资标准一般存在月最低工资标准和小时最低工资标准两种形式，分别适用于全日制就业劳动者和非全日制就业劳动者。最低工资标准由各地政府根据实际情况制定，每两年至少调整一次。

根据《最低工资规定》第十二条的规定，存在以下情况的，用人单位应当支付的工资在剔除相应项后，不得低于当地最低工资标准：延长工作时间工资；中班、夜班、高温、低温、井下、有毒有害等特殊工作环境、条件下的津贴；法律、法规和国家规定的劳动者福利待遇等。

实践中，各地对于最低工资应当剔除项目的规定不尽相同，很多地方作了扩充性规定。如北京、上海明确规定，最低工资不包括用人单位为劳动者缴纳的社会保险和住房公积金，但包括列入工资总额统计的奖金和补贴。因此，用人单位在确定和支付最低工资时，应当具体参照当地规定执行。

（四）工资支付的程序性规定

1. 工资支付记录和工资清单

根据《工资支付暂行规定》的规定，用人单位必须书面记录工资支付的情况，并保存两年以上备查。工资支付记录一般包括支付日期、周期、支付对象姓名、工作时间、应发项目及数额、代扣代缴的项目及数额、实发金额、劳动者签名等。此外，用人单位还应当向劳动者提供其个人的工资清单。

编制和保存工资支付记录表不仅是用人单位的法定义务，还是应对劳动争议和纠纷的重要证据。《劳动争议调解仲裁法》规定，与争议有关的证据属于用人单位掌握管理的，用人单位应当提供；用人单位不提供的，应当承担不利后果。因此，发生涉及工资的劳动纠纷时，用人单位有义务提供工资支付记录，否则将承担举证不能的法律后果。

2. 支付形式

根据《工资支付暂行规定》的规定，工资应当以法定货币支付，不得以实物及有价证券代替货币支付。因此，在我国人民币是工资支付的唯一合法形式。

3. 支付方式

根据《工资支付暂行规定》的规定，用人单位应将工资直接支付给劳动者本人。本人因故不能领取工资时，可由其亲属或委托人代领。

劳动者本人或其亲属、委托人领取工资时，用人单位务必要求领取人在工资支付记录表上签字确认。如系代领，还应当要求代领人出示劳动者本人签字的授权委托书，并留存归档。

4. 支付周期

根据《工资支付暂行规定》的规定，工资应至少每月支付一次，实行周、日、小时工资制的，可按周、日、小时支付工资。

因此，工资支付最长周期是月，即便对于实行年薪制的员工，也应当每月发放不低于最低工资标准的工资，剩余部分再按照劳动合同约定发放。

5. 支付时间

根据《工资支付暂行规定》的规定，工资必须在用人单位与劳动者约定的日期支付。如遇节假日或休息日，则应提前在最近的工作日支付。对于完成一次性、临时劳动或某项具体工作的劳动者，用人单位应按照有关协议或合同规定，在其完成劳动任务后立即支付工资。对于依法解除或终止劳动关系的劳动者，应当在解除或终止劳动合同时一次性付清劳动者工资。

用人单位不得无故拖欠员工工资。根据原劳动部《对〈工资支付暂行规定〉有关问题的补充规定》的规定，“无故拖欠”是指用人单位无正当理由，超过规定付薪时间未支付劳动者工资。“无故拖欠”不包括以下两种情况：一是用人单位遇到非人力所能抗拒的自然灾害、战争等原因，无法按时支付工资的；二是用人单位确因生产经营困难、资金周转受到影响，在征得本单位工会同意后，可暂时延期支付劳动者工资的。延期时间的最长时限由各省、自治区、直辖市劳动行政部门根据各地情况具体确定。

（五）未依法支付工资的法律后果

用人单位未依法支付工资的情形主要包括克扣或无故拖欠工资、不支付加班费、所支付工资低于当地最低工资标准。如存在以上违法情形，用人单位应当承担以下法律后果。

1. 全额支付或补发

克扣、拖欠工资或不支付加班费的，应当在规定时间内全额支付劳动者工资；所支付工资低于当地最低工资标准的，应当补足差额部分。

2. 支付赔偿金

劳动行政部门可以责令企业限期支付和补足差额，如用人单位逾期不支付，可以责令其按照应付金额50%以上、100%以下的标准向劳动者加付赔偿金。

3. 劳动者可以解除劳动合同，用人单位应当向劳动者支付经济补偿金

4. 如拒不支付劳动报酬，情节严重构成犯罪的，将被依法追究刑事责任

《中华人民共和国刑法》第二百七十六条之一规定了以转移财产、逃匿等方法逃避支付劳动者的劳动报酬或者有能力支付而不支付劳动者的劳动报酬相关行为人的刑事责任。《最高人民法院关于审理拒不支付劳动报酬刑事案件适用法律若干问题的解释》针对拒不支付劳动报酬罪所涉及的术语界定、定罪量刑标准和单位犯罪等问题明确了法律适用标准。

【疑难问题】

1. 核算未签订劳动合同二倍工资差额、解除劳动合同前十二个月平均工资，工资计算基数应当如何确定？

【裁判规则】

司法实践中，对于各项工资的计算基数，法院一般参照以下标准确定：

第一，核算未签订劳动合同二倍工资差额时，工资基数范围应包括基本工资、岗位工资、职务工资、工龄工资、级别工资等按月支付、具有连续性和稳定性、金额相对固定的项目。不固定发放的提成工资、奖金等一般不被认定为工资计算基数。

第二，核算劳动者解除劳动合同前十二个月平均工资时，工资基数范围应包括计时工资或计件工资以及奖金、津贴和补贴等货币性收入。即不仅包括正常工作时间的工资，还包括劳动者延长工作时间的加班费。劳动者应得的年终奖或年终双薪计入工资基数时应按每年十二个月平均分摊。

第三，劳动合同中约定了工资标准的，以约定为准。没有约定的，按照集体合同约定的工资标准确定。劳动合同、集体合同均未约定的，以劳动者本人正常劳动实际发放的工资金额，加上个人负担的社会保险、税务等费用后所得金额为工资计算基数。如实际工资扣除加班费后的金额低于最低工资标准，按照最低工资标准予以计算。

【典型案例】 嵇某与北京某体育公司劳动争议案

基本案情

嵇某主张其于2013年10月8日入职北京某体育公司担任CEO，双方未签订劳动合同，月工资35 000元，其中月工资构成为基本工资10 000元+报销费用20 000元（需提供票据）+5 000元（累计每半年支付一次）。嵇某提交“收入证明”证明其主张，内容为“嵇某……在我公司就职期间每月工资35 000元，月工资构成和发放形式为：每月10 000元为工资形式发放、每月20 000元以费用报销形式发放、每月剩余5 000元累计后以费用报销形式每半年一次性发放”，落款日期2013年10月，加盖北京某体育公司印章。

北京某体育公司不认可双方存在劳动关系，并称嵇某是公司合伙人，有权使用印章，所汇款项为补贴及报销款，且嵇某入职两个月后要求按照10 000元基数代缴其个人所得税。

嵇某于劳动关系解除后提起仲裁申请，要求北京某体育公司按35 000元为工资基数支付欠付其的工资、违法解除劳动关系的经济赔偿金和未签订书面劳动合同的二倍工资差额等。仲裁委作出支持嵇某的裁决后，北京某体育公司不服提起诉讼。

裁判理由与结果

一审法院认为，北京某体育公司虽主张双方系合伙关系，但未能举证证明。结合嵇某提交的相关证据，能够认定双方之间存在劳动关系。嵇某提交的“收入证明”载明其月基本工资为10 000元，嵇某亦主张其每月个人所得税的缴费基数为10 000元，且认可北京某体育公司于2014年1月14日对其2013年11月和12月按照实际收入缴纳个人所得税作出了补偿。综合考虑未签订劳动合同的二倍工资差额的立法目的和公平合理性原则等，一审法院依10 000元作为未签订劳动合同的双倍工资差额计算基数。嵇某对此不服，提起上诉。二审法院经审理，判决驳回上诉，维持原判。

【法律风险提示与实务操作建议】

本案争议焦点之一为未签订劳动合同二倍工资差额的计算基数问题。前文谈到，因未签订劳动合同二倍工资差额性质并非工资，而是惩罚性赔偿，故而其核算基数应当限制在一定范围之内。从证据法角度，如果双方就工资数额发生争议，通常根据工资条、银行收付款记录、社会保险个人权益记录、完税证明、收入证明记载内容等予以认定。本案中，嵇某虽然主张二倍工资差额的计算基数应为35 000元，但根据其提交的证据及主张，其中的25 000元为报销款，其缴纳个人所得税的基数也是10 000元，法院因此认定应当以10 000元作为二倍工资差额计算基数。嵇某与北京某体育公司之间虽未签订劳动合同，但嵇某的工资结构是明确的，加之嵇某的工资明细能够证明纳税基数，北京某体育公司才避免了按照更高金额支付二倍工资差额的不利法律后果。

用人单位在日常用工管理中应当注意以下两点。一是务必与劳动者签订书面劳动合同，合理有效地约定劳动者工资标准。二是尽量采用结构工资制约定工资标准，即具体列明基本工资、岗位工资、奖金、津贴、补贴的金额及发放条件。这种约定方式能够保证薪酬管理的灵活性，充分实现对员工的绩效管理，争取更大的用工自主权，减少不必要的劳动争议。相反，如果仅仅约定一个固定的工资数，履行过程中用人单位希望根据考核结果或企业经营状况变更工资实际发放金额，难度将会很大。而且一旦发生争议，也将极有可能被认定为双方关于工资的标准约定不明，进而以劳动者全部所得工资金额为工资认定标准。

【法规链接】

《中华人民共和国劳动合同法实施条例》第二十七条

《关于贯彻执行〈中华人民共和国劳动法〉若干问题的意见》（劳部发〔1995〕309号）第53条

《北京市高级人民法院、北京市劳动人事争议仲裁委员会关于审理劳动争议案件法律适用问题的解答》第21条

2. 劳动者与用人单位因劳动报酬问题产生争议时，举证责任由谁承担？

【裁判规则】

用人单位应当按照工资支付周期编制工资支付记录表，并至少保存两年备查。劳动者与用人单位因劳动报酬问题产生争议时，在两年保存期间内，由用人单位承担举证责任。超出这一期间的则应适用“谁主张，谁举证”的证明责任分配规则。

“两年”是指劳动者申请仲裁之日起往前推算两年。

【典型案例】 王某与北京某餐饮公司劳动合同纠纷案

基本案情

王某于2010年10月入职北京某餐饮公司，职务为经理，双方未签订书面劳动合同，工资为现金发放。2011年10月，北京某餐饮公司通知王某解除劳动关系，王某于2011年10月31日离职。北京某餐饮公司主张王某的工资标准为每月5 500元，税后实发5 100元，并提交4张2011年4月至7月有王某签字金额为5 100元的工资表。王某认可该工资表中签字的真实性，但主张公司应提交其他月份的表明其工资为11 000元的工资表。王某称，其工资标准为每月11 000元，税后实发10 600元，为此提交了加盖公司印章的月工资是11 000元的证明，并主张5 500元是公司代为缴纳个人所得税的基数。后王某提请仲裁，要求北京某餐饮公司支付未签订劳动合同的二倍工资。北京某餐饮公司不服仲裁判决，提起诉讼。

裁判理由与结果

一审法院认为，王某的工资标准应以其个人所得税纳税凭证所反映的月收入扣除纳税金额后的实发金额为准。王某签字确认的工资表中注明其工资数额在扣除个人所得税后为5 100元，该工资表与北京某餐饮公司提供的王某个人所得税纳税凭证所反映的月收入相一致，结合王某入职履历表中记载的工资标准亦为5 500元，故上述证据相结合所起到的证据效力应大于王某为证明其月收入为11 000元所提供的工资证明之效力。同时，该证明内容系全部打印，且王某无法证明该工资证明具体由哪名员工开具，考虑到王某系该公司经理，有掌握北京某餐饮公司印章的权力，故法院对王某提供的该工资证明不予认可，应当按照5 100元标准核算二倍工资差额。王某、北京某餐饮公司均不服，提起上诉。

二审法院经审理认为，王某于2010年10月13日至2011年10月31日在北京某餐饮公司工作，北京某餐饮公司应保存王某工作期间的全部工资支付记录表，但该公司在诉讼中仅提供了2011年4月至7月的工资表，而王某主张其签字的其余月份的工资表为11 000元。《最高人民法院关于民事诉讼证据的若干规定》第七十五条规定："有证据证明一方当事人持有证据无正当理由拒不提供，如果对方当事人主张该证据的内容不利于证据持有人，可以推定该主张成立。"由于北京某餐饮公司拒不提交剩余工资支付记录，已经构成证明妨碍，故二审法院依据上述规定推定王某的月工资标准为11 000元。

【法律风险提示与实务操作建议】

举证责任，是指当事人对自己提出的主张有收集或提供证据的义务，并有运用该证据证明主张的案件事实成立的责任，否则将承担其主张不能成立的风险。在劳动争议案件中，用人单位为避免败诉后支付较高成本，经常拒不提供自己一方掌握的如工资支付凭证、考勤信息等管理信息。对此，《最高人民法院关于民事诉讼证据的若干规定》特别就劳动争议案件的特定事项实行举证责任倒置，其中第六条规定："在劳动争议纠纷案件中，因用人单位作出开除、除名、辞退、解除劳动合同、减少劳动报酬、计算劳动者工作年限等决定而发生劳动争议的，由用人单位负举证责任。"此外，第七十五条规定："有证据证明一方当事人持有证据无正当理由拒不提供，如果对方当事人主张该证据的内容不利于证据持有人，可以推定该主张成立。"

本案一审判决认为王某曾为经理，有机会使用印章，故未采纳工资证明的证明效力，进而通过纳税证明反推出了其工资标准。笔者认为该审理思路存在不当之处。本案中，工资证明出具时间为王某离职时，当时双方尚未涉诉，因无利害冲突，可信度较高。即便对工资证明真实性存疑，本案也不应通过纳税证明进行反推。实践中，部分私企通过签订低工资合同进行避税较为普遍，在不存在避税情况的前提下，根据纳税证明反推认定工资标准是正确的。但本案中用人单位纳税行为并不规范，且王某也以公司避税为据进行了抗辩，因此本案不宜根据纳税证明进行反推。二审法院结合《最高人民法院关于民事诉讼证据的若干规定》第六条、第七十五条关于举证责任分配和证明妨碍规则的规定，认为北京某餐饮公司掌握王某在职期间所有的工资支付记录，却仅向法院提交其中 4 个月的部分，且未能说明合理原因，应当承担不利后果，故而改判应当根据王某所主张的 11 000 元标准予以核算二倍工资差额，符合法律规定。

【法规链接】

《中华人民共和国劳动争议调解仲裁法》第六条、第二十七条

《最高人民法院关于审理劳动争议案件适用法律问题的解释（一）》（2020 年 12 月 29 日）第四十四条

《北京市高级人民法院、北京市劳动争议仲裁委员会关于劳动争议案件法律适用问题研讨会会议纪要》第 17 条

3. 用人单位应如何与劳动者约定试用期工资？

【裁判规则】

劳动者在试用期的工资不得低于本单位相同岗位最低档工资的 80% 或者不得低于劳动合同约定工资的 80%，并不得低于用人单位所在地的最低工资标准。

【典型案例】 张某与北京某食品有限公司劳动争议案

基本案情

2014 年 3 月 27 日，张某入职北京某食品有限公司从事销售工作，双方未签订书面劳动合同。双方均认可张某入职时有 7 天试用期，北京某食品有限公司未提供证据证明已支付试用期工资。北京某食品有限公司提交的有张某签字的工资收入证明，显示张某每月保底工资不固定，最低为 3 000 元，每月可休息 4 天，如不休息每天多给 100 元，另有每月饭补 400 元、公交补 150 元、话费补 50 元、社保补 600 元，遇法定节假日工作给予每

天200元节日奖，此外根据销售额给予超出销售定额部分2%或3%的提成。张某于2015年12月8日申请劳动仲裁，要求北京某食品有限公司支付其未签订劳动合同二倍工资差额、试用期工资等。仲裁委作出裁决后，双方均不服，均提起诉讼。

裁判理由与结果

一审法院认为，“工资收入证明”中有张某的签字确认，具有证明效力。因双方均认可张某入职时有7天试用期，北京某食品有限公司未提供证据证明已支付试用期工资，应当支付其此期间工资965.52元。北京某食品有限公司不服一审判决，提起上诉。二审经审理判决驳回上诉，维持原判。

【法律风险提示与实务操作建议】

根据《中华人民共和国劳动合同法实施条例》第十五条的规定，试用期的月工资数额必须同时满足两个条件：一是不得低于用人单位所在地的最低工资标准；二是不得低于本单位相同岗位的最低档工资的80%或不低于劳动合同约定工资的80% 。

需要注意的是，很多企业认为劳动者在试用期内，尚不属于企业的正式员工，因而不给劳动者缴纳社保或克扣其他福利待遇。事实上，自用工之日起劳动者即与用人单位缔结了劳动关系。除了试用期工资标准可以在法定范围内适当区别于转正后工资，其他方面均应与正式员工一致，包括缴纳社会保险以及提供其他福利待遇。

【法规链接】

《中华人民共和国劳动合同法》第十九条、第二十条

《中华人民共和国劳动合同法实施条例》第十五条

4. 如何理解劳动者的工资不得低于相应的最低工资标准？

【裁判规则】

根据《最低工资规定》的规定，最低工资标准，是指劳动者在法定工作时间或依法签订的劳动合同约定的工作时间内，提供了正常劳动的前提下，用人单位依法应支付的最低劳动报酬。

本规定所称正常劳动，是指劳动者按依法签订的劳动合同约定，在法定工作时间或劳动合同约定的工作时间内从事的劳动。劳动者依法享受带薪年休假、探亲假、婚

丧假、生育（产）假、节育手术假等国家规定的假期，以及法定工作时间内依法参加社会活动期间，视为提供了正常劳动。

在劳动者提供正常劳动的情况下，用人单位应支付给劳动者的工资在剔除下列各项以后，不得低于当地最低工资标准。

（1）延长工作时间工资；

（2）中班、夜班、高温、低温、井下、有毒有害等特殊工作环境、条件下的津贴；

（3）法律、法规和国家规定的劳动者福利待遇等。

实行计件工资或提成工资等工资形式的用人单位，在科学合理的劳动定额基础上，其支付劳动者的工资不得低于相应的最低工资标准。

劳动者由于本人原因造成在法定工作时间内或依法签订的劳动合同约定的工作时间内未提供正常劳动的，不适用于本规定。

【典型案例】 王某与北京某汽车销售服务公司劳动争议案

基本案情

王某于2010年4月1日入职北京某汽车销售服务公司，工作岗位为销售员，2013年4月24日离职。2013年5月29日，王某向劳动人事争议仲裁委员会提出劳动仲裁申请，要求北京某汽车销售服务公司支付其加班工资、未休年假工资、工资差额等。仲裁委裁决北京某汽车销售服务公司支付王某双休日加班工资、未休年假工资、低于北京市最低工资标准工资差额等。北京某汽车销售服务公司不服，提起诉讼。

裁判理由与结果

一审法院认为，北京某汽车销售服务公司虽主张王某每周仅加班一天、王某已休年假、王某工作期间每月工资不低于北京市最低工资标准，但未能对此提交充分有效的证据。因北京某汽车销售服务公司提交的考勤表中没有考勤员及相关人员签字，且王某对考勤表真实性不予认可，法院对该证据亦不予采信。遂判决北京某汽车销售服务公司支付王某双休日加班工资、未休年假工资、低于北京市最低工资标准工资差额。北京某汽车销售服务公司不服，提起上诉。二审法院经审理判决驳回上诉，维持原判。

【法律风险提示与实务操作建议】

我国实行最低工资保障制度。最低工资的具体标准由省、自治区、直辖市人民政府规定，报国务院备案。用人单位支付劳动者的工资不得低于当地最低工资标准。“最低工资"是指劳动者在法定工作时间内，提供了在正常劳动的前提下，其所在企业应支付的最低劳动报酬。"正常劳动"是指劳动者按劳动合同的约定，在法定工作时间内从事的劳动。本案中，北京某汽车销售服务公司虽主张王某工作期间每月工资不低于北京市最低工资标准，但未提交相应证据，且与事实不符，故北京某汽车销售服务公司应支付王某低于北京市最低工资标准工资差额。

【法规链接】

《最低工资规定》（中华人民共和国劳动和社会保障部令第21号）第三条、第五条

5. 非因劳动者原因造成单位停工、停产，用人单位应按何种标准支付劳动者工资？

【裁判规则】

根据《工资支付暂行规定》第十二条的规定，非因劳动者原因造成单位停工、停产在一个工资支付周期内的，用人单位应按劳动合同规定的标准支付劳动者工资。超过一个工资支付周期的，若劳动者提供了正常劳动，则支付给劳动者的劳动报酬不得低于当地的最低工资标准；若劳动者没有提供正常劳动，应按国家有关规定办理。

根据《北京市工资支付规定》第二十七条的规定，非因劳动者本人原因造成用人单位停工、停业的，在一个工资支付周期内，用人单位应当按照提供正常劳动支付劳动者工资；超过一个工资支付周期的，可以根据劳动者提供的劳动，按照双方新约定的标准支付工资，但不得低于本市最低工资标准；用人单位没有安排劳动者工作的，应当按照不低于本市最低工资标准的700%支付劳动者基本生活费。国家或者本市另有规定的从其规定。

【典型案例】 王某与武汉某建设服务公司劳动争议案

基本案情

王某于2013年4月20日入职武汉某建设服务公司，工作岗位为搅拌车司机。双方劳动合同期限至2016年4月20日，执行综合计算工时工作制，基本月工资按照北京市最低工资标准，其他薪酬根据岗位适用混凝土运输、泵送薪酬规定执行。王某工作至2013年8月31日，之后武汉某建设服务公司告知王某待岗。2013年11月4日，王某申请劳动仲裁，要求武汉某建设服务公司支付其待岗工资等。

2014年4月15日，武汉某建设服务公司在《北京晨报》上刊登解除劳动合同通知书，以旷工为由自2013年11月1日起解除与王某的劳动关系。2014年9月5日，王某向武汉某建设服务公司邮寄送达了“解除劳动合同通知书”，以未为其缴纳社保、未及时足额支付待岗工资为由解除劳动关系，解除日期为2014年9月1日。

2014年11月14日，王某再次申请劳动仲裁，要求武汉某建设服务公司支付2013年11月至2014年8月的待岗工资、解除劳动合同经济补偿金。仲裁委作出裁决后，王某与武汉某建设服务公司均不服裁决，诉至法院。

裁判理由与结果

一审法院认为，武汉某建设服务公司虽主张曾电话口头通知王某返岗工作，但未提交相应证据，王某亦表示从未收到通知，故法院对武汉某建设服务公司的该项主张不予采信。已生效的民事判决书支持了王某要求2013年9月、10月待岗工资的要求，显示王某至2013年10月31日仍处在待岗状态。武汉某建设服务公司在未提交证据证明其通知王某返岗或解除劳动关系的情况下，于2014年4月15日登报送达王某解除劳动关系通知书，理由是王某截至2013年11月1日已连续旷工多日，故武汉某建设服务公司提出解除劳动关系的理由不成立，其解除劳动关系通知书无效。王某于2014年9月1日向武汉某建设服务公司提出解除劳动关系，故双方劳动关系时间存续至2014年9月1日，武汉某建设服务公司应支付王某2013年11月至2014年8月待岗工资10 360元（参照北京市2013年11月至2014年8月期间每月最低工资标准计算）。因武汉某建设服务公司未为王某缴纳社会保险，王某以此为由解除劳动关系，武汉某建设服务公司应支付王某解除劳动关系经济补偿金。武汉某建设服务公司不服一审判决，提出上诉。二审法院最终判决驳回上诉，维持原判。

【法律风险提示与实务操作建议】

在非因劳动者原因造成单位停工的情况下，劳动者在此期间并未提供劳动，用人单位是否还需要支付工资？由于劳动合同是一种特殊的合同，涉及用人单位对劳动者人身的支配，因此法律规定此时用人单位仍然需要支付工资或生活费，但工资标准允许适度降低，以平衡双方利益，维护劳动关系的存续状态。

【法规链接】

《工资支付暂行规定》第十二条

《北京市工资支付规定》第二十七条

二、 奖金及年终奖的确定

年终奖属于奖金的一种，是用人单位根据自身的经营状况通过其内部规章制度及劳动合同约定方式或其他方式，在一年年终对劳动者发放的奖金 。

（一） 年终奖的性质

年终奖应属于工资的范畴。根据国家统计局《关于工资总额组成的规定》第四条：“工资总额由下列六个部分组成： （一）计时工资；（二）计件工资；（三）奖金；（四）津贴和补贴；（五）加班加点工资；（六）特殊情况下支付的工资。”同时，该规定第七条明确：“奖金是指支付给职工的超额劳动报酬和增收节支的劳动报酬。包括：（一）生产奖；（二）节约奖；（三）劳动竞赛奖；（四）机关、事业单位的奖励工资；（五）其他奖金。”此外，国家统计局《〈关于工资总额组成的规定〉若干具体范围的解释》第二条规定：“生产（业务）奖包括超产奖、质量奖、安全（无事故）奖、考核各项经济指标的综合奖、提前竣工奖、外轮速遣奖、年终奖（劳动分红）等”。根据上述规定，一般情况下，年终奖应当属于劳动报酬的一种，是劳动者工资的组成部分。年终奖适用劳动法“同工同酬”的原则。

（二） 年终奖的确定原则

年终奖与劳动者平时的工资报酬存在一定差别，往往是用人单位用工自主权的体现。在实践中，对于年终奖的确定一般遵循以下原则。

1. 遵循“约定优先”原则

所谓“约定优先”，是指对于年终奖的发放规则，应当由劳资双方在劳动合同或者其他规章制度中予以明确约定，按照该约定或规章制度来认定年终奖的发放及具体金额。“约定优先”原则要求用人单位在产生争议后不能单方决定是否发放及发放多少年终奖，而应当按照劳资双方事前的约定来确认，从而避免用人单位在发放年终奖的过程中任意而为。

2. 约定事项必须符合法律规定

在适用“约定优先”原则的前提下，还需要结合劳动法律法规及具体情况，对年终奖的发放进行认定，避免一些用人单位利用优势地位在劳动合同或者其他规章制度中安排免除自己的法定责任、排除劳动者权利的不公平条款的情况。

三、 年终奖的举证责任

劳动者与用人单位因劳动报酬问题产生争议时，在两年备查期间内，由用人单位承担举证责任。

此外，司法实践中存在用人单位以离职劳动者业绩不达标、违反用人单位规章制度、给用人单位造成经济损失等为由拒付在职期间年终奖的情况。《劳动争议司法解释（一）》（法释〔2020〕26号）第十三条、第四十四条规定，因用人单位作出的开除、除名、辞退、解除劳动合同、减少劳动报酬、计算劳动者工作年限等决定而发生的劳动争议，用人单位负举证责任。用人单位主张离职劳动者存在上述情况因而不应支付在职期间年终奖，亦应就离职劳动者存在不应支付年终奖的情况予以举证。

【疑难问题】

员工离职后，还能要求发放年终奖吗？

【裁判规则】

离职劳动者应当获得在职期间的年终奖。具体发放规则应当由劳资双方在劳动合同或者其他规章制度中予以约定。如约定内容违反法律、法规强制性规定，视为无效，可参照“同工同酬”等法律规定予以认定。

【典型案例】 燕某某与大众租赁公司劳动争议案

基本案情

燕某某于2013年12月1日入职大众租赁公司，约定合同期限至2016年1月31日。后双方将工作期限延长至2016年1月31日。2015年12月30日，燕某某向公司提交了离职申请，写明因个人原因申请合同到期后离职。2016年1月31日双方劳动关系解除。燕某某离职前12个月平均工资为9 628元。2015年2月，大众租赁公司向燕某某支付了2014年年终奖。燕某某主张，大众租赁公司应当向其支付2015年年终奖，并提交证据证明与其考核成绩及职级相同的同事获得了该年度年终奖。大众租赁公司对此不予认可，主张根据“员工手册”，年终奖是否发放及金额均由总经理决定，且发放主体为发放时在职员工，该公司有权决定不给燕某某发放年终奖。双方对于年终奖发放标准亦存在争议。

燕某某向劳动人事争议仲裁委员会申请仲裁，要求大众租赁公司支付2015年年终奖、防暑降温费、未休年假工资、解除劳动合同经济补偿等。仲裁委作出裁决后，燕某某及大众租赁公司均不服裁决，提起诉讼。

裁判理由与结果

一审法院认为，大众租赁公司提出“员工手册”中规定奖金的发放对象为“仍由公司雇佣的员工”，燕某某在2016年2月该公司发放2015年年终奖时已离职，因此不予发放。该规定因违反法律的强制性规定而无效，故大众租赁公司应向燕某某支付2015年年终奖。关于年终奖金额，根据“员工手册”的规定，其应获得至少相当于一个月工资的年终奖金，至于“员工手册”在此后规定的“奖金金额由公司总经理决定”，应理解为超过一个月工资的部分由总经理决定。根据其总经理意见，可确定为一个月工资即9 628元。一审法院据此判决大众租赁公司支付燕某某2015年度年终奖金9 628元。燕某某不服一审判决，提起上诉。

二审法院经审理认为，大众租赁公司将“员工手册”有关发放年终奖的规定理解为“我们的奖金受领适格主体是发放时还在我公司任职的人员”，根据上述意见，其理解的该规定系指离职时未到支付日期的劳动报酬均不再予以支付。基于上述理解，该规定应属违反法律强制性规定之情形，应为无效。根据《北京市工资支付规定》第十三条的规定，大众租赁公司应就燕某某2015年度年终奖金额负有举证义务。大众租赁公司虽不认可燕某某提交的业绩评估、意见总结等材料的真实性，但其并未就燕某某工作考核及2015年度年终奖金额予以举证，应当承担举证不能的责任。综合燕某某工资金额、以往劳动报酬发放情况、当事人陈述内容及现有证据等因素，对燕某某上诉主张的2015年度年终奖金28 884元，应予以支持。二审法院据此改判大众租赁公司支付燕某某2015年度年终奖金28 884元。

【法律风险提示与实务操作建议】

从时间上看，每年年初是劳动者离职、“跳槽”的高峰期。为了防止人力资源流失，很多用人单位将年终奖的发放时间推迟到次年年初或年中，借此方式达到留人的目的，使年终奖变成“年中奖”或“留人奖”。劳动者在年终奖发放前离职，用人单位往往以劳动者不属于用人单位在职员工为由拒付年终奖，因此引发的劳动争议亦不在少数。

司法实践中，各地法院对于离职劳动者通过仲裁或诉讼主张在职期间年终奖的问题，存在不同的处理意见：一种意见认为，劳动者在职期间已经付出相应的劳动，为用人单位作出了贡献，其应当获得与此相当的劳动报酬，劳动者请求用人单位支付年终奖的，应予以支持；另一种意见认为，年终奖的性质是奖励，劳动者在发放年终奖之前离职的，不符合发放年终奖的条件，劳动者请求支付年终奖的请求不应得到支持 。

对于离职劳动者年终奖的认定，本书倾向于上述第一种意见，即若劳动者的年终奖针对的是其已经付出工作的评价，离职劳动者应当获得在职期间的年终奖。《劳动合同法》第三十条规定："用人单位应当按照劳动合同约定和国家规定，向劳动者及时足额支付劳动报酬。"年终奖性质上属于劳动报酬，但同时，年终奖是综合单位的经济效益和员工在过去一年的表现等因素而进行发放的，属于工资中可变的部分。用人单位虽具有发放年终奖的自主权，但亦应按照规章制度的规定或劳动合同约定，向劳动者及时足额支付年终奖。实践中主要依据双方签订的劳动合同和用人单位规章制度中的规定发放。用人单位可以通过相关制度的规范化，避免年终奖纠纷的出现，在劳动合同或规章制度中明确年终奖的发放对象、标准、时间和享受年终奖的条件，同时注意上述条件应当符合法律法规的强制性规定。

【法规链接】

《关于贯彻执行〈中华人民共和国劳动法〉若干问题的意见》（劳部发〔1995〕309号）第53条

四、 病假工资

病假，是指员工患病或非因公负伤需要接受诊疗而无法上班的期间。为保障患病期间劳动者的合法权益，法律规定了医疗期制度。实践中，因劳动者请病假涉及的工资待遇、劳动合同终止和解除等劳动纠纷十分常见。

（一） 医疗期相关问题

医疗期是指劳动者患病或非因公负伤停止工作治病休息，用人单位不得因此解除劳动合同的期限。医疗期与病假是两个概念，不能认为过了医疗期就不能再请病假。医疗期是法定期间，它的目的在于给予患病的劳动者一段时间的解雇保护，即医疗期内用人单位解除劳动合同的权利受到限制。而病假则是员工根据自身病情或负伤情况实际需要的治疗期间，此期间不是由任何人的主观意志决定的，更不可能由法律规定。医疗期满后，如果用人单位未与劳动者解除劳动合同，劳动者仍需请假的，用人单位应予安排。

1. 医疗期的期限

根据《企业职工患病或非因工负伤医疗期规定》（劳部发〔1994〕479号，以下简称《医疗期规定》），企业职工因患病或非因工负伤，需要停止工作医疗时，根据本人实际参加工作年限和在本单位工作年限，给予3个月到24个月的医疗期。

（1）实际工作年限10年以下的，在本单位工作年限5年以下的为3个月；5年以上的为6个月。

（2）实际工作年限10年以上的，在本单位工作年限5年以下的为6个月；5年以上10年以下的为9个月；10年以上15年以下的为12个月；15年以上20年以下的为18个月；20年以上的为24个月。

2. 医疗期的计算

医疗期按照自然日计算，公休日和法定节假日均包括在内。劳动者如果连续休病假，则连续计算医疗期直至期满。如果断断续续休病假，则可累计计算医疗期，计算方式如下：

医疗期为3个月的，按6个月内累计病休时间计算；

医疗期为6个月的，按12个月内累计病休时间计算；

医疗期为9个月的，按15个月内累计病休时间计算；

医疗期为12个月的，按18个月内累计病休时间计算；

医疗期为18个月的，按24个月内累计病休时间计算；

医疗期为24个月的，按30个月内累计病休时间计算。

举例来说，如果员工甲工作12年，在某公司工作6年，若其患病，医疗期应为9个月。如果从2019年2月1日开始休病假，则其医疗期从2019年2月1日起至2020年4月30日止期间确定。如连续请病假，则到2019年10月31日医疗期届满。如果甲间断请病假，则到2020年4月30日前累计病休时间达到9个月时，医疗期届满。

3. 医疗期满或医疗终结后的处理

及时处理与医疗终结或医疗期满的病休员工的劳动关系，是很多用人单位非常容易忽略的环节，因而容易发生纠纷。

医疗终结是指医疗机构或医师对于遭受外部伤害或者患病的人员诊疗医治过程的结束，包括病情检查、确诊、药物治疗、手术治疗等医疗措施的结束。医疗终结是确定病情痊愈或伤残的依据。《医疗期规定》对于医疗终结或医疗期满的病休员工与用人单位的劳动关系区分情况进行了规定。

（1）医疗终结时医疗期未满。企业职工非因工致残和经医生或医疗机构认定患有难以治疗的疾病，在医疗期内医疗终结，不能从事原工作，也不能从事用人单位另行安排的工作的，应当由劳动能力鉴定委员会进行劳动能力的鉴定。被鉴定为1～4级的，应当退出劳动岗位，终止劳动关系，办理退休、退职手续，享受退休、退职待遇；被鉴定为5～10级的，医疗期内不得解除劳动合同。

（2）医疗终结时医疗期满。企业职工非因工致残和经医生或医疗机构认定患有难以治疗的疾病，医疗期满，应当由劳动鉴定委员会进行劳动能力的鉴定。被鉴定为1～4级的，应当退出劳动岗位，解除劳动关系，并办理退休、退职手续，享受退休、退职待遇。

（3）医疗尚未终结但医疗期已满。企业职工非因工致残和经医生或医疗机构认定，患有难以治疗的疾病，医疗期满尚未痊愈，经劳动能力鉴定委员会确认不能从事原工作，也不能从事用人单位另行安排的工作的，企业可以根据《劳动合同法》的相关规定解除或终止劳动合同，按照工作年限支付经济补偿金，并支付不低于6个月的医疗补助费。解除劳动合同的，应当提前30日书面通知或支付1个月工资。

（二）病假工资标准

根据《关于贯彻执行〈中华人民共和国劳动法〉若干问题的意见》的规定，职工患病或非因工负伤治疗期间，在规定的医疗期间内由企业按有关规定支付其病假工资或疾病救济费，病假工资或疾病救济费可以低于当地最低工资标准支付，但不能低于最低工资标准的80%。该规定明确了病假工资的下限，各地在此基础上规定了具体的病假工资的支付标准。如北京规定，企业可以根据自己的情况在劳动合同或集体合同中约定病假工资的支付标准，只要不低于最低工资标准的80%都是允许的。

（三）病休员工的管理

员工较长时间的病假会给用人单位带来一定的困扰，但这也是企业必须承担的社会责任。用人单位应当在遵守法律规定的前提下，科学有效地管理病休员工，通过规章制度或劳动合同明确病休制度，避免不必要的纠纷。用人单位可以规范病假申请流程，要求劳动者提交医院病假单，制订格式化的病休申请单，列明病因、病休时间、医院情况等，并要求员工声明病假申请的真实性，如有虚假或夸大将构成严重违纪，按照规章制度承担相应不利后果。此外，还可以建立病假定期报告制度，要求员工在病休期间本人或其家人定期与用人单位联系，告知治疗情况等。

【疑难问题】

1. 用人单位应如何支付劳动者病休期间、事假期间、生育假期间的工资？

【裁判规则】

根据《北京市工资支付规定》第二十一条、第二十二条和第二十三条的规定，劳动者患病或者非因工负伤的，在病休期间，用人单位应当根据劳动合同或集体合同的约定支付病假工资。用人单位支付病假工资不得低于本市最低工资标准的800%。

劳动者在事假期间，用人单位可以不支付其工资。

劳动者生育或者施行计划生育手术依法享受休假期间，用人单位应当支付其工资。劳动者因产前检查和哺乳依法休假的，用人单位应当视同其正常劳动支付工资。

【典型案例】 吴某与某食品公司劳动争议案

基本案情

2002年10月，某食品公司与吴某建立劳动关系。双方曾先后签订多份书面劳动合同，最后一份书面劳动合同期限截至2009年1月31日。此后，双方存在事实劳动关系。2009年6月至8月，吴某向某食品公司请病假并得到批准，其请假期间工资按原工资的50%计发。2009年12月31日，吴某产下一子，于2009年12月17日至2010年3月30日休产假。2010年4月1日，吴某回某食品公司上班。某食品公司根据2009年下半年度吴某考核情况，从2010年1月开始降低吴某的职级，并相应降低了吴某的基本工资。同年6月30日，某食品公司通知吴某于同年7月1日交接工作。7月5日，吴某办理完交接手续，并认为某食品公司未给其重新安排其他工作，已单方解除了双方的劳动关系，便自行离开单位，终止了与某食品公司的事实劳动关系。2010年9月16日，吴某申请劳动仲裁，要求某食品公司支付被扣发的工资及25%经济补偿金、未签订劳动合同双倍工资、解除劳动关系经济赔偿金等。劳动仲裁部门作出裁决，支持了上述请求，某食品公司不服仲裁裁决，向法院提起诉讼。

裁判理由与结果

一审法院认为，用人单位有权依法自主确定本单位的工资分配方式和工资水平，对吴某要求支付差额工资的请求未予支持。吴某不服提起上诉。二审法院认为，2009

年下半年至2010年，吴某处于怀孕期、产期、哺乳期，某食品公司不得降低其基本工资。某食品公司根据2009年下半年度对吴某的考核结果降低了吴某的职级及基本工资，这种做法显然违反了法律、法规的规定。吴某的上诉理由应予采纳。二审法院遂改判某食品公司支付吴某被扣发工资及25%经济补偿金。

【法律风险提示与实务操作建议】

用人单位应当根据劳动合同约定或法律规定给予病休、事假职工及“三期”女职工相应的薪酬待遇，且工资标准不能低于法定最低标准；对于实行结构工资制的企业，不能滥用“基本工资”的概念变相侵犯职工的合法权益。在用人单位日常管理中，为避免发生争议，也建议用人单位通过劳动合同或规章制度明确员工在病假、事假等期间的工资支付标准。

【法规链接】

《关于贯彻执行〈中华人民共和国劳动法〉若干问题的意见》（劳部发〔1995〕309号）第59条

《企业职工患病或非因工负伤医疗期规定》（劳部发〔1994〕479号）第五条

《北京市工资支付规定》第二十一条、第二十二条、第二十三条、第二十四条、第二十五条

2. 劳动者在规定的医疗期满后继续休病假，用人单位是否仍应支付病假工资？

【裁判规则】

劳动者医疗未终结但医疗期已满，经劳动能力鉴定委员会确认不能从事原工作，也不能从事用人单位另行安排的工作的，如果用人单位未据此解除劳动合同，因双方劳动关系仍然存续，故用人单位仍应按照不低于北京市最低工资标准80%的标准向劳动者支付医疗期满后的病假工资。

【典型案例】马某与某百货公司劳动争议一案

基本案情

某百货公司主张马某2014年9月下旬开始持续性请长期病假，直至2015年12月

17 日劳动合同解除时，从未到岗工作亦未向某百货公司提供任何劳动服务；2015 年 9 月 16 日，某百货公司向马某发出到岗通知书，通知马某应于 2015 年 9 月 19 日到岗工作，但马某未到岗；2015 年 9 月 29 日，某百货公司向马某发出调岗通知书，拟将其岗位调整为客服接待，待其身体好转后再调回收银员岗位，但马某拒绝；2015 年 11 月 4 日，考虑到马某一直主张因病未能到岗，给某百货公司的岗位设置和工作安排造成困扰，某百货公司通知马某进行劳动能力鉴定，并告知马某，根据劳动能力鉴定委员会的要求，马某应先与某百货公司签订“医疗期协议”方可启动鉴定程序，2015 年 11 月 19 日，马某来电拒绝；2015 年 11 月 21 日，某百货公司再次详细通知马某依政府规定申请劳动能力鉴定的必要流程和所需材料，马某于第二日书面回复称需要合理时间准备材料，但一直未能提供；2015 年 11 月 24 日，马某与某百货公司当面协商解约事宜，但双方未能达成一致。基于上述情况，某百货公司迫于无奈于 2015 年 12 月 17 日向马某发出解除劳动合同通知书，依法解除了与马某的劳动合同。

马某主张其本人正处于病假休养期间，身体原因决定了自己不可能按照公司的要求调岗工作，虽然医疗期满，但其因病不能工作属于客观情况并非旷工，某百货公司以旷工、不服从调岗安排、不接受劳动能力鉴定为由解除劳动合同属于违法行为。马某就其主张提交了诊断证明及顺丰速运单，以证明其因病不能工作的事实以及公司拒绝签收其病假单。双方均认可马某的医疗期至 2015 年 8 月 25 日届满，某百货公司发放工资至 2015 年 8 月，自 2015 年 9 月起未再向马某发放工资。

后马某向劳动人事争议仲裁委员会申请仲裁，要求某百货公司支付违法解除劳动合同赔偿金、2015 年 9 月至 12 月工资等。仲裁委作出裁决后，某百货公司不服仲裁裁决，诉至法院。

裁判理由与结果

一审法院经审理认为，马某提交的诊断证明显示其在医疗期满后仍处于病休状态，故某百货公司对其的病假按照事假处理缺乏法律依据，应向马某支付此期间的病假工资。本案中，马某在医疗期届满后仍然处于休病假状态，虽然某百货公司在马某医疗期届满后多次向其发出通知，但马某亦给予了回复并作出了合理解释，某百货公司提交的证据并未显示马某拒绝进行劳动能力鉴定，且此期间马某亦属于病休期间，故某百货公司主张其长期旷工缺乏事实依据。综上所述，某百货公司与马某解除劳动合同的行为缺乏事实依据，应属违法解除劳动合同，某百货公司应支付违法解除与马某劳动关系的赔偿金。一审判决后，某百货公司不服，提起上诉。

二审法院经审理认为，关于某百货公司是否构成违法解除劳动合同，第一，根据马某与某百货公司邮件、短信及书面情况说明来看，马某并未明确拒绝做劳动能力鉴定，双方对于应当在何处签署“医疗期协议”未达成一致意见，不能理解为劳动者拒绝做劳动能力鉴定；第二，马某对于到岗和调岗向某百货公司提交了相关的病假诊断证明，以证明其仍处于治疗期间，应属病休，并对于公司的通知作出了回应，但某百货公司在马某未按照通知到岗的情形下，并未针对马某的未到岗原因予以合理审查，而是认定为事假，并主张超过规定时长的事假为旷工，该主张缺乏事实和法律依据。因此，某百货公司以马某在医疗期届满后拒绝做劳动能力鉴定且拒绝到岗和调岗为由解除双方劳动关系，属于违法解除劳动合同，应当支付相应赔偿金。此外，在马某提交的请假单上，其填写为病假，并附北京大学第三医院诊断证明书，某百货公司将其病假变更为事假，并主张医疗期届满后，劳动者不得再请病假，只能请事假，对于该主张缺乏相应的法律依据，因此某百货公司应按照法律规定向马某支付此期间的病假工资。

【法律风险提示与实务操作建议】

根据相关规定，企业职工患病或非因工负伤停止工作休息治疗期间，企业不再按月支付病休职工工资，改为按月支付病假工资。病假工资虽名为“工资”，却不是企业职工的工资性收入，而是职工在医疗期内所应当享受的一种救济性的福利待遇。实践中，病假工资发放的标准基本上是由企业作出规定，所采用的发放形式一般分为定额发放和按原工资比例折减发放，发放数额的确定同时兼顾患病或非因工负伤职工的年龄大小、工龄及病休时间长短等因素。因此，对发放病假工资引发的劳动争议的审理应当审查公司规章制度是否对职工病假工资支付标准做了规定，且所规定标准不得低于当地最低工资标准的 80%。

【法规链接】

《关于贯彻执行〈中华人民共和国劳动法〉若干问题的意见》（劳部发〔1995〕309 号）第 59 条

《企业职工患病或非因工负伤医疗期规定》（劳部发〔1994〕479 号）第五条

《北京市工资支付规定》第二十一条

第二章
工时管理与加班制度的法律风险与实务操作

一、 用人单位的工时制度

工时制度，即工作时间相关规定。工时制度与加班制度涉及每个员工的切身利益，既是用工管理的重要内容，也是极易引发劳动争议的领域。

工作时间，是指劳动者根据法律的规定和劳动合同的约定，在用人单位提供正常劳动的时间。我国法律规定了三种工时制度：标准工时制、综合计算工时制和不定时工作制。

（一）标准工时制

根据《劳动法》和《国务院关于职工工作时间的规定》，我国目前实行劳动者每日工作8小时，每周工作40小时的标准工时制。

1. 工作日

根据2008年《关于职工全年月平均工作时间和工资折算问题的通知》（劳社部发〔2008〕3号）的规定，目前职工的法定工作时间如下：

年工作日250天=365天-104天（休息日）-11天（法定节假日）

季工作日62.5天=250天÷4季

月工作日20.83天=250天÷12月

工作小时数=月、季、年的工作日乘以8小时

需要注意的是，此处月工作时间仅指标准工时制度中劳动者正常每月的工作时间，而非计薪天数。根据法律规定，目前采用的计薪天数仍然是21.75天的标准。

2. 休息日

劳动法律法规规定用人单位必须保证劳动者每周至少有一次24小时不间断的休

息。因此，并非用人单位每周必须安排劳动者两个休息日。实践中，有些用人单位“做六休一”的安排是被允许的，但必须保证每天工作不超过 8 小时、每周不超过 40 小时。

（二）综合计算工时制

综合计算工时，是指用人单位因生产特点无法执行标准工时制，而采用的以周、月、季、年等为周期综合计算工作时间的一种工时制度。

在综合计算工时周期内，某一具体日或周的实际工作时间可能超过法定标准工作时间 8 小时或 40 小时，但其平均日工作时间和平均周工作时间应与法定标准工作时间基本相同。

用人单位实行综合计算工时制必须满足两个条件。一是确因工作性质特殊，无法执行标准工时制。二是必须经过劳动行政部门的审批。未经审批的，用人单位不能擅自决定或与劳动者约定实行综合计算工时制。

（三）不定时工作制

不定时工作制，是指每一工作日没有固定的上下班时间限制的工时制度，是针对因生产特点、工作特殊需要或职责范围的关系，无法按标准工作时间衡量，或需要机动作业的劳动者所采用的一种工时制度。实行不定时工作制的劳动者不受法律规定的日延长工作时间和月延长工作时间标准的限制。用人单位实行不定时工作制的条件与实行综合计算工时制一致。

【疑难问题】

1. 哪些企业的职工可实行不定时工作制？未经劳动行政部门批准的情形下，企业实行不定时工作制是否有效？

【裁判规则】

根据《北京市企业实行综合计算工时工作制和不定时工作制办法》第十一条的规定，不定时工作制适用于从事下列工种或者岗位的人员：（一）高级管理人员；（二）外勤、推销人员；（三）长途运输人员；（四）长驻外埠的人员；（五）非生产性值班人员；（六）可以自主决定工作、休息时间的特殊工作岗位的其他人员。

不定时工作制是由于客观情况需要而采用的。企业如未经劳动行政部门批准实行不定时工作制，应由相关部门对其进行处罚，但不影响其行为本身的效力。

【典型案例】 沈某与某食品公司劳动争议案

基本案情

沈某入职某食品公司，岗位为食堂杂工。2009 年 9 月 28 日，沈某向劳动仲裁委申请仲裁，要求某食品公司支付其休息日加班工资及法定节假日加班工资。仲裁委作出裁决后，某食品公司不服起诉至法院。

裁判理由与结果

法院认为，第一，沈某的工作职责是为公司员工提供三餐伙食，虽然员工用餐时间是相对固定的，但伙食准备时间需根据用餐人数、饭菜的不同而确定，且某食品公司在厂区内提供一间宿舍供沈某居住，其余时间沈某可以休息。因此，沈某的工作时间有一定的弹性，难以用标准工时来衡量，按照《关于企业实行不定时工作制和综合计算工时工作制的审批办法》（劳部发〔1994〕503 号）第四条的规定，应确定为不定时工作制。根据《厦门市企业工资支付条例》第十九条规定，对实行不定时工作制的岗位，用人单位仅对安排劳动者在法定休假日工作的情形才须支付加班工资。故沈某要求某食品公司支付休息日加班工资，缺乏依据，法院不予支持。第二，关于法定节假日加班工资的问题，对仲裁申请之日前两年内的部分，应由用人单位承担举证责任。某食品公司没有提供沈某的考勤记录，应承担不利的诉讼后果，法院采信沈某的主张，认定 2007 年 10 月至 2009 年 9 月 19 日，沈某在法定节假日工作的事实。

【法律风险提示与实务操作建议】

就某食品公司对沈某的工作岗位并未向劳动行政部门申请审批的情形，该工作岗位是否能认定为不定时工作制？实务中存在不同观点，有法院认为未经劳动行政部门审批的，不能认定该岗位执行不定时工作制。

本文认为，即使未经批准，符合特定条件的岗位仍可能被认定为不定时工作制。一般的行政批准没有溯及力，也就是自批准之日才能实行。但不定时工作制的劳动行政批准的特殊性在于，不定时工作制本身具有客观现实性，行政部门的批准一方面是对用工情况的监督管理，另一方面则更主要是对该工作岗位的证明作用，该行政批准的性质更像是证明报备文件。若未经劳动行政部门批准，法院可根据劳动合同约定，劳动者所从事的岗位性质及实际履行情况等认定为不定时工作制。本案中，沈某的工作岗位虽未进行行政批准，但如其本人所陈述，其工作岗位符合不定时工作制的客观特征，仍应予认定为不定时工作制。

在用人单位的日常管理中，对于相关岗位拟执行非标准工时的，为避免产生争议和法律风险，我们建议用人单位应当及时向劳动行政部门履行审批手续，同时应注意在劳动合同中明确规定或明确告知劳动者。

【法规链接】

《中华人民共和国劳动法》第三十六条、第三十九条

《关于企业实行不定时工作制和综合计算工时工作制的审批办法》（劳部发〔1994〕503号）第三条、第四条、第六条

《北京市企业实行综合计算工时工作制和不定时工作制办法》第十一条、第十二条、第十六条

2. 哪些企业职工可实行综合计算工时工作制？

【裁判规则】

综合计算工时工作制是针对因工作性质特殊，需连续作业或受季节及自然条件限制的企业的部分职工，采用的以周、月、季、年等为周期综合计算工作时间的一种工时制度，但其平均日工作时间和平均周工作时间应与法定标准工作时间基本相同。主要是指：交通、铁路、邮电、水运、航空、渔业等行业中因工作性质特殊，需要连续作业的职工；地质、石油及资源勘探、建筑、制盐、制糖、旅游等受季节和自然条件限制的行业的部分职工；亦工亦农或由于受能源、原材料供应等条件限制难以均衡生产的乡镇企业的职工等。另外，对于那些在市场竞争中，由于外界因素影响，生产任务不均衡的企业的部分职工也可以参照综合计算工时工作制的办法实施。

对于实行不定时工作制或综合计算工时工作制的职工，企业应在保障职工身体健康并充分听取职工意见的基础上，采取集中工作、集中休息、轮休调休、弹性工作时间等适当的工作和休息方式，确保职工的休息休假权利和生产、工作任

务的完成。同时，各企业主管部门也应积极创造条件，尽可能使企业的生产任务均衡合理。

【典型案例】 夏某与某物业公司劳动争议纠纷案

基本案情

夏某系某物业公司保安，所在岗位实行综合计算工时工作制，已经过相关劳动部门审批。2014 年 4 月 1 日，因夏某提出离职，双方劳动合同解除。夏某以法定标准工时为参照，提出某物业公司应支付其 2014 年 3 月延时加班工资等请求，遂引发诉讼。

裁判理由与结果

一审法院审理后认为，某物业公司保安岗位实行的是综合计算工时工作制，经过了合法程序审批，劳动合同中也有明确的约定。即使夏某还存在其他加班情形，需待一年综合工时周期届满后再行计算。现劳动合同解除时计算周期未满，无法判断其是否存在延时加班。且某物业公司已经支付了 2014 年 3 月加班工资。据此判决驳回了夏某关于 2014 年 3 月延时加班工资请求。夏某不服一审判决，提起上诉。二审法院经审理后判决驳回该项上诉请求。

【法律风险提示与实务操作建议】

在综合计算周期内，某一具体日（或周、月、季）的实际工作时间可以超过法定标准工作时间，但综合计算周期内的总实际工作时间不能超过总法定标准工作时间。判定综合工时制劳动者具体工作时间应满足如下条件：其一，判定时间节点在计算周期届满时（后）；其二，判定时参照法定标准工时；其三，对超过法定标准工时的，为延长工作时间，用人单位应依法支付加班工资。

但是，对综合工时周期内劳动关系解除的，用人单位也不能一概以综合工时期限未满为由拒绝支付加班工资。因为，虽综合计算周期未届满，但劳动者实际总的工作时间已超过计算周期法定标准工作时间，显然存在加班事实；综合计算周期未届满，但有证据显示用人单位认可劳动者某一阶段存在加班的事实，也应依法支付相应加班工资。

【法规链接】

《关于企业实行不定时工作制和综合计算工时工作制的审批办法》（劳部发〔1994〕503号）第三条、第四条、第五条、第六条

《北京市企业实行综合计算工时工作制和不定时工作制办法》第六条、第七条、第八条、第九条、第十条

3. 出租车司机主张休息日和法定节假日加班费如何处理？

【裁判规则】

出租车行业实行不定时工作制，休息、休假由出租车司机自行安排，故对出租车司机主张休息日和法定节假日加班费的不予支持。

【典型案例】 孟某与某出租公司劳动争议一案

基本案情

孟某于2013年9月1日入职某出租车公司担任出租车司机，双方签订有劳动合同书及承包营运合同书，期限均为2013年9月1日至2017年8月31日。孟某在某出租车公司工作至2017年8月25日，8月26日将出租车上交某出租车公司。孟某向劳动人事争议仲裁委员会申请仲裁，要求某出租车公司支付终止劳动合同经济补偿金、安全奖、加班工资等费用。仲裁委作出裁决后，孟某不服，诉至法院。

裁判理由与结果

一审法院经审理认为，出租车行业实行不定时工作制，休息、休假由出租车司机自行安排，故对于孟某主张休息日和法定节假日加班费的请求不予支持。孟某不服提起上诉。二审法院经审理认为，因孟某认可某出租车公司对其是否出车以及出车时长均无要求，其可根据自身情况进行工作安排，且出租车行业实行不定时工作制，因此孟某要求某出租车公司向其支付法定节假日加班费以及休息日加班费没有法律依据，遂判决驳回上诉，维持原判。

【法律风险提示与实务操作建议】

对于出租车司机而言，根据其工作特点和岗位特性，实行不定时工作制，休息、

休假由出租车司机自行安排，故对出租车司机主张休息日和法定节假日加班费的不予支持。

【法规链接】

《关于企业实行不定时工作制和综合计算工时工作制的审批办法》（劳部发〔1994〕503号）第三条、第四条、第六条

《北京市企业实行综合计算工时工作制和不定时工作制办法》第十一条

《北京市高级人民法院、北京市劳动争议仲裁委员会关于劳动争议案件法律适用问题研讨会会议纪要（二）》第44条

二、加班工资

加班加点，即《劳动法》规定的“延长工作时间”，是指劳动者超出法定标准工作时间或企业规定的工作时间进行工作。加班一般是指根据用人单位的要求在法定节假日、休息日进行工作，一般以天数作为计算单位。加点即延时加班，指在法定的日标准工作时间以外进行工作，以小时为计算单位。用人单位应当规范考勤管理和加班审批制度，务必要求劳动者本人在考勤记录中签字，并加强对考勤记录、加班审批单、请假条等相关考勤文件和资料的存档管理，以免丢失损毁。根据法律规定，劳动法意义上的加班包括以下几种。

（一）标准工时制下的加班

1. 延时加班

即在工作日8小时之外的加班。企业可以安排员工延时加班，但不能随意延长。《劳动法》及相关法律规定，一般每日延长不得超过1小时；因特殊原因需要延长的，每日不得超过3小时，每月总延时加班时长不得超过36小时。企业安排员工延时加班的，支付不低于工资150%的加班报酬。

以下情况的加班时间不受以上规定限制：

（1）发生自然灾害、事故或者因其他原因，威胁劳动者生命健康和财产安全，需要紧急处理的；

（2）生产设备、交通运输线路、公共设施发生故障，影响生产和公众利益，必须

及时抢修的；

（3）法律、行政法规规定的其他情形。

2. 休息日加班

即劳动者在休息日进行工作。员工的休息日根据法律规定和双方约定确定，可以是周六周日两天，也可以是其中一天，但其约定不得违反法律关于劳动者工作时长的相关规定。

用人单位安排劳动者休息日工作又不能安排补休的，支付不低于工资 200% 的加班报酬。

3. 法定节假日加班

即安排劳动者在法定节假日工作。用人单位安排劳动者在法定节假日工作的，支付不低于 300% 的加班报酬。

（二）综合计算工时制下的加班

综合计算工时周期内，某一具体日或周的实际工作时间虽然可以超过法定标准工作时间，但计算周期内的总实际工作时间仍然受到总法定标准工作时间的限制。如超出总法定标准工作时间的，超出部分视为延时加班，用人单位应当支付不低于劳动者工资 150% 的加班报酬。综合计算工时制下，当然不存在休息日加班的问题，但劳动者仍然享受法定节假日。因此，如果在法定节假日安排劳动者工作，应当按照不低于员工工资 300% 的标准支付加班报酬。

（三）不定时工作制下的加班

由于不定时工作制下，劳动者可以自由安排工作时间，理论上应当不存在加班的问题。但是法定节假日工作的，是否应作为加班给付相应报酬，各地规定不尽相同。目前，大部分地区规定此种情形不视为加班。个别地区如上海则将不定时工作制下的劳动者在法定节假日期间工作视为加班，用人单位应当按照不低于工资 300% 标准支付劳动报酬。

发生劳动纠纷后，双方一般对劳动者是否存在加班的事实存在争议。如果劳动者初步举证证明该事实存在，根据《劳动争议调解仲裁法》的相关规定，此时用人单位应当承担提供规章制度、考勤记录等证据的举证责任，否则将极有可能承担不利法律后果。

【疑难问题】

1. 加班费的举证责任应如何分配？

【裁判规则】

劳动者主张加班费的，应当就加班事实的存在承担举证责任。但劳动者有证据证明用人单位掌握加班事实存在的证据而不提供的，由用人单位承担不利后果。

【典型案例】 李某与某酒店劳动合同纠纷案

基本案情

某酒店与李某签订书面劳动合同，期限为2011年5月1日至2016年4月30日，月工资为1160元加岗位津贴、固定加班费、绩效工资。2013年4月26日某酒店因经营困难欲下调李某工资，李某为此离职。2013年5月15日，李某以某酒店降低工资迫使其离职为由向劳动人事争议仲裁委员会申请仲裁，要求某酒店支付解除劳动合同经济补偿金、双休日加班费、法定节假日加班费。仲裁委作出裁决后，李某不服起诉至法院。

裁判理由与结果

一审法院认为，某酒店提交的劳动合同及工资表证明其支付的工资中已含固定加班费，故对于李某主张的加班费不予支持。李某对一审判决不服，提起上诉。二审法院经审理认为，首先，劳动者主张加班费的，应当就加班事实的存在承担举证责任。李某仅主张其存在法定节假日加班和双休日加班，但未就其存在加班的事实提供相应的证据。其次，某酒店提交的劳动合同及工资表证明其支付的工资中已含固定加班费，因此一审法院对于李某主张的法定节假日加班费和双休日加班费不予支持并无不当，故判决驳回上诉，维持原则。

【法律风险提示与实务操作建议】

根据我国《民事诉讼法》的规定，举证责任的分配首先应当遵守“谁主张，谁举证”的分配规则，只有在法律或司法解释明确规定的情况下，才能采用举证责任倒置的规则。但从现实层面来看，让处于被管理地位的劳动者承担加班事实的举证责任存在诸多困难。考虑到这一客观情况，实践中，只要劳动者提交基本证据，如加班通知、工资条、交接班记录、证人证言等可以证明有加班的事实，即可视为已经完成举证责任。当然，如果劳动者仅声称加班事实的证据由用人单位掌握管理，劳动者至少有义务证明该证据是存在的，以避免劳动者滥用举证规则而导致用人单位证明责任过重。

【法规链接】

《最高人民法院关于审理劳动争议案件适用法律问题的解释（一）》（法释〔2020〕26号）第四十二条

2. 劳动者值班的，有权主张加班工资吗？

【裁判规则】

下列情形中，劳动者要求用人单位支付加班工资的，一般不予支持：①用人单位因安全、消防、节假日等需要，安排劳动者从事与其本职工作无关的值班任务；②用人单位安排劳动者从事与其本职工作有关的值班任务，但值班期间可以休息的。

在上述情况下，劳动者可以要求用人单位按照劳动合同、规章制度、集体合同等支付相应报酬。

【典型案例】 辛某与某化工公司劳动争议案

基本案情

辛某系某化工公司的职工，称其从2009年6月起每间隔一天就工作24小时，2011年9月起因病休假。某化工公司称辛某每间隔一天在岗位上工作24小时属实，但白天系工作，晚上系值班性质，可以休息，并发放中、夜班补贴，只是晚上休息时需要随叫随开门，不需要巡逻。某化工公司提供了其传达室（门卫）管理制度，该制度第二条注明“开门时间为上午7：00至12：00，下午13：30至17：30，其余时间一律关门值班，可以休息，但有事必须随时开门。”2011年9月，辛某提起劳动仲裁，要求某化工公司支付加班加点劳动报酬90 000元。仲裁委作出裁决后，辛某不服裁决结果，起诉至法院。

裁判理由与结果

法院经审理认为，辛某虽主张晚上在传达室期间不能休息，但未提交相关证据证明。某化工公司在传达室管理制度中明确规定开门时间，其余时间一律关门值班，可休息，但有事必须随时开门。因此，应认定辛某晚上工作系值班性质。辛某岗位实行综合计算工时，其工作时间每周并未超过40小时，不存在超时加班现象。但某化工公司安排辛某的工作方式，未能落实劳动法“用人单位应当保证劳动者每周至少休息一日”“节日期间应当依法安排劳动者休假”的规定。根据辛某在某化工公司单位工作岗位的性质，结合其在该岗位工作的时间，认定辛某的加班费为13323.96元（按每周多工作2天计算）。

【法律风险提示与实务操作建议】

值班作为一种工作形态大量存在于用人单位。由于法律对值班缺乏明确规定，实践中，很多劳动者要求用人单位支付值班期间的加班工资。一般认为，劳动者确系值班的，对其要求支付加班工资的主张不予支持。问题的关键是如何区分值班和加班。

如果用人单位规章制度对此未予明确，应当主要取决于劳动者是否继续在原来的岗位上工作。当然，即便用人单位安排的系与其本职工作有关的任务，如果期间可以休息，则不认定为加班。本案中，根据用人单位规章制度和双方举证情况，法院没有支持辛某存在加班事实的主张，但鉴于辛某确实付出了劳动，酌定用人单位向其每周多支付两天工资。通过本案可知，司法实践中，是否属于值班以及值班津贴标准一般以用人单位规章制度为准。因此，用人单位应当制订具体的规章制度，针对不同情形的值班规定劳动者相应义务和津贴待遇，津贴待遇标准应当符合自身情况和行业管理，以避免发生不必要的纠纷。

【法规链接】

《北京市工资支付规定》第七条

《北京市高级人民法院、北京市劳动争议仲裁委员会关于劳动争议案件法律适用问题研讨会会议纪要》第21条、第22条

3. 如何确定劳动者加班费计算基数？

【裁判规则】

劳动者加班费计算基数，应当按照法定工作时间内劳动者提供正常劳动应得工资确定，劳动者每月加班费不计到下月加班费计算基数中。具体情况如下：

（1）用人单位与劳动者在劳动合同中约定了加班费计算基数的，以该约定为准；双方同时又约定以本市规定的最低工资标准或低于劳动合同约定的工资标准作为加班费计算基数，劳动者主张以劳动合同约定的工资标准作为加班费计算基数的，应予支持。

（2）劳动者正常提供劳动的情况下，双方实际发放的工资标准高于原约定工资标准的，可以视为双方变更了合同约定的工资标准，以实际发放的工资标准作为计算加班费的计算基数。实际发放的工资标准低于合同约定的工资标准，能够认定为双方变更了合同约定的工资标准的，以实际发放的工资标准作为计算加班费的计算基数。

（3）劳动合同没有明确约定工资数额，或者合同约定不明确时，应当以实际发放的工资作为计算基数。用人单位按月直接支付给职工的工资、奖金、津贴、补贴等都属于实际发放的工资，具体包括国家统计局《〈关于工资总额组成的规定〉若干具体范围的解释》中规定“工资总额”的几个组成部分。加班费计算基数应包括“基本工资”“岗位津贴”等所有工资项目。不能以“基本工资”“岗位工资”或“职务工资”单独一项作为计算基数。在以实际发放的工资作为加班费计算基数时，加班费（前月）、伙食补助等应当扣除，不能列入计算基数范围。国家相关部门对工资组成规定有调整的，按调整的规定执行。

（4）劳动者的当月奖金具有“劳动者正常工作时间工资报酬”性质的，属于工资组成部分。劳动者的当月工资与当月奖金发放日期不一致的，应将这两部分合计作为加班费计算基数。用人单位不按月、按季发放的奖金，根据实际情况判断可以不作为加班费计算基数。

（5）在确定职工日平均工资和小时平均工资时，应当按照《关于职工全年月平均工作时间和工资折算问题的通知》（劳社部发〔2008〕3号）的规定，以每月工作时间为21.75天和174小时进行折算。

（6）实行综合计算工时工作制的用人单位，当综合计算周期为季度或年度时，应将综合周期内的月平均工资作为加班费计算基数。

【典型案例】 唐某某与某电子厂支付加班工资劳动争议案

基本案情

唐某某于2007年10月7日入职某电子厂任职工程师。双方劳动合同约定唐某某月工资4000元，包含基本工资1400元、交通补助800元、通讯补助500元、住宿补贴800元、伙食补助500元，并约定以基本工资1400元为基数计算加班工资。某电子厂在此后发放工资时，均要求员工在工资条上签名，工资条中列明了工资的构成项目及计算加班工资的基数。根据唐某某签名确认的工资条，从2007年10月7日至2009年1月30日，唐某某在工作日累计加班300小时，休息日累计加班200小时，某电子厂共向唐某某支付加班工资6842.50元。2009年1月30日，唐某某以家中有事为由申请离职。2009 年 4 月，唐某某向劳动争议仲裁委员会申请仲裁，要求某电子厂向其支付加班工资差额。仲裁委作出裁决后，唐某某不服，提起诉讼。

裁判理由与结果

法院经审理后认为，双方在劳动合同中约定以基本工资 1400 元为基数计算加班工资，不违背法律规定，应属有效，某电子厂按照劳动合同约定的标准已经足额支付了加班工资，因此判决驳回唐某某的诉求。

【法律风险提示与实务操作建议】

加班费标准以双方约定为准，但所约定的计算基数不得低于当地最低工资标准。用人单位和劳动者无论约定以月工资为基数，还是以月工资中固定发放部分（如基本工）资为基数，只要该数额不低于当地最低工资标准，一般都是允许的。如果劳动合同对此未作约定，但工资条中所列的加班工资的计算基数符合上述条件，且劳动者也签名予以确认的，也应当认定该计算基数合法有效。因此，建议用人单位规范工资支付制度和加班制度，通过劳动合同对于加班流程和加班工资的发放予以明确规定；在每个工资周期核发劳动者工资时，应注意让劳动者及时核对并确认相应的加班时间，以避免后续产生争议。

【法规链接】

《中华人民共和国劳动法》第四十四条

《工资支付暂行规定》第十三条

《北京市工资支付规定》第十四条、第十六条、第十七条

4. 实行计件工资制的，用人单位是否应支付劳动者加班工资?

【裁判规则】

实行计件工资制的，劳动者在完成计件定额任务后，用人单位安排其在标准工作时间以外工作的，应当分别按照不低于计件单价的 150%、2000%、3000% 支付加班工资。

【典型案例】 范某与某商贸公司劳动合同纠纷一案

基本案情

范某自2013年4月15日起在某商贸公司工作，实行计件工资，无保底工资。某商贸公司对范某进行考勤管理，并按核算的工资数额直接向范某支付工资。2015年6月10日，范某离职。2016年6月24日，范某申请劳动争议仲裁，要求某商贸公司支付其休息日、法定节假日加班工资。仲裁委作出裁决后，范某不服起诉至法院。

裁判理由与结果

法院认为，劳动者主张加班费的，应当就加班事实的存在承担举证责任。在本案中，首先，范某实行计件工资制度，按件计酬，多劳多得；其次，范某无保底工资，未约定计件定额任务，范某未能举证证实某商贸公司安排其超出标准工作时间外工作；再次，范某提交的工资表中工资构成有加班一项，范某每月签字领取工资时从未提出异议，表明范某对其每月薪酬数额及计算方式充分认知并接受；最后，即使转换为计时工资制核算，范某计时薪酬亦不低于当地最低工资标准。故对范某要求某商贸公司支付休息日、法定节假日加班工资的诉请不予支持。

【法律风险提示与实务操作建议】

计件工资制是标准工时制的一种特殊形式，即按照工人生产的合格品数量和企业规定的计价单价来计算报酬的一种工资形式。根据《劳动法》的相关规定，对实行计件工资的劳动者，用人单位应当根据工时制度合理确定其劳动定额和计件报酬标准。如果劳动者完成定额后在8小时以外仍然工作，应当分别按照不低于其本人法定时间计件单价的150%、200%、300%支付其加班费。

因此，实行计件工资制，并不意味着用人单位能随意安排劳动者的工作时间。如因生产需要确需安排劳动者加班的，应当及时支付加班费用，并要求劳动者对加班费发放情况签字确认，以避免产生不必要的纠纷。

【法规链接】

《中华人民共和国劳动法》第四十四条

《工资支付暂行规定》第十三条

《北京市工资支付规定》第十四条、第十五条

5. 用人单位实行计件工资制的，是否应当支付加班工资？

【裁判规则】

按照法律规定，用人单位应当制订合理的计件定额任务，对于劳动者完成定额任务后，用人单位安排其在标准工作时间以外工作的，应当分别按照不低于计件单价的150%、200%、300%支付加班工资。

如果用人单位没有制订定额任务，且双方在劳动合同中对工资数额无明确约定的，应当根据具体情况判定劳动者在标准工时内可以完成的工作量以及应当获得的工资数额，在该数额不低于最低工资的情况下，劳动者实际获得的工资中超出该数额的部分，可以视为用人单位发放的加班工资。

【典型案例】 李某某与某旅游公司劳动争议案

基本案情

李某某于2007年9月1日入职某旅游公司，任大巴司机，主要工作是根据公司的安排运送旅客。李某某的工资由计时工资500元（即基本工资）加计件工资组成，每次出车的工资根据距离长短，从20元到40元不等。李某某在职期间每天根据公司的安排出车，趟次和路线不固定，每天平均工作9小时左右，每月休息日加班4天，法定节假日没有加班。其工资因出车趟次不同，每月不同，但均超过3000元。李某某于2009年8月31日劳动合同到期后离开某旅游公司，并于2009年9月申请仲裁，要求某旅游公司向其支付加班工资。

裁判理由与结果

法院经审理认为，因李某某在职期间出车的数量没有定额，而根据其每月的应发工资和其工资时间折算的小时工资均高于当地同期的最低小时工资标准，应认定某运输公司已向其足额支付了加班工资，因此，驳回了李某某对加班工资的请求。

【法律风险提示与实务操作建议】

计件工资制下劳动定额如何确定，目前没有统一标准。用人单位和劳动者一般会对计件单价标准明确约定。实践中，在定额任务要求能够确定的情况下，实行计件工资制的劳动者加班费应按照下列原则计发：

（1）劳动者在8小时以内没有完成定额任务，而在8小时以外延长工作时间的，不属于加班，不应计发加班费。

（2）劳动者在8小时以内超额完成了任务，其超额部分也不属于加班完成的产品，不应计发加班费，可按照正常计件单价标准支付工资，也可以按照超额奖金支付。

（3）劳动者在8小时以内完成了生产定额任务，而在8小时以外由用人单位安排延长工作时间的，属于加班，其加班期间完成的产品数量，应按照加班费计发，分别按照不低于其本人法定工作时间计件单价的150%、200%、300%支付其工资。

本案中，法院之所以未支持李某某的诉讼请求，原因在于李某某岗位的定额任务量无法查明。如果李某某在相对固定的线路上驾驶车辆，可以据此确定李某某工作日8小时的工作量，该工作量视为工作定额，超出部分就应当按照法定标准支付加班工资。但李某某每天出车趟次和路线不固定，用人单位也没有作出明确的定额要求，因而无法根据上述标准予以认定。由于李某某获得的工资中已经包含了因超时工作而应得的劳动报酬，法院根据其总工资和其工作时间折算所得到的小时工资不低于用人单位所在市同期最低小时工资标准，因此认定某旅游公司已经足额向其支付了加班工资。

【法规链接】

《中华人民共和国劳动法》第四十四条

《工资支付暂行规定》第十三条

6. 用人单位以劳动者未履行加班审批手续为由不同意支付加班工资的，应当如何处理？

【裁判规则】

用人单位结合生产经营状况制订加班审批制度系管理自主权的体现，该制度并不违反法律、行政法规的强制性规定，应属有效。用人单位以劳动者未履行加班审批手续为由拒绝支付加班工资的，人民法院往往会按照劳动规章制度的要件审查用人单位的加班审批制度是否有效，以及在日常劳动管理中是否正常执行。如用人单位的加班审批制度有效且正常执行，劳动者应履行而未履行加班审批手续的，会倾向于按照用人单位劳动规章制度的规定处理。否则，人民法院可依据劳动者提交的考勤记录、加班工作内容等证据判断是否支持劳动者所主张的加班工资。

【典型案例】甄某与某流公司劳动争议纠纷一案

基本案情

2011 年 7 月 25 日，甄某入职某物流公司担任经理助理，双方劳动合同期限至 2012 年 7 月 24 日。2012 年 11 月 23 日，甄某办理离职交接手续后正式离职。甄某主张 2012 年 3 月 26 日至 9 月 17 日存在延时加班、休息日加班及法定节假日加班，某物流公司未支付其加班工资。甄某为此提交了加班审批表，显示甄某存在加班事实，附有某物流公司仓储部经理彭某及仓储部主管负责人徐某签名。某物流公司称，加班审批表未按照规定流程由总经理签字确认，故对上述加班审批表真实性及证明目的均不予认可。

2013 年 1 月 16 日，甄某向劳动人事争议仲裁委员会申请仲裁，要求某物流公司支付加班工资。仲裁委作出裁决后，甄某不服裁决，提起诉讼。

裁判理由与结果

一审法院经审理认为，某物流公司仅以加班审批表未按照相关流程由其总经理签字确认为由予以否认其效力，但未能提供其他充分有效的证据予以反驳，加班审批表的真实性应予采信。因某物流公司未能提交其他充分有效证据证明已支付加班费或安排调休，故一审法院判决支持甄某的请求。某物流公司不服，提起上诉。二审法院经审理判决驳回上诉，维持原判。

【法律风险提示与实务操作建议】

大部分关于工作时间争议的落脚点是加班工资问题。发生此类纠纷，首先受到考验的就是考勤管理制度和加班审批制度。很多用人单位没有考勤记录，或考勤记录中只有简单签到、缺乏具体迟到或早退的记载；没有加班审批制度或者加班审批权限模糊。对于到底谁有权决定员工的加班，很多企业的加班审批制度未作明确规定或制度不具有可操作性，导致加班管控出现问题。一旦发生劳动争议，将难以尽到举证责任，因此承担不利法律后果。

建议用人单位对加班的审批权限、申请流程和汇报制度作出明确规定，员工未向有审批权限的人员提出申请并获得批准的，不视为加班。完善考勤记录，全面记载劳动者上下班、午休、迟到早退、休假、旷工等时间，并注明未出勤原因。考勤记录中不仅应当由考勤负责人和主管人员的签字，更应当有劳动者本人的签字认可。

劳动者因特殊原因无法签字或不愿签字的，应备注原因，留存证据。相关考勤、加班审批、请假记录应注意存档。以上规定应经法定程序编入规章制度，并组织劳动者学习签收。

【法规链接】

《中华人民共和国劳动合同法》第四条

《北京市工资支付规定》第十一条

第三章
企业规章制度的法律风险与实务操作

制订完善有效的规章制度既是用人单位实现规范化管理、获得用工自主权的重要途径，也是保护劳动者合法权益的法定义务。

根据《劳动争议司法解释（一）》（法释〔2020〕第26号）第五十六条的相关规定，规章制度需满足以下三个条件才具有法律效力：通过民主程序制定、向劳动者公示、内容合法。原则上，没有经过民主程序或未按要求公示的规章制度对劳动者不具有约束力。如果直接涉及劳动者切身利益的规章制度内容违法，劳动行政部门有权对用人单位责令改正并给予警告；给劳动者造成损害的，还应当承担赔偿责任。

【疑难问题】

用人单位制定的规章制度合法有效应具备哪些条件?

【裁判规则】

用人单位根据《劳动法》第四条之规定，通过民主程序制定的规章制度，不违反国家法律、行政法规及政策规定，并已向劳动者公示的，可以作为人民法院审理劳动争议案件的依据。用人单位制定的内部规章制度与集体合同或者劳动合同约定的内容不一致，劳动者请求优先适用合同约定的，人民法院应予支持。用人单位在《劳动合同法》实施前制定的规章制度，虽未经过《劳动合同法》第四条第二款规定的民主程序，但内容未违反法律、行政法规及政策规定，并已向劳动者公示或告知的，可以作为用人单位用工管理的依据。

【典型案例】 邱某与北京某通讯配件公司劳动争议案

基本案情

邱某于2005年5月30日入职北京某通讯配件公司，担任技师，工作岗位执行综合计算工时制，夜班时间为当日19：00至次日7：00。双方劳动合同约定“员工手册”为该劳动合同的附件，与劳动合同具有同等法律效力。2014年8月21日，北京某通讯配件公司向邱某送达了解除劳动合同通知书，以邱某“在2014年8月16日凌晨2点左右，利用工作时间在车间内睡觉”为由，依据“员工手册”相关规定，与邱某解除了劳动合同。邱某主张其在2014年8月16日之前已经连续上了5个夜班，北京某通讯配件公司构成违法解除劳动合同，应当支付其违法解除劳动合同赔偿金。2014年9月5日，邱某提起劳动仲裁。仲裁委作出裁决后，邱某不服，诉至法院。

裁判理由与结果

法院认为，北京某通讯配件公司提交“员工手册”“员工手册签收单”“员工手册版本确认”（民主程序）等证据，其中“员工手册”第13章中规定，员工“在工作时间睡觉，公司有权依据《劳动法》或《劳动合同法》的规定给予其解除劳动合同的处理”。虽然邱某对上述证据的真实性和证明目的均不认可，称其未收到“员工手册”“员工手册签收单”上的签名不是本人签的，但其明确表示不申请笔迹鉴定，故对邱某的相关主张，法院不予支持。结合邱某曾在劳动仲裁庭审中认可“员工手册”版本确认的真实性，以及北京某通讯配件公司与邱某在双方签订的无固定期限的劳动合同中约定“‘员工手册’为该劳动合同的附件，与该劳动合同具有同等法律效力”的事实，可以认定北京某通讯配件公司有权依据“员工手册”对邱某进行管理。劳动者严重违反用人单位的规章制度的，用人单位可以解除劳动合同。邱某于2014年8月16日凌晨2：00的工作期间躺在车间的地上睡觉，虽然邱某主张其在此之前已经连续上了5个夜班，但其工作岗位执行综合计算工时制，夜班时间为当日19：00至次日7：00，故邱某在夜班时间以外的时间可以休息，其在工作时间躺在地上睡觉的行为明显不当，北京某通讯配件公司依据“员工手册”的相关规定作出与邱某解除劳动合同的决定，并向邱某送达解除劳动合同通知书的行为符合法律规定，邱某关于要求北京某通讯配件公司向其支付违法解除劳动合同赔偿金的诉讼请求，没有事实和法律依据，法院不予支持。

【法律风险提示与实务操作建议】

用人单位往往会依据规章制度行使用工自主权，而用人单位用工自主权合法的前提是其制定的规章制度应当合法有效。实践中，合法有效的规章制度应当具备以下条件：

1. 符合民主制定程序

《劳动合同法》对于规章制度的制定程序要求非常严格，规定了明确、具体的标准。其中第四条规定："用人单位在制定、修改或者决定有关劳动报酬、工作时间、休息休假、劳动安全卫生、保险福利、职工培训、劳动纪律以及劳动定额管理等直接涉及劳动者切身利益的规章制度或者重大事项时，应当经职工代表大会或者全体职工讨论，提出方案和意见，与工会或者职工代表平等协商确定。"

（1）规章制度范围。根据该条款文意理解，"规章制度"应做广义理解，即用人单位为管理劳动关系，在单位内部实施的规范劳动者义务、保障劳动者权利的全部行为准则，包括劳动合同管理制度、岗位职责制度、绩效考核制度、薪酬福利制度、考勤制度、休假制度、奖励与惩罚制度、培训制度等所有涉及劳动者切身利益的内容。

（2）程序要求。民主程序包括两个步骤，分别是讨论程序和协商确定程序。首先与全体职工或职工代表讨论规章制度草案，全体职工或职工代表可提出方案和意见。草案确定后，与工会或职工协商确定规章制度文本。如果企业与职工或工会经过平等协商程序无法达成一致，最后的决定权仍然在用人单位手中，劳动者可以依据《劳动合同法》第八十条寻求救济。

2. 内容合法合理

内容合法是指用人单位的规章制度内容应当符合法律规定。《劳动合同法》第四条规定，企业规章制度应当依法制定，所依法律应当包括所有的法律、法规、规章，包括宪法、法律、行政法规、地方法规、行政规章。如相抵触，相应抵触部分无效。对于某事项，如果法律有明文规定，用人单位可以在此基础上制定出符合本单位实际情况的细化、具体的规章制度；若没有规定，可依据劳动法律立法的基本精神以及公平合理原则制定相应的规章制度。

规章制度内容合法是基本要求。此外，一个好的规章制度还应当从本单位实际出发，具备合理性和较强的操作性。合理性的判断当然很难找到具体标准，需要根据用人单位具体情况予以区别分析。操作性强则必须要求细化、标准化，切不可仅使用严重违纪、不能胜任工作、严重失职等模糊概念，否则一旦发生劳动纠纷，需要依靠规章制度应对诉讼时，多而全、但并无实际操作性的规章制度将很难发挥作用。

3. 有效公示或送达

《劳动合同法》第四条规定，用人单位应当将直接涉及劳动者切身利益的规章制度和重大事项决定公示或告知劳动者。用人单位内部规章制度必须向适用人员公示，否则对相关员工不具有约束力。

法律并未规定如何公示规章制度，即没有要求具体的公示方式。虽然公示的方法很多，有些做法也高效便捷，却很难有效防范法律风险，如发送电子邮件等，类似做法用人单位很难举证证明。比较可行且稳妥的公示方式是发放员工手册和对员工进行培训，即将企业的规章制度汇编成册，请劳动者入职时签收，确认已知悉该规章制度全部内容并同意遵守，并组织劳动者对规章制度内容进行学习、考核。

上述案件中，北京某通讯配件公司的规章制度制定符合民主程序，内容不违反法律强制性规定，且向劳动者进行了有效送达，故用人单位可以据此行使相应的用工自主权。同时，北京某通讯配件公司将严重违反公司规章制度的情形进行了细化，明确了劳动者严重违反公司规章制度的具体情形，这就从根本上解决了处理依据的问题。通过这个案例可以看出，对于“严重违纪”“不能胜任工作”“严重失职”等《劳动合同法》规定的原则性的概念，用人单位完全可以通过相关制度的完善和标准的细化，在法律允许的范围内实现更大的用工自主权。

【法规链接】

《中华人民共和国劳动合同法》第四条

《最高人民法院关于审理劳动争议案件适用法律问题的解释（一）》（2020年12月29日）第五十条

第四章
劳动合同变更的法律风险与实务操作

劳动合同履行过程中，无论因用人单位生产经营需要还是由于劳动者身体客观情况，出现需要调整劳动者工作岗位、薪资待遇的情形都是正常的，法律对于劳动合同变更适用的情形、程序及单方变更权均作出了限制性规定。

一、 协商一致变更劳动合同

1. 书面变更劳动合同

一般情况下变更劳动合同，首先要求书面协商一致。《劳动合同法》第三十五条规定："用人单位与劳动者协商一致，可以变更劳动合同约定的内容。变更劳动合同，应当采用书面形式。变更后的劳动合同文本由用人单位和劳动者各执一份。"

由于合同履行过程中协商变更存在无法达成一致的风险，用人单位可以通过劳动合同约定变更的条件和情形。但这种约定必须明确和具体，才能够合法有效。

2. 口头变更劳动合同

除书面达成一致外，法律另外规定了实际履行达成的变更。即虽未通过书面形式达成一致，但已经实际履行了口头变更的劳动合同超过一个月，且变更后的劳动合同内容不违反法律、行政法规、国家政策以及公序良俗的，该调岗行为有效。无论书面变更还是口头变更，协商一致均是基础和前提。一般认为，虽未书面约定，但双方实际就变更内容已履行一个月即一个工资支付周期的行为事实，应当视为协商一致调岗合意的表达。

【疑难问题】

劳动者与用人单位变更劳动合同未采用书面形式，但已经实际履行的，应如何处理？

【裁判规则】

变更劳动合同未采用书面形式，但已经实际履行了口头变更的劳动合同超过一个月，且变更后的劳动合同内容不违反法律、行政法规、国家政策以及公序良俗，当事人以未采用书面形式为由主张劳动合同变更无效的，人民法院不予支持。

【典型案例】 董某与某传媒公司劳动争议一案

基本案情

董某于2008年2月14日入职某传媒公司担任执行副总裁。双方签订了2008年2月14日至2013年2月13日的高级管理人员雇佣合同，月工资标准为30 000元，2009年8月起调整为26 000元。2010年10月，董某月工资降至20 000元。董某称某传媒公司无故降薪，未经其同意。某传媒公司则主张降薪已经取得董某同意，并就其主张提交了2011年2月至2012年2月工资发放明细。董某对工资表真实性没有异议。2012年12月20日，董某以某传媒公司欠付工资为由提出解除劳动关系并提起仲裁申请，要求某传媒公司支付降薪前后工资差额。仲裁委作出裁决后双方对裁决结果均不服，起诉至法院。

裁判理由与结果

一审法院经审理认为，关于董某的工资变动情况，某传媒公司提交的证据显示自2010年10月起包括董某在内的5人均下调了工资标准，董某对此虽不认可，但未提交反证；2010年10月至2012年12月20日董某提出解除劳动关系，其间长达两年多时间，没有证据表明董某在此期间就降薪到20 000元向某传媒公司提出过异议。双方虽未采取书面形式，但实际已经变更了董某的工资标准到20 000元，且实际履行时间长达2年，因此对董某有关变更工资标准至20 000元未获得其同意的主张不予采纳。董某不服，提起诉讼。二审法院最终判决驳回上诉，维持原判。

【法律风险提示与实务操作建议】

用人单位与劳动者变更劳动合同一般应采用书面形式。符合下列条件的，虽然双方没有采用书面形式，但法律仍认定变更行为有效：双方协商一致；变更过的劳动合同实际履行超过一个月；不违反法律、行政法规、国家政策以及公序良俗。除审查合法性之外，在审判实践中，法院审查重点是变更劳动合同能否视为双方真实意思表示。

一般认为，双方的实际履行行为达到一定期限，能够表现并被认为双方之间的劳动合同变更确已达成合意。实务中，为了避免发生争议，还是建议用人单位和劳动者通过书面形式变更劳动劳动，即便当时不便订立劳动合同，事后也应当及时订立，或通过电话、短信、邮件等其他方式确定劳动者与用人单位就变更劳动合同事宜达成一致，并应注意留存相关证据。

【法规链接】

《中华人民共和国劳动合同法》第三十五条

《最高人民法院关于审理劳动争议案件适用法律问题的解释（一）》（法释〔2020〕26号）第四十三条

二、 用人单位单方变更劳动合同

根据法律规定，用人单位和劳动者协商一致是劳动合同变更的前提。但同时，为加强用人单位对劳动者在劳动过程中的组织管理自主权，法律补充规定了特定情况下，用人单位在符合法定条件和程序，并保证调岗合理性的前提下，可以不经劳动者同意而单方变更劳动合同。用人单位单方变更劳动合同主要涉及劳动者工作岗位和薪酬的调整。

1. 劳动者不胜任现有工作岗位

《劳动合同法》第四十条规定，劳动者不能胜任工作，经过培训或者调整工作岗位，仍不能胜任工作的，用人单位提前30日以书面形式通知劳动者本人或者额外支付劳动者1个月工资后，可以解除劳动合同。该条款实际上间接规定了在劳动者不能胜任现有岗位的情况下，用人单位有单方调岗的权利。“不能胜任工作”，一般指劳动者不能按照单位的岗位职责要求完成劳动合同约定的工作任务或者同工种岗位人员的工作量。判断依据通常是用人单位提交的岗位说明书、考评制度、考核记录等。调岗决定作出后，应当向劳动者送达调岗通知。

在符合法定条件和程序的同时，还应当注意调岗应当具备合理性，即前后岗位之间有一定的关联，并与劳动者的劳动能力、专业、技能等相适应。

2. 劳动者患病或非因工负伤，医疗期届满后不能从事原工作

劳动者患病或者非因工负伤，在规定的医疗期届满后不能从事原工作的，用人单位可以单方合理调整其工作岗位。此时同样应当注意调岗的合理性问题。一是不要将医疗期届满的劳动者调整到劳动强度或绩效标准更高的工作岗位上；二是如果前后岗位薪酬标准差别较大，应当尽量与劳动者协商一致解决。

以上两种情况发生时，用人单位有权单方变更劳动合同，如劳动者不同意变更劳动合同的，用人单位可解除与其订立的劳动合同并终止劳动关系。以上两种情况之外的理由，即部门取消、末位淘汰均不能成为用人单位单方调岗的合法理由。

用人单位对劳动者进行调岗，往往涉及薪酬的调整。调整薪酬也是用人单位的用工自主权之一，劳动法律法规允许用人单位就其内部的劳动者管理、工资报酬以及岗位与薪酬的挂钩等进行制度规定。如果用人单位存在岗位与工资报酬相对应的“定岗定薪”的内部制度规定，且这种规定是按照民主程序制定、不违反法律法规并已依法公告或告知劳动者的，该项制度规定对劳动者就有约束力，在人民法院审理劳动争议中可以作为裁决依据。需要注意的是，员工因不胜任被调整到新的岗位，其薪酬应当根据新岗位的标准确定，否则有违《劳动法》“同工同酬”的基本薪酬制度原则。

【疑难问题】

1. 用人单位单方调整劳动者工作岗位的，如何处理？

【裁判规则】

如果劳动合同约定了用人单位可以根据生产经营情况调整劳动者工作岗位，经审查用人单位证明生产经营情况已经发生变化，调岗属于合理范畴，应支持用人单位调整劳动者工作岗位。

双方未作约定，但用人单位有正当理由的，可以根据生产经营需要，合理地调整劳动者工作岗位。判断合理性应参考以下因素：用人单位经营必要性、目的正当性，调整后的岗位为劳动者所能胜任、工资待遇等劳动条件无不利变更。

用人单位与劳动者签订的劳动合同中明确约定工作岗位但未约定如何调岗的，在不符合《劳动合同法》第四十条所列情形时，用人单位自行调整劳动者工作岗位的属于违约行为；给劳动者造成损失的，用人单位应予以赔偿，参照原岗位工资标准补发差额。对于劳动者主张恢复原工作岗位的，根据实际情况进行处理。经审查难以恢复原工作岗位的，可释明劳动者另行主张权利，释明后劳动者仍坚持要求恢复原工作岗位，可驳回请求。

用人单位在调整岗位的同时调整工资，劳动者接受调整岗位但不接受同时调整工资的，由用人单位说明调整理由。应根据用人单位实际情况、劳动者调整后的工作岗位性质、双方合同约定等内容综合判断是否侵犯劳动者合法权益。

【典型案例】 张某与某航空公司劳动争议案

基本案情

张某系某航空公司职员，入职时间为1995年3月8日。2008年5月17日，双方签订无固定期限劳动合同书，劳动合同书第三条约定张某的具体岗位职责和工作要求按照某航空公司公布的相关标准执行，张某应认真履行岗位职责和工作要求，按时、按质、按量完成工作任务；第五条约定张某因技能、身体等因素达不到生产服务、工作质量、产量等指标导致不能胜任工作的，某航空公司可根据工作需要和张某的专业、特长、工作能力及表现调整工作岗位、级别及其劳动报酬；第七条对合同中“不能胜任工作”明确界定为“未能按照本合同第三条约定，履行岗位职责、达到工作要求，按时、按质、按量完成工作任务。”第二十六条至第二十八条对劳动合同的变更进行了明确约定。

2009年5月19日，某航空公司作出“关于张某定岗的通知”，内容为根据2008年年终考核结果，张某的考核成绩不合格，为不胜任职位要求人员，根据实际情况决定对张某重新定岗定级。张某不同意某航空公司的调岗决定，三次邮寄要求继续履行原劳动合同的申请书，某航空公司未予以回复。张某提起仲裁申请，要求某航空公司恢复原工作岗位并补发工资。仲裁委作出裁决后，张某不服诉至法院。

裁判理由与结果

法院认为，双方劳动合同对张某工作岗位、工作地点、劳动合同变更、不能胜任工作界定等内容进行了明确约定。某航空公司于2009年5月19日作出的“关于张某定岗的通知”系对双方签订劳动合同的条款进行了变更，符合劳动合同变更的约定条件及法定要件。某航空公司虽称，张某的业务知识与技能考核不合格，属于不胜任工作岗位的人员，其有权根据劳动合同约定调整张某的工作岗位及工资标准。但是，第一，某航空公司未能证明其进行年终考核所依据的相关文件向张某进行了公示，张某亦否认曾见过两份文件；第二，劳动合同书中对“不能胜任工作”明确界定为“未能按照本合同第三条约定履行岗位职责、达到工作要求，按时、按质、按量完成工作任务”，某航空公司仅依据一次书面考试成绩认定张某为不能胜任工作人员并对张某进行重新定岗定级，违反双方约定及法律规定。因此，某航空公司调岗调薪行为不符合法律规定，某航空公司应与张某继续履行劳动合同约定内容并恢复其相应工作岗位。

【法律风险提示与实务操作建议】

由于岗位和薪酬调整涉及企业的经营管理自主权范畴，应允许用人单位基于业务经营变化或提升员工业务能力等需要，在特定情形下合理调整劳动者的工作岗位，这属于用人单位的用工自主权范畴，法院不宜介入审查。但在劳动者岗位的调整导致劳动合同的内容发生变更、引发双方权利义务失衡且劳动者有异议时，按照我国劳动法规定的劳动合同变更应经双方协商一致的原则，法院则有权实体审查用人单位调整劳动者的岗位是否具有合理性。合理性审查可考虑以下五个方面：

第一，调岗调薪是否为企业经营所必需。用人单位为了企业经营的客观需要可以进行必要的调整，此种需要既包括企业内部经营状况或经营方针，也包括企业经营的客观环境和市场状态。

第二，调岗调薪是否符合劳动者的工作技能。用人单位对劳动者岗位和薪酬的调整应根据劳动者的个人能力、长期工作表现、工作岗位是否为劳动者体能或技能所能胜任等方面进行。

第三，调岗调薪是否违反劳动合同约定。用人单位对劳动者进行调整的前提要符合劳动合同的约定，不能违反劳动合同的明确约定，也不能违反劳动合同签订的基本精神，且应符合劳动合同变更的形式要求。

第四，调岗调薪的幅度是否明显不合理。用人单位对于劳动者的薪资报酬和工作条件不能作出明显不利的变更，如工作地点调换不同城市、薪资报酬大幅降低、劳动条件不能达到工作岗位基本要求等方面。

第五，调岗调薪所依据的考核标准是否存在刻意针对性。用人单位不能为了达到对某一名劳动者进行调整的目的而有针对性地设置一些考试考核，其所进行的考试考核应具有一定的普适性和常规性。

因此，实务中用人单位与劳动者在订立劳动合同时，应当注意在劳动合同中约定概括调岗权条款。在用人单位基于生产经营需要而调整劳动者岗位的，应当注意及时与劳动者沟通，听取其调岗意见；调岗后的工作岗位应当不会给劳动者生活带来实质不便，对于调岗后给劳动者生活确实带来极大不便的，应当提供交通补贴或其他补助措施等。

本案中，某航空公司依据考核成绩认定张某为“不胜任职位要求人员”而调岗调薪，从表面来看是在行使经营自主权，但某航空公司最终被认定为违法，原因正是在于其调岗调薪行为不具有合理性。首先，某航空公司认定张某不能胜任工作的理由不具备合理性。张某在某航空公司已工作超过 15 年，工作表现一直良好并不断得到晋升，双方签订了无固定期限的劳动合同，公司未能证明张某多年工作中曾存在不能胜任的情况，却仅以一次年底书面考核成绩不合格为由调岗，且未证明此次考核的特殊性，与张某长期工作的实际情况并不一致。其次，从薪酬调整的幅度看，岗位进行调整后张某的月工资标准由 5 000 多元降至 800 元，显然已构成了对劳动者薪酬的重大不利变更，该变更幅度显然不具有合理性。最后，从调岗调薪的程序看，因不符合用人单位可以单方变更劳动合同的法定情形，本案只能采取双方协商一致变更的途径，但某航空公司对张某调岗调薪并未与张某进行协商或签订书面变更协议，即未依法履行与张某进行协商的法定程序。因此张某要求某航空公司恢复原工作岗位、双方继续履行劳动合同的诉讼请求应予以支持。

【法规链接】

《中华人民共和国劳动合同法》第三十五条、第四十条

《最高人民法院关于审理劳动争议案件适用法律问题的解释（一）》（法释〔2020〕26 号）第四十三条

2. 用人单位能否以在劳动合同中约定的工作地点宽泛为由，任意调整劳动者工作地点或岗位？

【裁判规则】

用人单位与劳动者在劳动合同中宽泛地约定工作地点是“全国”“北京”等，如无对用人单位经营模式、劳动者工作岗位特性等的特别提示，属于对工作地点约定不明。劳动者在签订劳动合同后，已经在实际履行地点工作的，视为双方确定具体的工作地点。用人单位不得仅以工作地点约定为“全国”“北京”为由，无正当理由变更劳动者的工作地点。

用人单位与劳动者在劳动合同中明确约定用人单位可以单方变更工作地点的，仍应对工作地点的变更进行合理性审查。具体审查时，除考虑对劳动者的生活影响外，还应考虑用人单位是否采取了合理的弥补措施（如提供交通补助、班车）等。

【典型案例】李某与北京某销售公司劳动争议案

基本案情

李某于2012年3月7日入职北京某销售公司，在北京某销售公司湖南办事处任行政专员，双方在劳动合同书中约定工作地点为全国。2014年1月9日，北京某销售公司湖南办事处因故撤销，北京某销售公司通知李某到北京工作，双方就此未能协商一致发生纠纷，李某未再为北京某销售公司提供劳动。2014年3月7日，北京某销售公司以李某长期旷工，违反了“员工手册”及劳动合同的约定，向李某寄送了解除劳动合同通知书。李某对解除劳动合同通知书真实性没有异议，但表示公司湖南办事处已撤销，没有工作地点，不能继续办公。

2014年3月3日，李某向劳动人事争议仲裁委员会申请仲裁，要求北京某销售公司支付其解除劳动合同经济补偿金。仲裁委裁决驳回李某的仲裁请求。李某不服，遂诉至法院。

裁判理由与结果

法院审理后认为，虽然双方劳动合同约定工作地点是全国，但李某系湖南籍人，入职时工作地点亦在北京某销售公司的湖南办事处；北京某销售公司在湖南的办事处因故于2014年1月撤销，北京某销售公司要求李某到北京工作，此属于双方劳动合同订立时所依据的客观情况发生重大变化，致使劳动合同无法履行，双方就此未能协商一致，北京某销售公司应向李某支付解除劳动合同的经济补偿金。

【法律风险提示与实务操作建议】

工作地点的变更意味着工作环境、工资收入、亲友关系、家庭生活的变更，因而对劳动者来说意义重大。很多用人单位出于管理便利性等因素考虑，特别是在不同城市具有多家连锁店、分店的用人单位，倾向于将工作地点模糊化，如约定“公司办公场所”“公司及其下属各分支机构”“北京”“上海”等情况非常普遍。《劳动合同法》将工作地点确定为劳动合同必备条款之一，目的正是为了防止用人单位利用其强势地位损害劳动者权益。

一般认为，用人单位有权单方变更劳动者的工作地点，但应当受到双方劳动合同的约束。在案件审理中，不仅要审查劳动合同如何约定，还要查明工作地点变更过程中及变更后，用人单位是否存在不合理、不合法行为，不应一概否认当事人自主约定工作地点的法律效力，而是应当在用人单位自主用工权和劳动者自主择业权之间平衡裁判。因此，建议劳动合同中的工作地点应当明确、固定，若确有需要，也应根据自身业务特点和岗位特殊性，约定一个尽量合理的流动工作地点的范围，至少细化到城市，并要求劳动者书面予以确认。

【法规链接】

《中华人民共和国劳动合同法》第三十五条、第四十条

《最高人民法院关于审理劳动争议案件适用法律问题的解释（一）》（法释〔2020〕26号）第四十三条

第五章
企业年休假制度的法律风险与实务操作

年休假，即带薪年休假，指劳动者每年享有的保留工作和工资的连续休假。《劳动法》明确规定，“国家实行带薪年休假制度。劳动者连续工作一年以上的，享受带薪年休假。”《职工带薪年休假条例》（以下简称《年休假条例》）、《企业职工带薪年休假实施办法》（以下简称《实施办法》）对带薪年休假制度做了全面细化规定，明确了劳动者享受年休假条件、法定天数等。用人单位可以规定比法定天数长的年休假制度，即福利性年休假。

一、 带薪年休假条件

1. 连续工作满 12 个月

根据《年休假条例》和《实施办法》的规定，劳动者需连续工作满 12 个月，方能享受年休假。具体而言，对于首次参加工作的劳动者，入职用人单位连续工作满 12 个月后享受年休假。对于其他劳动者，因“职工连续工作满 12 个月”既包括职工在同一用人单位连续工作满 12 个月，也包括在不同用人单位连续工作满 12 个月，故只要劳动者能够举证证明其在入职新的用人单位之前曾经有连续工作满 12 个月的经历，则不论该段工作经历是否与新的用人单位的工作经历连续，劳动者均可在入职新的用人单位后即享受年休假。

判断劳动者是否符合“连续工作满 12 个月”可根据劳动者的工资支付记录、社保缴费记录、档案记载、离职和入职手续等进行综合判断，按月计算。

2. 不享受当年年休假的情形

劳动者存在下列情形之一的，不享受当年的年休假：

（1）职工依法享受寒暑假，其休假天数多于年休假天数的；

（2）职工请事假累计20天以上且单位按照规定不扣工资的；

（3）累计工作满1年不满10年的职工，请病假累计2个月以上的；

（4）累计工作满10年不满20年的职工，请病假累计3个月以上的；

（5）累计工作满20年以上的职工，请病假累计4个月以上的。

需要注意的是，如果劳动者已经享受当年年休假，年度内又出现上述第（2）项至第（5）项情形之一的，则不能享受下一年度的年休假。同时法律规定，职工依法享受的探亲假、婚丧假、产假等国家规定的假期以及因工伤停工留薪期间不计入年休假假期。

二、 年休假的计算方法

1. 一般情况下，累计工作时间确定年休假天数

根据《年休假条例》的规定，劳动者累计工作已满1年不满10年的，年休假5天；已满10年不满20年的，年休假10天；已满20年的，年休假15天。劳动者在同一或不同用人单位工作期间，以及依据法律、行政法规或国务院规定的视同工作期间，应合并为“累计工作时间”。据此，劳动者年休假天数确定的依据是其工龄，而非在现单位工作时间，且工作时间可以间断。例如，王某在甲单位工作9年，然后休息1年，之后进入乙公司2年，那么王某的累计工作时间应当为9年加上2年共计11年，其在乙公司的年休假天数应当按照11年确定。

2. 特殊情况下，年休假天数按照比例折算

对于用人单位新进员工、离职员工来说，由于在本单位连续工作不足12个月，年休假天数的确定存在特殊性。

（1）新入职员工。劳动者新入职用人单位，连续工作满12个月的，当年度年休假天数按照在新用人单位剩余日历天数折算确定，折算后不足1年的不享受年休假。即年休假天数＝（当年度在本单位剩余日历天数÷365）×劳动者全年应当享受的年休假天数。需要注意的是，计算剩余日历天数的起算时间，并不是劳动者入职时间，而是其连续工作满12个月的次日。

举例来说，李某2018年7月1日入职甲公司，2018年9月1日跳槽至乙公司，中间工作时间没有间断，那么到2019年6月30日，李某已连续工作满12个月，自2019年7月1日起李某可以享受年休假。李某2019年度的年休假天数为：2019年7月1日至12月31日的日历天数÷365）×5。

（2）离职员工。劳动者解除或终止劳动合同，当年度年休假天数按照在本单位当年已工作时间折算确定，折算后不足1天的部分不享受年休假。具体折算方法为：年休假天数 =（当年度在本单位已过日历天数 ÷ 365）× 劳动者全年应当享受的年休假天数。

用人单位应当根据生产、工作情况并考虑劳动者本人意愿，统筹安排劳动者休年休假。年休假在1个年度内可以集中安排，也可以分段安排，但一般不得跨年度安排。因生产、工作特点等有必要跨年度安排职工休年休假的，可以跨1个年度安排。

三、未休年休假工资

如果用人单位未安排年休假，或安排年休假天数少于应休天数的，应在本年度内对劳动者应休未休的年休假天数，按其日工资收入的300%支付年休假工资报酬，其中包含用人单位支付的正常工作期间的工资报酬。计算基数为日工资收入，即用劳动者前12个月扣除加班工资后的月平均工资除以计薪天数21.75天。如果劳动者在该用人单位工作不满12个月，按实际月份计算月平均工资。

需要注意的是，用人单位补发未休年休假工资，并不是按照3倍计算，而是应当按照2倍计算，因为其中的1倍系正常工资，用人单位在正常支付工资报酬时已经予以发放。

四、福利性年休假

法定年休假系法律规定的劳动者带薪年休假的最低天数，用人单位规定的比法定年休假天数长的年休假，为福利性年休假。实践中，许多用人单位在法律规定的基础上根据劳动者级别确定年休假天数，由于级别与工龄不完全挂钩，很多劳动者工龄虽短，年休假天数可以远大于法定天数。一旦发生争议，超出法定年休假部分的福利性年休假如何补偿，成为难解的问题。

根据《实施办法》的规定，劳动合同、集体合同约定的或者用人单位规章制度规定的年休假天数高于法定标准的，用人单位应当按照有关约定或者规定执行。因此，用人单位应当根据自身情况，及时对福利性年休假的工资补偿标准、申请休假流程、应休未休等作出专门规定。在规定休假流程时，明确区分法定年休假和福利性年休假的请假顺序，规定应先休法定年休假、再休福利性年休假。

【疑难问题】

1. 哪些情形下，用人单位可以主张劳动者不应享受年休假?

【裁判规则】

劳动者如有以下情形之一，不享受当年度的年休假：依法享受寒暑假，其休假天数多于年休假天数的；请事假累计 20 天以上且单位按照规定不扣工资的；累计工作满 1 年不满 10 年的劳动者，请病假累计 2 个月以上的；累计工作满 10 年不满 20 年的劳动者，请病假累计 3 个月以上的；累计工作满 20 年以上的劳动者，请病假累计 4 个月以上的。

司法实务中，对于长期待岗等较长期间未向用人单位提供实际劳动情形的，一般亦认为不应享受当年度年休假。

【典型案例】 邢某与某传媒公司劳动争议案

基本案情

2007 年 4 月，邢某入职某传媒公司，双方先后签订 4 份劳动合同，劳动合同期限均不满一年，并对月工资标准与生产任务不足待工期间的月生活费进行了约定。双方于 2010 年 5 月解除劳动关系。邢某向劳动与人事争议仲裁委员会提起仲裁，要求某传媒公司支付其未休年休假工资。某传媒公司称，公司主要业务是为中央电视台音像资料提供编目服务，基于业务性质，与邢某签订的均为以完成一定工作任务为期限的劳动合同，先后签订的多份劳动合同履行期限皆不满一年，故邢某不存在连续工作满 12 个月的情形，不应当享受带薪年休假。仲裁委作出裁决后，邢某表示不服，诉至法院。

裁判理由与结果

法院经审理认为，邢某主张某传媒公司支付未休年假工资应以其在该公司工作满一年为前提。本案中，某传媒公司与邢某于 2008 年及 2009 年签订的劳动合同期限均不足一年，且劳动合同中约定当某传媒公司因生产任务不足使邢某待工的，某传媒公司向邢某支付生活费。邢某在仲裁期间的申请请求系向某传媒公司要求 2009 年 1 月及 2 月的生活费差额，据此可以确认该期间邢某在某传媒公司系待岗状态，在待岗期间邢某无须向某传媒公司提供劳动，故邢某要求某传媒公司支付 2008 年及 2009 年的未休年假工资缺乏依据，法院不予支持。因双方于 2010 年 5 月解除劳动关系，邢某 2010 年工作期间亦不符合享受带薪年休假的条件，故某传媒公司无须支付刑某 2010 年年休假工资。

【法律风险提示与实务操作建议】

带薪年休假的两个本质特征，一是不工作，二是带薪。劳动合同约定的期限在一年以上的，如果用人单位安排劳动者待岗，劳动者是否还享有带薪年休假的权利？对此，学术界和实务界有不同观点。本人倾向于认为，若确因用人单位生产经营暂时困难等原因安排劳动者短期待岗，待岗期间劳动者一般是不提供劳动的，这符合带薪年休假的第一个本质特征。如果用人单位在劳动者短期待岗期间，根据法律规定全额支付了待岗工资的，那么实际上这种情形的待岗就已经符合了带薪年休假的两个实质要件，此时用人单位可以不再安排劳动者带薪年休假，劳动者也不能再主张未休年休假工资。

【法规链接】

《职工带薪年休假条例》第三条、第四条

2. 未休年休假的仲裁时效应当如何认定？

【裁判规则】

对劳动者应休未休的年休假天数，单位应当按照该职工日工资收入的300%支付年休假工资报酬。劳动者要求用人单位支付其未休带薪年休假工资中福利补偿（仅200%部分）诉请的仲裁时效期间应适用《劳动争议调解仲裁法》第二十七条第一款的规定，劳动争议申请仲裁的时效期间为一年。仲裁时效期间从当事人知道或者应当知道其权利被侵害之日起计算。考虑年休假可以集中、分段和跨年度安排的特点，故劳动者每年未休带薪年休假应获得年休假工资报酬的时间从第二年的12月31日起算。

【典型案例】 芮某与北京某物业公司劳动争议案

基本案情

芮某在北京某物业公司担任保安员，月工资1890元。芮某在北京某物业公司最后工作至2017年4月6日。2015年1月至2017年4月6日芮某未休年假。芮某主张每年应享受5天年休假。2017年4月11日，芮某向劳动人事争议仲裁委员会申请仲裁，要求北京某物业公司支付2013年12月15日至2017年4月7日20天未休年假工资。仲裁委作出裁决后，芮某表示不服，诉至法院。

裁判理由与结果

法院认为，劳动报酬系劳动者付出劳动所获得的对价，而未休年假工资系对劳动者未休年休假给予的补偿，不属于劳动报酬范畴，故应适用《中华人民共和国劳动争议调解仲裁法》第二十七条第一款规定，劳动争议申请仲裁的时效期间为一年。芮某于2017年4月11日提起劳动仲裁申请，从提出劳动仲裁申请之日起算，芮某主张的2013年12月20日至2014年12月31日未休年假已超过申请仲裁的时效期限，对其要求2013年12月20日至2014年12月31日未休年休假工资的请求，法院不予支持。关于2015年至2016年未休年假，北京某物业公司应支付芮某2015年1月1日至2016年12月31日未休带薪年休假工资。至于北京某物业公司关于2016年年假可于2017年安排的抗辩意见，根据《企业职工带薪年休假实施办法》第九条的规定，其未提交征得职工本人同意的证据，故法院对该抗辩意见不予采纳。关于2017年未休年休假工资一节，鉴于双方劳动关系尚未解除，故对芮某关于2017年未休年假工资的请求不予支持。

【法律风险提示与实务操作建议】

劳动者要求用人单位支付其未休带薪年休假工资中的200%属于法定补偿，性质上不应认定为劳动报酬，其诉请的仲裁时效期间应适用《劳动争议调解仲裁法》第二十七条第一款的规定，即劳动争议申请仲裁的时效期间为1年。仲裁时效期间从当事人知道或者应当知道其权利被侵害之日起计算。考虑年休假可以集中、分段和跨年度安排的特点，故劳动者每年未休带薪年休假应获得年休假工资报酬的时间从第二年的12月31日起算。

【法规链接】

《职工带薪年休假条例》第五条

《中华人民共和国劳动争议调解仲裁法》第二十七条

《北京市高级人民法院、北京市劳动人事争议仲裁委员会关于审理劳动争议案件法律适用问题的解答》第19条

3

第三编

解除和终止
劳动合同的法律风险及实务操作

第一章
解除劳动合同的法律风险及实务操作

劳动合同订立后、未全部履行前，由于某种原因导致劳动关系提前消灭，即为劳动合同解除。根据法律规定，劳动合同解除主要有用人单位与劳动者双方协商一致解除、用人单位单方解除和劳动者单方解除三种情形。

一、 用人单位与劳动者双方协商一致解除劳动合同

法律对于用人单位和劳动者双方协商一致解除劳动合同，没有规定任何条件和限制，只要双方解除劳动合同的合意在内容、形式及程序上合法即可。

【疑难问题】

1. 用人单位与劳动者双方协商一致解除劳动合同，用人单位是否需要向劳动者支付经济补偿金？

【裁判规则】

劳动者与用人单位双方协商解除劳动合同的，如果是用人单位向劳动者提出，且劳动者同意解除的，用人单位仍需要支付解除劳动合同的经济补偿金；如果因劳动者提出而双方协商一致解除劳动合同的，用人单位无须支付解除劳动合同的经济补偿金。

【典型案例】 李某与北京某公司劳动争议案

基本案情

2013 年 7 月 21 日，李某与北京某公司签订劳动合同，工作岗位为总经理。北京某公司主张劳动合同无效，并称系由李某提出双方协商一致解除劳动合同，且双方无任

何劳动纠纷。为证明其主张，北京某公司提交其持有的劳动合同，其中第 3 页中最下方显示手写内容："应乙方离职请求，甲乙双方经协商一致，同意共同解除本合同。无任何解除合同相互间赔偿金、解约补偿及其他劳动纠纷。立即生效。12 月份工资以实际考勤为准发放。乙方保证解除合同后不得追究有关劳动合同的社保、个税、劳动合同补偿等。双方关系完结。2013 年 12 月 28 日。"显示有"李某"字样的签字。经鉴定，该签字不是李某本人书写。李某则主张由北京某公司提出双方协商一致解除劳动合同。

李某向劳动人事争议仲裁委员会申请仲裁，要求北京某公司支付解除劳动关系的代通知金、解除劳动合同的经济补偿金等。仲裁委裁决驳回李某的仲裁请求。李某不服，提起诉讼。

裁判理由与结果

法院认为，北京某公司主张劳动合同无效，但未明确无效原因亦未提交相关证据，故对此法院不予采信。关于劳动关系的解除，北京某公司主张系李某单方提出解除劳动关系，但未能提交证据予以证明，北京某公司虽不认可司法鉴定意见书的真实性，但未提交反证，故法院对李某关于由北京某公司提出双方协商一致解除劳动合同的主张予以采信。用人单位向劳动者提出解除劳动合同并与劳动者协商一致解除劳动合同的，用人单位应当向劳动者支付经济补偿金。故北京某公司应依法支付李某解除劳动关系的经济补偿金。

【法律风险提示与实务操作建议】

协商解除劳动合同的，一般由一方首先提出要约，另一方予以承诺，达成协议的，便视为劳动合同解除。协议解除劳动合同，是否还需要支付补偿金？答案需要区分两种情况。如果是劳动者首先提出提前解除劳动合同动议的，属于辞职性的协议解除，用人单位不必支付经济补偿金；但如果用人单位首先提出动议，要求提前解除劳动合同的，属于解雇性的协议解除，用人单位应当依法支付经济补偿金。

【法规链接】

《中华人民共和国劳动合同法》第三十六条、第四十六条

2. 劳动者与用人单位在劳动合同解除或终止时达成的一次性解决协议或无争议兜底条款，效力如何？

【裁判规则】

劳动者与用人单位就解除或者终止劳动合同办理相关手续、支付工资报酬、加班费、经济补偿或者赔偿金等达成的协议，不违反法律、行政法规的强制性规定，且不存在欺诈、胁迫或者乘人之危情形的，应当认定有效。前款协议存在重大误解或者显失公平情形，当事人请求撤销的，人民法院应予支持。

用人单位与劳动者就工伤保险待遇达成的协议在履行完毕后，劳动者以双方约定的给付标准低于法定标准为由，在仲裁时效内要求用人单位按法定标准补足差额部分的，应予支持。

当事人在劳动争议调解委员会主持下达成的具有劳动权利义务内容的调解协议，具有劳动合同的约束力，可以作为人民法院裁判的根据。当事人在劳动争议调解委员会主持下仅就劳动报酬争议达成调解协议，用人单位不履行调解协议确定的给付义务，劳动者直接向人民法院起诉的，人民法院可以按照普通民事纠纷受理。

【典型案例】 李某与北京某酒店公司劳动争议案

基本案情

李某2005年7月3日入职北京某酒店公司。2012年10月14日，双方签订无固定期限劳动合同。关于离职情况，双方均认可自2014年3月1日起李某未再上班，但对离职原因及情形双方各执一词。李某称，2014年2月25日，北京某酒店公司强迫其签署一份空白协议并收走，并口头告知其2014年2月28日以后不用再上班。北京某酒店公司则主张，因管理部门要求其停业整顿，公司要求停业期间员工不得在其他公司工作，否则将解除合同，而李某私自在外工作。在此情况下，双方于2014年2月25日协商一致解除劳动合同，并签订了劳动关系解除协议，并向李某支付了解除劳动合同经济补偿金3 450.2元。后李某提起仲裁，要求北京某酒店公司支付解除劳动合同补偿金等。仲裁委作出裁决后，李某表示不服，诉至法院。

裁判理由与结果

法院认为，首先，双方所签劳动合同中并无停业整顿期间劳动者不得在外工作的约定，且北京某酒店公司亦未提供证据证明其单位存在依法制定并送达劳动者的禁止停业整顿期间劳动者在外工作的规章制度。北京某酒店公司仅依据会议纪要内容认定李某存在过错，不同意支付经济补偿金的理由不充足。其次，北京某酒店公司因其自身原因停业整顿，并非劳动者存在过错导致停业，北京某酒店公司在未恢复经营、未要求李某到岗上班的情况下，要求劳动者不得在外工作的理由有失公允。最后，离职前李某已在北京某酒店公司工作近十年，北京某酒店公司仅按离职前月工资标准确定1个月工资作为李某应得补偿金，数额明显过低，存在显失公平的情形。故判定北京某酒店公司仍负有向李某支付解除劳动关系经济补偿金的义务。

【法律风险提示与实务操作建议】

对于经济补偿金到底能否由用人单位与劳动者协商确定，实务中曾经存在两种不同意见。《劳动争议司法解释（一）》（法释〔2020〕26号）第三十五条（原《劳动争议司法解释（三）》第十条）对上述问题作出了原则性规定，即“劳动者与用人单位就解除或者终止劳动合同办理相关手续、支付工资报酬、加班费、经济补偿或者赔偿金等达成的协议，不违反法律、行政法规的强制性规定，且不存在欺诈、胁迫或者乘人之危情形的，应当认定有效。前款协议存在重大误解或者显失公平情形，当事人请求撤销的，人民法院应予支持”。该条款在一定程度上明确了用人单位与劳动者达成的解除或终止劳动合同协议的法律效力，避免了一些劳动者恶意反悔引发的诉讼。用人单位在确保协议内容不存在合同无效情形的前提下，可以在合同中加入已明确告知劳动者的相关法律或政策标准，最大限度避免劳动者事后反悔的法律风险。

【法规链接】

《最高人民法院关于审理劳动争议案件适用法律若干问题的解释（二）》第十七条

《最高人民法院关于审理劳动争议案件适用法律问题的解释（一）》（法释〔2020〕26号）第三十五条

二、 用人单位单方解除劳动合同

非依法定事由和程序，用人单位不得单方解除劳动合同。根据《劳动合同法》及《实施条例》的规定，用人单位单方解除劳动合同的情形有两种：一是过错性解除劳动合同，即由于劳动者存在过错而单方解除劳动合同；二是非过错性解除劳动合同，即非因劳动者存在过错而单方解除劳动合同。

（一）过错性解除劳动合同

1. 过错性解除劳动合同的情形

根据《劳动合同法》第三十九条的规定，劳动者有下列情形之一的，用人单位可以解除劳动合同：

（1）在试用期间被证明不符合录用条件的；

（2）严重违反用人单位规章制度的；

（3）严重失职，营私舞弊，给用人单位造成重大损害的；

（4）劳动者同时与其他用人单位建立劳动关系，对完成本单位的工作任务造成严重影响，或者经用人单位提出，拒不改正的；

（5）因本法第二十六条第一款第一项规定的情形致使劳动合同无效的；

（6）被依法追究刑事责任的。

法律对上述六种过错情形仅做了原则性规定，用人单位需要通过内部规章制度以及劳动合同，将相应原则性的“严重失职”“严重违纪”“不符合录用条件”等予以具体和细化，以充分利用上述规定有效进行用工管理。

其中，上述第4种情形中，劳动者同时与其他用人单位建立劳动关系的，用人单位直接据此解除劳动合同受到严格限制。必须存在因劳动者从事第二职业给本单位造成重大损害，或者用人单位提出拒不改正的情形，此时用人单位才能解除劳动合同。第6种情形中，根据《关于贯彻执行〈中华人民共和国劳动法〉若干问题的意见》的规定，被依法追究刑事责任是指三种情况，分别是被人民检察院免予起诉的、被人民法院判处刑罚的、被人民法院根据《中华人民共和国刑法》第三十七条免予刑事处分的。因此，不能简单地根据劳动者是否被限制人身自由来判断是否属于第6种情形，而应当严格依据相关生效裁判文书，决定是否以此为由解除劳动合同。

2. 过错性解除劳动合同的适用范围

过错性解除劳动合同适用于用人单位全体员工，这一点与非过错性解除存在很大不同。过错性解除劳动合同同样适用于《劳动合同法》第四十二条规定的因处于医疗期、孕期、产期、哺乳期等享受特殊（解雇）保护的员工。相关人员只要存在以上6种情况之一，用人单位即可单方解除劳动合同。

3. 过错性解除劳动合同的程序

用人单位在解除劳动合同前，应当将解约理由通知工会。如果用人单位违反法律法规或劳动合同约定，工会有权要求用人单位改正。用人单位应当研究工会意见，并将处理结果书面通知工会。如果用人单位未通知工会，劳动者申请仲裁前已经补正了相关程序的，不构成违法解除。

在过错性解除情形下，用人单位无须提前通知劳动者。用人单位告知劳动者解除理由，并送达解除决定即可。

4. 过错性解除劳动合同的后果

用人单位无须支付经济补偿金，也无须提前通知劳动者。

（二）非过错性解除劳动合同

1. 非过错性解除劳动合同的情形

非过错性解除，是指劳动者不存在主观过错但基于某些客观原因，用人单位可以依法单方解除劳动合同。因此，法律对于非过错性解除设定了严格的解除条件和程序。根据《劳动合同法》第四十条的规定，有下列情形之一的，用人单位提前 30 天以书面形式通知劳动者本人或者额外支付 1 个月工资后，可以解除劳动合同：

（1）劳动者患病或者非因工负伤，在规定的医疗期满后不能从事原工作，也不能从事由用人单位另行安排的工作的；

（2）劳动者不能胜任工作，经过培训或者调整工作岗位，仍不能胜任工作的；

（3）劳动合同订立时所依据的客观情况发生重大变化，致使劳动合同无法履行，经用人单位与劳动者协商，未能就变更劳动合同内容达成协议的；

上述第 1 种、第 2 种情形中，对于医疗期届满或不能胜任工作的劳动者，用人单位不能仅凭一次不胜任工作或不能从事原工作的结论即解除劳动合同，而是应当安排调岗或培训，也就是说，对同一劳动者至少应当作出两次不胜任工作的结论才可解除劳动关系。第 3 种情形中，致使劳动合同无法履行的客观情况，是指发生不可抗力或出现致使劳动合同全部或者部分条款不能履行或不必要履行的重大情况，如自然灾害、企业改制等。如果客观情况发生变化并没有达到致使劳动合同无法履行的程度，则不能适用本条款解除劳动合同。

2. 非过错性解除劳动合同的适用范围

非过错性解除劳动合同并不适用所有劳动者。

根据《劳动合同法》第四十二条的规定，对于享受特殊解雇保护的劳动者，用人单位不得适用非过错性解除劳动合同。

（1）从事接触职业病危害作业的劳动者未进行离岗前职业健康检查，或者疑似职业病病人在诊断或者医学观察期间的；

（2）在本单位患职业病或者因工负伤并被确认丧失或者部分丧失劳动能力的；

（3）患病或者非因工负伤，在规定的医疗期内的；

（4）女职工在孕期、产期、哺乳期的；

（5）在本单位连续工作满 15 年，且距法定退休年龄不足 5 年的；

（6）法律、行政法规规定的其他情形。

3. 非过错性解除劳动合同的程序

除经过工会程序外，还应当提前 30 天以书面形式通知劳动者本人，或者额外支付 1 个月工资后，方能解除。提前 30 天书面通知属于法定程序，否则应当向劳动者支付 1 个月工资作为补偿，这 1 个月工资因而也被称作“代通知金”。代通知金标准为劳动合同解除前劳动者上 1 个月的工资金额。

4. 非过错性解除劳动合同的后果

用人单位应当按照劳动者在本单位工作年限支付经济补偿金。具体标准为：工作年限每满 1 年，支付 1 个月工资；6 个月以上不满 1 年的，按照 1 年计算；不满 6 个月的，支付半个月工资。“月工资”标准为劳动者在劳动合同解除或者终止前 12 个月的平均工资。

如果没有提前 30 天通知，应当向劳动者支付代通知金。

（三）经济性裁员

经济性裁员是指用人单位在濒临破产，进行法定整顿期间或生产经营状况发生严重困难的情况下，为改善生产经营状况而裁减人员。经济性裁员与非过错性解除劳动合同存在一定相似性，法律同样规定了严格的条件和程序。

1. 经济性裁员解除劳动合同的情形

根据《劳动合同法》第四十一条的规定，用人单位适用经济性裁员应当符合以下条件：

（1）依照企业破产法规定进行重整的；

（2）生产经营发生严重困难的；

（3）企业转产、重大技术革新或者经营方式调整，经变更劳动合同后，仍需裁减人员的；

（4）其他因劳动合同订立时所依据的客观经济情况发生重大变化，致使劳动合同无法履行的。

2. 经济性裁员解除劳动合同的范围

对于享受特殊解雇保护的劳动者，用人单位不得适用经济性裁员解除劳动合同。这一点与非过错性解除劳动合同的适用限制是一致的。

同时，法律还规定了优先留下的人员：

（1）与本单位订立较长期限的固定期限劳动合同的；

（2）与本单位订立无固定期限劳动合同的；

（3）家庭无其他就业人员，有需要扶养的老人或者需要抚养的未成年人的。

此外，比较非过错性解除，经济性裁员解除劳动合同还存在适用人数的限制，即需要裁减劳动者20人以上或者裁减不足20人但占企业职工总数10%以上，才能适用经济性裁员，否则只能按照一般解除劳动合同的方式进行。

3. 经济性裁员解除劳动合同的程序

由于涉及劳动合同批量解除，因而法律规定了比过错性解除、非过错性解除更为严苛的法定程序，否则将构成违法解除。

第一，提前30天向工会或全体劳动者说明裁员的理由、程序、人数、范围以及对被裁减人员的经济补偿等。

第二，认真听取工会或劳动者意见。

第三，向劳动行政部门报告裁员方案，包括被裁减人员名单、裁减时间、实施步骤、依据的法律法规规定、经济补偿办法等。

第四，由用人单位正式公布裁减人员方案，与被裁减人员办理解除劳动合同手续，并按照有关规定向被裁减人员支付经济补偿金。

4. 经济性裁员解除劳动合同的后果

首先，支付经济补偿金。

其次，优先录用被裁减的人员。用人单位裁减人员之后，在6个月内又重新招人的，应当通知被裁减的人员，并在同等条件下优先录用被裁减的人员。

【疑难问题】

1. 用人单位主张非过错性解除劳动合同和经济性裁员解除劳动合同的，应当注意什么？

【裁判规则】

用人单位主张非过错性解除劳动合同的，仲裁委员会或法院会依据用人单位主张的具体事由进行审查，具体如下：

（1）对于依据《劳动合同法》第四十条第一款情形解除劳动合同的，用人单位应举证证明劳动者在医疗期满后确不能从事原工作，也不能从事另行安排的工作，必要情况下应进行劳动能力鉴定。（注：此时用人单位应当举证证明其对劳动者另行安排工作的事实）

（2）对于依据《劳动合同法》第四十条第二款情形解除劳动合同的，用人单位应举证证明劳动者不能胜任工作，经过培训或者调整工作岗位，仍不能胜任工作。（注：此时用人单位应当举证证明其对劳动者培训或者调整工作岗位的事实）

（3）对于依据《劳动合同法》第四十条第三款情形解除劳动合同的，用人单位应举证证明以下事实：①劳动合同订立时所依据的客观情况发生重大变化，致使劳动合同无法履行；②经与劳动者协商，未能就变更劳动合同内容达成协议。

用人单位主张经济性裁员解除劳动合同：应举证证明企业确实存在《劳动合同法》第四十一条第一款规定的各种客观经济状况重大变化情形，证明并非针对个别劳动者以裁员名义解除劳动合同，而是需要裁减人员20人以上或者裁减不足20人但占企业职工总数10%以上。

【典型案例】张某与北京某航空公司劳动争议案

基本案情

张某原系北京某航空公司员工，担任结算员。双方签订了自2011年8月3日起生效的无固定期限劳动合同。张某最后出勤时间为2017年3月24日。张某主张北京某航空公司违法解除劳动合同。北京某航空公司主张因其经营发生严重困难，进行了经济性裁员，且已在裁员前30天向全体职工说明了情况且听取了员工的意见，裁员方案也已向劳动行政部门进行了备案，符合法律规定的程序。

北京某航空公司就其主张提交了八份证明。1. 收悉证明，载明“我科于2017年3月16日收到北京某航空服务有限公司交来‘企业实施裁减人员情况说明及裁减人员方案’（含适用法律依据、实施步骤、裁减时间、补偿标准、裁减名单）、‘北京某航空服务有限公司2017年第一次全体职工大会会议纪要’”，落款处盖有北京市朝阳区人力资源和社会保障局劳动关系科印章，落款时间为2017年3月16日；2. 企业实施裁减人员情况说明及裁减人员方案；3. 2017年第一次全体职工大会会议签到表，证明张某参加了会议；4. 2017年第一次全体职工大会会议纪要（会议日期为2017年2月24日）；5. 京国研税鉴字（2013）第02—021号鉴证报告及（2014）第02—079号鉴证报告，证明公司的生产经营发生严重困难，符合经济性裁员的法定条件；6. 2014 年度企业所得税汇算清缴鉴证报告书；7. 2015 年度企业所得税汇算清缴鉴证报告书；8. 2016 年度企业所得税汇算清缴鉴证报告书。

后张某向劳动人事争议仲裁委员会申请劳动仲裁，仲裁委裁决驳回张某仲裁请求。张某不服，诉至法院。

裁判理由与结果

法院经审理认为，根据北京某航空公司提交的鉴证报告，其生产经营发生困难，2012 年度至 2016 年度利润总额均为负值。根据会议纪要及收悉证明，2017 年 2 月 24 日北京某航空公司召开全体职工大会通报了拟进行经济性裁员的情况，2017 年 3 月 16 日将裁减人员方案等向劳动行政部门进行了报告，提前 30 天通知与张某解除劳动合同。张某虽主张鉴证报告无法证明北京某航空公司经营发生严重困难且北京某航空公司在开会过程中未提及公司经营困难及裁员情况，但张某未就其主张进行举证。北京某航空公司裁减人员程序并无不当，与张某解除劳动合同符合法律规定，无须支付张某违法解除劳动合同赔偿金。

【法律风险提示与实务操作建议】

无论非过错性解除劳动合同还是经济性裁员，一旦发生争议，都需要用人单位对其作出的解除劳动合同的合法性和合理性提交充分证据予以证明，未能提交充分有效证据证明其主张的，应当承担举证不利的法律后果。因此，用人单位需要在解除过程中处处留痕，保存好相关证据。

通过本案，还希望提示用人单位的是，过错性解除、非过错性解除、经济性裁员解除劳动合同，均包括对无固定期限劳动合同的解除。因此，用人单位大可不必对于无固定期限劳动合同过于担忧，想方设法逃避无固定期限劳动合同的签订，反而为此承担了不利的法律后果。

【法规链接】

《中华人民共和国劳动合同法》第四十条、第四十一条

《北京市劳动合同规定》第四十七条

2. 如何认定《劳动合同法》第四十条第三款规定的"劳动合同订立时所依据的客观情况发生重大变化"？

【裁判规则】

"劳动合同订立时所依据的客观情况发生重大变化"，是指劳动合同订立后发生了用人单位和劳动者订立合同时无法预见的变化，致使双方订立的劳动合同全部或者主要条款无法履行，或者若继续履行将出现成本过高等显失公平的状况，致使劳动合同目的难以实现。

下列情形一般属于"劳动合同订立时所依据的客观情况发生重大变化"：①地震、火灾、水灾等自然灾害形成的不可抗力；②受法律、法规、政策变化导致用人单位迁移、资产转移或者停产、转产、转（改）制等重大变化的；③特许经营性质的用人单位经营范围等发生变化的。

【典型案例】 宋某某与某销售公司劳动争议案

基本案情

宋某某于2010年3月25日入职某销售公司，工作地点在A超市。双方劳动合同约定，调整宋某某的工作岗位原则上应该经过宋某某、某销售公司双方协商一致，但某销售公司因生产经营服务需要，产业、产品结构调整及工艺规程、组织机构设置等情况发生变化需调动宋某某工作岗位时，宋某某应予接受。

2015年7月10日，某销售公司的经营策略发生调整，撤销了公司在A超市的所有销售柜台，此后一直安排宋某某待岗。2015年7月30日，某销售公司向宋某某邮寄送达了第一份工作安排通知书，通知书载明某销售公司要求宋某某于2015年8月4日起前往B超市工作，宋某某未在规定的时间报到；2015年10月10日，某销售公司再次向宋某某邮寄送达了第二份工作安排通知书，通知书载明某销售公司要求宋某某于2015年10月14日8：30前往C超市报到，宋某某仍未到岗。2015年10月19日，某销售公司向宋某某发送了解除劳动合同通知书，以宋某某2015年10月14日至16日连续旷工为由解除劳动关系。

2016年1月20日，宋某某向仲裁委提起仲裁，要求某销售公司支付违法解除劳动合同赔偿金等。仲裁委作出裁决后，宋某某、某销售公司对仲裁结果不服，均向法院提起诉讼。

裁判理由与结果

法院认为，某销售公司解除劳动合同的行为合法。首先，双方劳动合同约定，公司因生产经营服务需要，产业、产品结构调整及工艺规程、组织机构设置等情况发生变化需调动宋某某工作岗位时，宋某某应予接受。因此，在特殊情况下，某销售公司有单方调岗的权利。其次，某销售公司在作出解除劳动合同通知书之前，曾两次向宋某某发放工作安排通知书，尽到了应有的通知义务并走完了督促程序。最后，解除劳动合同通知书上认定的旷工时间亦无不当。综上，某销售公司作出的解除劳动合同通知书事实、制度、法律依据充分，系合法解除劳动合同。

【法律风险提示与实务操作建议】

用人单位适用“客观情况发生重大变化致使劳动合同无法履行”解除劳动关系，应当非常慎重。因为即便能够认定构成“客观情况发生重大变化”，也并不必然导致劳动合同无法履行。一旦发生争议，判断权被交给仲裁机构或法院，结果就有风险。

本案中的用人单位采取的解除方式就相当值得肯定。宋某某原有岗位被撤销，显然构成客观情况发生重大变化，但某销售公司并未直接以此为由解除劳动关系，而是前后两次通知宋某某岗位调整，并充分利用规章制度对其作出解除决定。处理过程既符合法律规定，也给双方留足了选择时间，有理有据有节，值得大家学习。本案例再一次说明，一套明确、具体、细化的规章制度，对于用人单位行使用工自主权具有至关重要的价值。

【法规链接】

《中华人民共和国劳动合同法》第四十条

《北京市高级人民法院、北京市劳动人事争议仲裁委员会关于审理劳动争议案件法律适用问题的解答》第12条

3. 对于用人单位主张无过错解除权的，应当分配举证责任？

【裁判规则】

用人单位依据《劳动合同法》第三十九条解除劳动合同的，应当对其作出的解除劳动合同的合法性和合理性（包括解除事实的存在和解除程序的合法）提交充分证据

证明，用人单位未能举证证明的，应当承担举证不能的法律后果，实践中往往会被认定构成违法解除劳动合同。

【典型案例】 赵某某与北京某软件公司劳动争议案

基本案情

赵某某于2010年4月12日入职北京某软件公司从事高级系统工程师工作。北京某软件公司称，赵某某连续两年将CPU购买指标转卖他人，共非法获利8000余元，且存在不配合调查的行为。故北京某软件公司以赵某某转卖优惠购买指标、严重违反规章制度为由，于2015年10月29日解除了与赵某某的劳动关系。赵某某认可公司主张的事实，但认为其行为属于帮朋友忙，北京某软件公司解除劳动合同的行为违法，应当支付违法解除赔偿金，并以此为由提起仲裁申请。仲裁裁决作出后，赵某某不服，提起诉讼。

裁判理由与结果

法院认为，北京某软件公司对于向赵某某提供的优惠购买其产品的指标，明确规定禁止转卖，对此赵某某是知悉的。赵某某违反规定将优惠购买指标转让他人，无法说明其与远在成都的购买人的关系，亦未能提交证据否认获利目的。因此，赵某某的行为构成利用职务之便牟取私利、损害北京某软件公司利益，违反了双方签订的劳动合同及“员工购买优惠计划”，亦不符合北京某软件公司《行为准则》《员工手册》等，且“员工购买优惠计划”中明确规定对于赵某某的此种行为，北京某软件公司有权解除劳动合同。故北京某软件公司依据上述文件与赵某某解除劳动合同，符合法律规定，属于合法解除。

【法律风险提示与实务操作建议】

用人单位依据《劳动合同法》第三十九条解除劳动合同的，应当注意对以下事实承担举证责任。

（1）主张在试用期间被证明不符合录用条件的，应举证证明其对劳动者入职岗位有明确的录用条件，且劳动者在试用期内经用人单位考核后确实不符合上述录用条件。

劳动者不符合录用条件的情况主要有以下情形：①劳动者违反诚实信用原则，对影响劳动合同履行的自身基本情况有隐瞒或虚构事实的，包括提供虚假学历证书、假身份证、假护照等个人重要证件；对履历、知识、技能、业绩、健康等个人情况说明与事实有重大出入的；②在试用期间存在工作失误的，对工作失误的认定以劳动法相关规定、用人单位规章制度以及双方合同约定内容为判断标准；③双方约定属于用人单位考核劳动者试用期不符合录用条件的其他情况。

（2）主张劳动者严重违反用人单位规章制度的，应就下列事实承担举证责任：用人单位存在规章制度；该规章制度系经民主程序制定并向劳动者公示或劳动者对此知晓；劳动者确实严重违反了上述规章制度的规定；用人单位有工会的，用人单位已事先将解除理由通知了工会。

即便在规章制度未作出明确规定、劳动合同亦未明确约定的情况下，如劳动者存在严重违反劳动纪律或职业道德的行为，用人单位可以依据《劳动法》第三条第二款的规定解除劳动合同。

（3）主张劳动者严重失职、营私舞弊，给用人单位造成重大损害的，应举证证明劳动者存在严重失职或营私舞弊的行为，且该行为确实给用人单位造成了严重的损失。

（4）建立了工会组织的用人单位单方解除劳动合同，但未按法定要求事先通知工会，劳动者以用人单位违法解除劳动合同为由请求用人单位支付赔偿金的，人民法院应予支持，但起诉前用人单位已经补正有关程序的除外。

【法规链接】

《中华人民共和国劳动合同法》第三十九条、第四十三条

《最高人民法院关于审理劳动争议案件适用法律问题的解释（一）》（2020年12月29日）第四十七条

4. 用人单位违法解除劳动合同的法律后果是什么？

【裁判规则】

用人单位违反法律规定解除劳动合同的，应当按照经济补偿标准的二倍向劳动者支付赔偿金。凡不具备用人单位单方解除劳动关系法定情形而解除劳动合同的，均属违法解除劳动合同。

用人单位违反法律规定解除或者终止劳动合同，劳动者要求继续履行劳动合同的，用人单位应当继续履行；劳动者不要求继续履行劳动合同或者劳动合同已经不能继续履行的，用人单位应当依照《劳动合同法》第八十七条的规定支付赔偿金。

【法律风险提示与实务操作建议】

用人单位单方解除劳动合同既应满足法定条件，也应当遵守法定程序。否则，将构成违法解除劳动合同。如果用人单位被认定为违法解除劳动合同，首先，由劳动者选择是否恢复劳动关系，若劳动者要求继续履行劳动合同，用人单位应当继续履行；如果劳动者不要求继续履行劳动合同，或劳动合同已经无法履行，用人单位应当按照二倍经济补偿金额支付劳动者违法解除劳动合同的赔偿金。

【法规链接】

《中华人民共和国劳动合同法》第四十七条、第四十八条、第八十七条

《中华人民共和国劳动合同法实施条例》第二十五条

5. 用人单位作出的解除决定被劳动仲裁委或人民法院依法撤销，劳动者主张上述决定作出后至仲裁或诉讼期间工资的，能否支持？

【裁判规则】

实践中，如果用人单位作出的处理决定仅因程序方面存在瑕疵而被依法撤销，劳动者要求用人单位按最低工资标准支付劳动者上述期间工资的，原则上应予支持。若用人单位的处理决定因在实体方面存在问题而被依法撤销，劳动者要求用人单位按劳动者正常劳动时的工资标准支付上述期间工资的，一般可以支持。

【典型案例】 余某与北京某公司劳动争议案

基本案情

2005 年 10 月 8 日，北京某公司与余某签订无固定期限劳动合同。2006 年 5 月 31 日，余某向公司提交了盖有某医院公章，由医师“黄某”开具的诊断证明书，日期为 2006 年 6 月 1 日。该诊断证明书的诊断及建议为：患者因“夜间失眠，入睡困难，神经衰弱”建议全休一个月。经公司同意后，余某自 2006 年 6 月 1 日至 30 日未去公司上班，病休一个月。同年 7 月 1 日，余某上班。7 月 6 日，该医院出具证明，医院并无医师“黄某”，证实余某向公司提交的诊断证明书属于无效证明。7 月 10 日，公司向余某发出解约通知，以余某提供虚假病假条、违反公司的商业道德行为准则和《员工手册》

为由，决定与余某解除劳动合同。

余某认为，其向公司请假时是在发病期间，其行为属于无效民事行为，不应对其行为后果负责，公司与其解除劳动合同属无效行为，侵犯了其合法权益，遂向劳动争议仲裁委员会申请仲裁，要求公司支付解除劳动合同赔偿金。仲裁委作出裁决后，余某对裁决不服，提起诉讼。

裁判理由与结果

法院经审理认为，余某在2006年5月31日向单位递交假病假证明时，处于轻躁狂状态，无民事行为能力，故余某对其提交假病假条行为的后果依法不应承担相应的法律责任。因此，撤销北京某公司2006年7月10日的解约通知，并按余某原工资标准支付余某2006年7月1日至10日的工资及25%的经济补偿金，同时按照上一年度本市在岗职工平均工资标准向余某支付2006年7月11日至2007年4月30日的工资。

【法律风险提示与实务操作建议】

《劳动合同法》第四十八条规定："用人单位违反本法规定解除或者终止劳动合同，劳动者要求继续履行劳动合同的，用人单位应当继续履行；劳动者不要求继续履行劳动合同或者劳动合同已经不能继续履行的，用人单位应当依照本法第八十七条规定支付赔偿金。"即劳动者有选择权，既可以要求继续履行劳动合同，也可以要求用人单位支付赔偿金。当劳动者要求继续履行劳动合同时，就会存在用人单位违法解除劳动合同期间的工资报酬要不要支付以及如何支付的问题。考虑到用人单位解除被撤销，双方劳动关系继续有效，用人单位应当支付一定的工资，工资标准则因解除决定被撤销的原因不一而不同，实践中有不同的观点，一般会结和用人单位解除决定被撤销的原因、劳动者的工资标准、工资构成以及双方过错程度等综合考虑。

【法规链接】

《工资支付暂行规定》第七条、第八条、第九条

《北京市高级人民法院、北京市劳动争议仲裁委员会关于劳动争议案件法律适用问题研讨会会议纪要》第24条

6. 用人单位违法解除或终止劳动合同，劳动者要求继续履行劳动合同的，如何处理？

【裁判规则】

劳动者要求继续履行劳动合同的，一般应予以支持。

在仲裁中发现确实无法继续履行劳动合同的，应做好释明工作，告知劳动者将要求继续履行劳动合同的请求，变更为要求用人单位支付违法解除劳动合同赔偿金等请求。如经充分释明，劳动者仍坚持要求继续履行劳动合同的，应尊重劳动者的诉权，驳回劳动者的请求，告知其可另行向用人单位主张违法解除劳动合同赔偿金等。如经释明后，劳动者的请求变更为要求用人单位支付违法解除劳动合同赔偿金等的，应当继续处理。

在诉讼中发现确实无法继续履行劳动合同的，驳回劳动者的诉讼请求，告知其可另行向用人单位主张违法解除劳动合同赔偿金等。

【典型案例】 辛某与某商贸公司劳动争议案

基本案情

2014 年 3 月 1 日，辛某与某商贸公司签订劳动合同，约定合同期自 2014 年 3 月 1 日至 2016 年 4 月 30 日，岗位为大区销售经理，即北二区的负责人，工作地点为北京。2014 年 12 月 17 日，某商贸公司向辛某发出协商变更劳动合同通知，以“受全球战略调整的影响，公司的业务划分作了相应调整，辛某所处的北二区销售部门被撤销，双方订立劳动合同时所依据的客观情况发生了重大变化，原劳动合同无法履行”为由，与辛某协商变更劳动合同，并提供了三个岗位（北区销售部销售主管，工作地北京，基本工资 16 000 元；北区销售部高级销售代表，工作地北京，基本工资 8000 元；北区销售部销售代表，工作地兰州，基本工资 5000 元）供辛某选择。2014 年 12 月 30 日，辛某向某商贸公司发出回复函，要求继续履行双方签订的劳动合同。2015 年 1 月 9 日，某商贸公司向辛某发出劳动合同解除通知书，以“双方订立劳动合同时所依据的客观情况发生重大变化，原劳动合同无法履行，与辛某协商变更劳动合同未果”为由，与辛某解除劳动合同。辛某遂向仲裁委申请仲裁，请求撤销劳动合同解除通知书，继续履行劳动合同。仲裁委审理后裁决某商贸公司支付辛某违法解除劳动合同赔偿金38 778 元；驳回辛某其他仲裁请求。双方均不服，分别起诉至法院。

裁判理由与结果

法院审理后认为，某商贸公司在撤销辛某所负责的北二区时，辛某的岗位为大区销售经理，月工资标准为22 662.42元，工作地点在北京。但某商贸公司与辛某协商变更劳动合同时提供的三个工作岗位的月工资标准均有大幅下降，且其中一个岗位的工作地在兰州。某商贸公司提供的工作岗位不利于辛某的工作生活安排。故劳动合同解除通知书予以撤销，双方应继续履行劳动合同。但双方劳动合同在本案诉讼中已到期终止，法院虽向辛某释明，但辛某仍坚持要求履行双方劳动合同，故对于辛某的诉讼请求法院予以驳回。在本案中，某商贸公司可不予支付违法解除劳动合同赔偿金。

【法律风险提示与实务操作建议】

用人单位违法解除或终止劳动合同的，应首先保护劳动者的合法劳动权益，以劳动关系“恢复原状”为原则，否则会造成用人单位反而从违法行为中获益的局面。同时，考虑到实际情况，应尊重劳动者对于是否继续履行劳动合同的选择权（上述案例即是该情况）。另外，在某些情况下，劳动合同客观上确实已经不能继续履行的，如原用人单位已经搬迁外地、原工作部分已经被撤销等，此时即使劳动者想继续履行劳动合同也失去了条件，为保证劳动者的合法权益，在仲裁或诉讼期间，有不同的处理方式。

【法规链接】

《中华人民共和国劳动合同法》第四十八条

7. 用人单位违法解除或终止劳动合同后，劳动者要求继续履行劳动合同的，哪些情形可以认定为“劳动合同确实无法继续履行”？

【裁判规则】

劳动合同确实无法继续履行主要有以下情形：①用人单位被依法宣告破产、吊销营业执照、责令关闭、撤销，或者用人单位决定提前解散的；②劳动者在仲裁或者诉讼过程中达到法定退休年龄的；③劳动合同在仲裁或者诉讼过程中到期终止且不存在《劳动合同法》第十四条规定应当订立无固定期限劳动合同情形的；④劳动者原岗位对用人单位的正常业务开展具有较强的不可替代性和唯一性（如总经理、财务负责人等），且劳动者原岗位已被他人替代，双方不能就新岗位达成一致意见的；⑤劳动者已入职新单位的；⑥仲裁或诉讼过程中，用人单位向劳动者送达复工通知，要求劳动者继续工作，但劳动者拒绝的；⑦其他明显不具备继续履行劳动合同条件的。

劳动者原岗位已被他人替代的，用人单位仅以此为由进行抗辩，不宜认定为“劳动合同确实无法继续履行”的情形。

【典型案例】张某与某科技服务公司劳动争议案

基本案情

张某于2013年2月20日入职某科技服务公司，双方签订自2013年2月20日起至2016年2月19日止的劳动合同。2013年7月9日，某科技服务公司人事经理向张某发送电子邮件，以张某技能达不到项目要求、工作不积极、不能胜任岗位工作为由解除了双方劳动关系。

张某提起仲裁申请，要求撤销解除劳动合同的决定，双方继续履行劳动合同。仲裁裁决作出后，某科技服务公司不服，起诉至法院。某科技服务公司主张，仲裁委员会作出裁决后，张某已经入职某软件公司，某软件公司委托的某人力资源公司自2013年11月起为其缴纳社会保险，并提交了社会保险查询结果作证。

裁判理由与结果

一审法院认为，某科技服务公司以张某不能胜任工作为由提出解除劳动合同，但未能提交充分有效的证据证明，某科技服务公司系违法解除张某的劳动合同；张某在仲裁阶段要求撤销某科技服务公司解除劳动合同决定，双方继续履行劳动合同并无不当。但根据社会保险的查询结果和法院向某软件公司调查核实的情况，张某在诉讼期间（2013年10月17日）已入职某软件公司，应视为张某自愿放弃履行与某科技服务公司的劳动合同，且此后张某与某科技服务公司的劳动合同亦不再具备履行条件。判决撤销某科技服务公司作出的解除劳动合同决定，双方继续履行劳动合同至2013年10月16日止。一审法院判决后，某科技服务公司与张某均不服一审法院判决，提起上诉。二审法院审理后，判决驳回上诉，维持原判。

【法律风险提示与实务操作建议】

关于如何认定“劳动合同确实无法继续履行的”情况，实务中有不同意见，各地法院也相应出台了不同的意见予以明确。《北京市高级人民法院、北京市劳动人事争议仲裁委员会关于审理劳动争议案件法律适用问题的解答》第9条通过列举方式明确可认定为“劳动合同确实无法继续履行”的六种情形外，另规定了兜底条款。这主要是考虑到实践中双方劳动合同解除或终止情况的复杂性，无法一一表述，例如对于某些特殊岗位，用人单位与劳动者之间虽不存在上述六种情形，但双方之间严重缺乏信赖基础，矛盾对立冲突激烈，继续履行将难以实现劳动合同目的，故该适用解答仍给仲裁庭和法院留有一定的自由裁量权，由其根据具体案件的情况予以综合评断。

【法规链接】

《中华人民共和国劳动合同法》第四十八条

《北京市高级人民法院、北京市劳动人事争议仲裁委员会关于审理劳动争议案件法律适用问题的解答》第9条

三、 劳动者单方解除劳动合同

劳动者主动离职，目的往往是跳槽。《劳动法》对劳动者主动离职规定了较为宽松的条件。一般情况下只需提前书面告知用人单位即可，法定特殊情形下则无须提前通知就能单方解除劳动关系，而两种方式都不需要用人单位的批准或同意。

（一）预告解除权

法律明确赋予劳动者辞职的权利。这种权利是绝对的，劳动者单方解除劳动合同无须任何实质条件，仅需要履行提前通知的义务。《劳动合同法》规定，劳动者提前30日以书面形式通知用人单位的，可以解除劳动合同；在试用期内提前3日通知用人单位的，可以解除劳动合同。需要注意的是，非试用期内的解除应当以书面形式通知，试用期内的解除则没有形式要求。

劳动者据此提出辞职，除双方协商一致外，剩余30日的合同履行期内，双方还应当按照劳动合同的约定正常履行，用人单位无权要求劳动者立即或提前离职。

如果劳动者自动离职，即未做任何告知或未说明原因就离职，用人单位依照法定方式履行了通知义务后劳动者仍不到岗的，用人单位有权对劳动关系做终结处理。履行通知义务的法定方式为书面通知其在规定时间内回单位报到或办理相关手续，该通知应当送达劳动者本人；本人不在的，交由其同住成年家属签收；直接送达有困难的，可以邮寄送达，挂号查询回执上注明的收件日期为送达日期；劳动者下落不明或上述方式均无法送达的，可以采用公告送达方式，即张贴公告或通过新闻媒体通知，自发出公告之日起经过30日即视为送达。

（二）即时解除权

即时解除劳动合同，是指在用人单位存在过错的情况下，劳动者无须遵循提前30天或试用期内提前3天的预告要求，即可通知用人单位单方解除劳动合同。根据《劳动合同法》及其《实施条例》的规定，用人单位有下列情形之一的，劳动者可以即时解除劳动合同。

（1）未按照劳动合同约定提供劳动保护或者劳动条件的；

（2）未及时足额支付劳动报酬的；

（3）未依法为劳动者缴纳社会保险费的；

（4）用人单位的规章制度违反法律、法规的规定，损害劳动者权益的；

（5）以欺诈、胁迫的手段或者乘人之危，使对方在违背真实意思的情况下订立或者变更劳动合同的；

（6）用人单位免除自己的法定责任、排除劳动者权利的；

（7）违反法律、行政法规强制性规定的；

（8）以暴力、威胁或者非法限制人身自由的手段强迫劳动者劳动的；

（9）违章指挥、强令冒险作业危及劳动者人身安全的；

（10）法律、行政法规规定劳动者可以解除劳动合同的其他情形。

以上第（8）种、第（9）种情形下，劳动者可以立即解除劳动合同，不需事先告知用人单位。其他情况下辞职的，劳动者需要事先告知用人单位，但法律未做告知时间要求。

（三）劳动者违反法律规定解除劳动合同的法律后果

根据《劳动合同法》第九十条的规定，劳动者违反本法规定解除劳动合同，给用人单位造成损失的，应当承担赔偿责任。根据《违反〈劳动法〉有关劳动合同规定的赔偿办法》第四条的规定，损失主要包括：用人单位为录用劳动者直接支付的费用，用人单位为劳动者支付的培训费用，对生产、经营和工作造成的直接经济损失，劳动合同约定的其他赔偿费用。用人单位应当对损失发生和损失后果承担举证责任。

需要注意的是，用人单位要求劳动者承担违法解除劳动合同的责任，需要同时满足两个条件：一是劳动者的行为构成违法解除，即未按照法定时间提前通知用人单位；二是劳动者违法解除确实给用人单位造成了损失。仅满足第一个条件，即劳动者未按法定时间要求提前通知用人单位的，法律并未规定劳动者因此应当承担的法律责任。

【疑难问题】

1. 劳动者因个人原因单方提出辞职的，用人单位能否以双方尚存其他纠纷为由限制其辞职？

【裁判规则】

双方劳动关系经劳动者单方面提出辞职而解除的，用人单位应当及时为劳动者办理离职和退工手续，否则将承担不利的法律后果。如果劳动者辞职时未办理工作交接，或双方仍有其他未了纠纷的，用人单位可通过仲裁或诉讼等法律途径主张自己的权利，但不能以此为由限制员工辞职。

【典型案例】 韩某与北京某航空公司劳动争议案

基本案情

韩某原为北京某航空公司飞行员。2013 年 11 月 23 日，韩某向北京某航空公司发出解除劳动合同通知书，要求北京某航空公司为其办理相关手续，出具解除劳动关系证明。北京某航空公司于 2013 年 11 月 25 日收到该解除劳动关系通知书。2014 年 3 月 21 日，韩某向仲裁委申请仲裁，要求确认双方之间的劳动关系已经解除，裁决北京某航空公司为其办理解除劳动合同手续，出具解除劳动关系证明，并依法移交其全部飞行技术履行档案、身体健康档案及人事档案、社会保险关系，裁决北京某航空公司赔偿其因延迟退工造成的经济损失。仲裁委作出裁决后，韩某及北京某航空公司均不服该仲裁裁决，起诉至法院。

裁判理由与结果

法院认为，韩某已就其解除劳动合同意思表示于 2013 年 11 月 23 日书面通知北京某航空公司，北京某航空公司于 11 月 25 日收到该通知，故双方劳动合同已解除。双方的劳动合同解除后，北京某航空公司应按照《中华人民共和国劳动合同法》第五十条及中国民航局的相关规定及时为韩某办理相关转移手续，故对韩某要求北京某航空公司为其出具解除劳动关系证明，办理人事档案、社会保险关系、空勤人员体检档案、飞行技术履历档案的转移手续的诉讼请求予以支持。关于韩某主张的延迟退工的经济损失，因依据不足，法院对此不予支持。

【法律风险提示与实务操作建议】

劳动者辞职，只要提前30天以书面形式通知用人单位即可，无须单位的批准或同意，劳动者的辞职权不应受到限制，用人单位也不能以其他问题为由限制其辞职。实务过程中，有些用人单位在与劳动者签订劳动合同时，可能会对劳动者的辞职权约定限制性条件，在劳动者主张辞职时，用人单位往往会依据劳动合同的限制性约定主张不同意劳动者辞职。司法实践中，法院往往会认定用人单位限制劳动者辞职权的约定应属无效。因此，用人单位与劳动者在订立劳动合同时，应当避免增设对劳动者辞职权限制的条款，否则会被法院认定为无效。

【法规链接】

《中华人民共和国劳动合同法》第三十七条

2. 劳动者主张即时解除权时，举证责任如何分配？

【裁判规则】

司法实践中，在劳动者主张用人单位存在《劳动合同法》第三十八条规定的情形时，举证责任一般按照以下原则分配：

（1）劳动者主张用人单位未及时足额支付劳动报酬为由解除劳动合同要求支付经济补偿金的，用人单位应就申请仲裁之日起倒推2年之内的工资支付记录承担举证责任。超出用人单位2年工资支付记录保存期限之外的，应由劳动者对其主张的情形承担举证责任。

需要注意的是，如果双方在劳动报酬的构成或者加班工资的计算基数等问题上存在分歧，引发用人单位未足额支付劳动报酬争议的，如果用人单位不存在“克扣”“无故拖欠”或“拒不支付”的主观恶意，则劳动者不能援引该条款要求用人单位支付经济补偿金。

此外，根据《北京市高级人民法院、北京市劳动争议仲裁委员会关于劳动争议案件法律适用问题研讨会会议纪要（一）》第32条的规定：劳动者以用人单位在《劳动合同法》实施前未及时足额支付劳动报酬为由，请求解除劳动合同并要求用人单位支付经济补偿金的，除符合《劳动争议司法解释（一）》（法释〔2020〕26号）第四十五条（原《劳动争议司法解释（一）》第十五条）规定的情形外，不予支持；符合第十五条规定的情形的，经济补偿金的支付按劳动者在用人单位的工作年限，每满1年发给相当于1个月工资的经济补偿金，工作时间不满1年的按1年的标准发给经济补偿金。

（2）劳动者以用人单位未依法缴纳社会保险费为由解除劳动合同要求支付经济补偿金，用人单位应举证证明其依法为劳动者缴纳了社会保险费，对于劳动者主张的经济补偿金能否支持，应当具体分析。

①劳动者提出解除劳动合同前 1 年内，因用人单位过错未为劳动者建立社保账户或虽建立了社保账户但缴纳险种不全情形的，劳动者以用人单位未依法为其缴纳社会保险为由提出解除劳动合同并主张经济补偿的，法院一般会支持劳动者主张。

用人单位已为劳动者建立社保账户且险种齐全，但存在缴纳年限不足、缴费基数低等问题的，劳动者的社保权益可通过用人单位补缴或社保管理部门强制征缴的方式实现，在此情形下，劳动者以此为由主张解除劳动合同经济补偿的，各地法院存在不同观点。就北京地区的司法实践来看，法院一般不支持劳动者主张。

②《劳动合同法》实施后，用人单位未按本市规定的险种为劳动者建立社会保险关系，劳动者请求解除劳动合同并要求用人单位支付经济补偿金的，应予支持，但经济补偿金支付年限应从 2008 年 1 月 1 日起开始计算。劳动者以用人单位未足额缴纳或欠缴社会保险费为由请求解除劳动合同并要求用人单位支付经济补偿金的，法院一般不予支持。

③未达到法定退休年龄的内退人员、停薪留职人员、下岗待岗人员、企业经营性停产放长假人员在退休之前与新用人单位建立用工关系，应按劳动关系处理，但对于新用人单位因客观原因不能为其缴纳社会保险，该劳动者以此为由提出解除劳动合同并要求经济补偿金的，法院一般不予支持。

④劳动者要求用人单位不缴纳社会保险，后又以用人单位未缴纳社会保险为由提出解除劳动合同并主张经济补偿的，由于依法缴纳社会保险是《劳动法》规定的用人单位与劳动者的法定义务，即便是因劳动者要求用人单位不为其缴纳社会保险，劳动者按照《劳动合同法》第三十八的规定主张经济补偿的，法院一般会支持劳动者主张。

（3）对于劳动者依据《劳动合同法》第三十八条规定的其他情形主张用人单位存在过错并提出解除劳动关系的，应由劳动者承担举证责任。

【典型案例】 韩某某与北京某中心劳动争议案

基本案情

韩某某 2007 年 9 月 10 日入职北京某中心，入职时签署申请书，内容为：“我到你单位工作之前，已通过我户籍地职业介绍中心缴纳社会保险，经多方面考虑（包括转移的手续麻烦和两地缴费标准的差别等），我决定继续在当地通过职业介绍中心缴纳。

请求不通过你单位缴纳社会保险，在基本工资之外就单位应缴纳的部分给予我适当的补助。我对以上陈述的真实性负责，若因同意我的此项请求而使你单位受到损失，我同意将已经领取的补助退还并赔偿损失。若此申请得到同意，请将其作为劳动合同书的附件，变更劳动合同书第十一条中关于社会保险缴纳事宜的约定。”据此，北京某中心未为韩某某缴纳社会保险。

2013 年，韩某某以北京某中心未为其缴纳社会保险为由，向劳动人事争议仲裁委员会申请仲裁，要求北京某中心支付解除劳动合同经济补偿金等。北京某中心认可双方劳动关系已经解除，但解除原因系韩某某旷工；且根据韩某某申请，北京某中心无须为其缴纳社会报销，每月已向韩某某本人支付了社会保险补偿。

裁判理由与结果

法院认为，北京某中心虽主张已经按照韩某某的申请书，按月支付其社会保险补偿，2012 年 10 月 11 日因韩某某旷工与其解除劳动合同，但其未能提交有效证据证明支付社会保险补偿情况，且北京某中心未能证明作为解除劳动合同依据的“企业管理手册”经过公示告知或经培训学习，及其单位所作解除劳动合同通知书有效送达韩某某的情况，故法院对于北京某中心的解除主张不予采信。而根据韩某某提供的解除劳动合同书及送达查询单，应视为韩某某已于 2012 年 10 月 12 日以北京某中心未为其缴纳社会保险为由提出解除劳动合同，北京某中心应支付解除劳动合同经济补偿金。

【法律风险提示与实务操作建议】

一般情况下，当事人应对自己提出的主张承担举证责任。因此，在劳动者主张用人单位存在《劳动合同法》第三十八条规定的情形，提出解除劳动合同时，劳动者应对其主张提供初步证据。但考虑到劳动关系中，用人单位是日常用工的主体，对于用人单位日常管理中的证据材料，比如考勤、社会保险缴纳、工资发放情况等，用人单位往往掌握着相关证据，因此，实务过程中，对于用人单位主张已经足额发放工资、缴纳社会保险或提供劳动条件保障的，应当由用人单位进行举证。用人单位在日常管理中，应当注意规范用工管理，规范劳动者的考勤、工资支付记录和社会保险缴纳，并注意留存相关证据。

上述案件涉及的是劳动者以用人单位未缴纳社会保险为由主张解除劳动合同的情形。社会保险法律、法规对用人单位缴纳保险的义务进行了强制性规定，具有社会管理性质，用人单位不得违背法律的强制性规定。用人单位向当地社会保险经办机构办理社会保险登记、参加社会保险是其法定的义务，不得以劳动者放弃而免除，否则将承担相应的法律责任。由此可见，缴纳社会保险是用人单位的法定义务，否则用人单位要承担法律规定的处罚。

【法规链接】

《中华人民共和国劳动合同法》第三十八条、第四十六条

《北京市高级人民法院、北京市劳动争议仲裁委员会关于劳动争议案件法律适用问题研讨会会议纪要（一）》第31条、第32条

《北京市高级人民法院、北京市劳动争议仲裁委员会关于劳动争议案件法律适用问题研讨会会议纪要（二）》第13条

《北京市高级人民法院、北京市劳动人事争议仲裁委员会关于审理劳动争议案件法律适用问题的解答》第24条

四、离职手续的办理

无论劳动合同因何原因终止或解除，劳动者与用人单位都应当及时办理离职手续。

（一）用人单位应当履行的义务

（1）指定人员与离职员工办理工作交接。通常用人单位会提供离职交接单或工作交接单，要求劳动者交还相关文件、物品等。交接单中明确记载各项交接的情况，并由交接人员与离职劳动者共同签字确认。

（2）出具“离职证明”，即解除或终止劳动合同的证明。离职证明内容一般包括双方劳动关系存续时间、离职原因、工作岗位等。

（3）办理档案和社保关系的转移手续。用人单位不依法出具“离职证明”的，由劳动行政部门责令改正；给劳动者造成损害的，应当承担赔偿责任。用人单位不依法办理档案和社保关系的转移手续，给劳动者造成损害的，如影响劳动者各项保险待遇的享受的，应当承担赔偿责任。

（4）依法支付经济补偿。根据《劳动合同法》的规定，用人单位应当向劳动者支付经济补偿的，在劳动者办结工作交接时支付。如果劳动者未办理工作交接或拒绝办

理，用人单位可以此为由暂不予支付。

（5）对已经解除或终止的劳动合同文本、工资支付记录、考勤记录等文件至少保存2年备查。

（二）劳动者应当履行的义务

劳动合同解除或终止后，劳动者应当配合用人单位完成各项工作交接，包括交还工作文件和各种资料、信息，包括纸质的和电子的；返还占有的公司财物、各类证件和系统密码等；结清对公司的欠款。

【疑难问题】

解除或终止劳动合同后，用人单位拒不向劳动者出具终止或者解除劳动关系证明，或者未在法律规定的期限内为劳动者办理档案和社会保险关系转移手续，造成劳动者无法就业的，劳动者请求用人单位赔偿损失应如何处理？

【裁判规则】

劳动者能够证明因用人单位的过错造成其无法就业并发生实际经济损失的，应当予以支持。劳动者对用人单位过错与其无法就业有直接的因果关系以及因此所造成经济损失的具体数额负有举证责任，不能证明有直接因果关系的不予支持，如确实造成经济损失，但无法确定经济损失具体数额的，法院会参照劳动者在解除或终止劳动合同前十二个月平均工资、劳动者的过错程度以及给用人单位造成的损失情况酌情确定。

【典型案例】江某与某公司劳动争议案

基本案情

江某于2012年6月1日入职某公司，双方签订了劳动合同书。江某正常工作至2015年2月4日。2015年10月27日，江某向劳动人事争议仲裁委员会提出仲裁申请，要求某公司办理社保跨省转移手续、归还一级建造师印章等；赔偿因不出具解除劳动关系证明且不办理其公司的一级建造师注销注册手续而造成的损失，自2015年2月5日起按照每月8000元计算至解除劳动关系证明并办理一级建造师注销注册手续之日止。仲裁委作出裁决后，江某不服提起诉讼。

裁判理由与结果

法院审理后认为，用人单位应当在解除或者终止劳动合同时出具解除或者终止劳动合同的证明，并在15日内为劳动者办理档案和社会保险关系转移手续；但本案中某公司因与江某发生矛盾，拒绝向江某出具解除劳动关系证明，造成江某无法就业，直至江某将某公司诉至劳动争议仲裁委员会和人民法院后，某公司才给江某出具解除劳动关系证明，江某也才将个人相关档案材料转移，某公司在此期间有明显故意拖延行为，因此，某公司应当按照江某离职前的工资标准赔偿江某经济损失104 000元，对于江某该项诉讼请求中经济赔偿过高部分不予支持。

【法律风险提示与实务操作建议】

《劳动合同法》第八十九条规定，用人单位违反本法规定未向劳动者出具解除或者终止劳动合同的书面证明，由劳动行政部门责令改正；给劳动者造成损害的，应当承担赔偿责任。这里的赔偿责任，主要是没有出具解除或者终止劳动合同的书面证明导致不能领取失业保险金、不能享受基本医疗保险待遇等损失的赔偿。此外，根据有关国家规定，下岗失业人员再就业或者自主创业时，可以享受一定的税收、财政等优惠政策，如果用人单位不按规定出具解除或者终止劳动合同的书面证明，致使失业人员不能享受自主创业、再就业的税收优惠，用人单位对此也应当依法承担赔偿责任。

本案中，某公司因与江某发生矛盾，拒绝向江某出具解除劳动关系证明，造成江某无法就业，直至江某将某公司诉至劳动争议仲裁委员会和人民法院，经人民法院判决后，某公司才给江某出具解除劳动关系证明，江某也才将个人相关档案材料转移，某公司在此期间有明显故意拖延行为，故法院认定其应当承担赔偿责任。

【法规链接】

《中华人民共和国劳动合同法》第五十条、第八十九条

《北京市高级人民法院、北京市劳动争议仲裁委员会关于劳动争议案件法律适用问题研讨会会议纪要（二）》第41条

第二章
终止劳动合同的法律风险及实务操作

劳动合同的终止，是指劳动关系由于一定法律事实的出现而终结，劳动者与用人单位之间原有的权利义务关系不再存在，劳动合同的法律效力依法消灭。

劳动合同的终止和解除导致的法律后果是一致的，均为用人单位与劳动者双方之间劳动关系依法终结。两者之间的区别主要在于劳动关系终结的时间、事由和程序不同。劳动关系的终止事由一般包括两个方面：一是劳动合同期限届满或约定的工作任务完成；二是基于客观事实或法律规定当事人丧失合同主体资格，如劳动者依法退休并享受养老保险待遇、劳动者死亡、用人单位破产注销等。因此，劳动合同终止的程序比较简单，只需按时通知对方并办理手续即可。而劳动关系的解除则是劳动关系的提前终结，是劳动合同尚未履行完，基于双方或者单方的意思表示，提前结束了劳动关系。解除劳动关系程序也相对比较复杂。

一、 劳动合同终止的一般规定

（一）劳动合同终止的法定事由

根据《劳动合同法》第四十四条及《劳动合同法实施条例》第二十一条的规定，劳动合同终止的情形包括：

（1）劳动合同期满的；

（2）劳动者达到退休年龄，或开始依法享受基本养老保险待遇的；

（3）劳动者死亡，或者被人民法院宣告死亡或者宣告失踪的；

（4）用人单位被依法宣告破产的；

（5）用人单位被吊销营业执照、责令关闭、撤销或者用人单位决定提前解散的；

（6）法律、行政法规规定的其他情形。

需要注意的，虽然《劳动法》规定用人单位可以在劳动合同中与劳动者约定劳动合同的终止条件，但后出台的《劳动合同法实施条例》明确规定，用人单位与劳动者不得在《劳动合同法》第四十四条规定的劳动合同终止情形之外约定其他的劳动合同终止条件。根据新法优于旧法的原则，《劳动合同法》仅能因为法定情形的出现而终止，法律禁止用人单位在劳动合同中约定其他终止条件或事由，否则该约定无效。

（二）劳动合同终止的程序

《劳动合同法》及《劳动合同法实施条例》对于通知劳动合同终止的时间和形式均未作明确规定，实践中，主要依据地方性规定进行规范。

1. 通知劳动合同终止的时间

按照北京市的规定，用人单位必须提前一定时间通知劳动者终止合同，一般为 1 个月，如果用人单位未能提前 1 个月通知劳动者劳动合同到期终止的，每延迟 1 日支付 1 日工资作为赔偿金。由于各地规定不尽相同，用人单位应当严格按照当地规定执行。

2. 通知劳动合同终止的形式

法律并未规定通知必须采用书面形式。一些地方性法规规定了必须用书面形式通知劳动者。考虑到法律给予了用人单位较多的举证责任，建议用人单位采用书面形式通知劳动者终止劳动合同。

（三）劳动合同终止的后果

1. 用人单位依法支付经济补偿金

劳动合同依法终止后，符合法定情形的，用人单位应当依法向劳动者支付经济补偿金。经济补偿金的计算方式及需要支付经济补偿金的情形，详见本书相关章节。

2. 及时续签无固定期限劳动合同

根据《劳动合同法》的规定，如果已连续订立两次固定期限劳动合同，或劳动者已在用人单位连续工作满 10 年，即具备了订立无固定期限劳动合同的条件。除非劳动者自愿提出订立固定期限劳动合同或终止劳动关系，用人单位应当与其订立无固定期限劳动合同。

对于到期劳动合同，用人单位应当从企业需要和员工实际情况出发，及时决定终止或进行续签。如果在劳动合同期限届满后，用人单位既不终止劳动，也没有与劳动者续签固定期限劳动合同或无固定期限劳动合同，很容易被认定为事实劳动关系，导致承担“未与劳动者签订书面劳动合同”的不利法律后果。

二、 劳动合同终止的例外情形

根据《劳动合同法》的规定，在劳动合同所规定的期限届满之时，劳动者存在下列情形的，用人单位不得终止劳动合同，劳动合同应当续延至相应情况消失时终止。

（1）从事接触职业病危害作业的劳动者未进行离岗前职业健康检查，或者疑似职业病病人在诊断或者医学观察期间的，劳动合同期限应续延至检查结束之日，或诊断、医学观察结束之日。

（2）在本单位患职业病或者因工负伤并被确认丧失或者部分丧失劳动能力的，应当按照工伤保险相关规定处理。

①被鉴定为一级至四级伤残的，保留劳动关系，退出工作岗位，劳动关系延续至劳动者达到法定退休年龄之日。

②被鉴定为五级、六级伤残的，保留劳动关系，由用人单位安排适当工作。但经劳动者提出，可以解除或终止劳动关系，由工伤保险基金支付一次性工伤医疗补助金，由用人单位支付一次性伤残就业补助金。

③被鉴定为七级至十级伤残的，劳动、聘用合同期满终止，或经劳动者本人提出解除劳动、聘用合同的，由工伤保险基金支付一次性工伤医疗补助金，由用人单位支付一次性伤残就业补助金。

（3）患病或者非因工负伤，在规定的医疗期内的，劳动合同期限应续延至医疗期届满之日。

（4）女职工在孕期、产期、哺乳期的，劳动合同期限应续延至哺乳期结束之日；女职工流产的，续延至流产假结束之日。

（5）在本单位连续工作满 15 年，且距法定退休年龄不足 5 年的，劳动合同期限应续延至劳动者达到法定退休年龄之日。

（6）法律、行政法规规定的其他情形。

以上 6 种例外规定仅针对劳动合同期满终止情形，如果劳动合同由于期限届满以外的其他法定情形终止，则不受上述例外限制。

【疑难问题】

1. 劳动者主张固定期限劳动合同到期终止的，用人单位是否需要支付终止劳动合同的经济补偿？

【裁判规则】

除用人单位维持或者提高劳动合同约定条件续订劳动合同，劳动者不同意续订的情形外，用人单位应当向劳动者支付终止劳动合同的经济补偿金。劳动者就双方劳动合同到期终止的事实承担举证责任；用人单位不同意支付终止劳动合同经济补偿金的，应举证证明在用人单位维持或者提高劳动合同约定条件续订劳动合同的情况下，劳动者不同意续订的事实。

【典型案例】 邢某与北京某驾校劳动争议案

基本案情

邢某于2002年2月28日入职北京某驾校，担任教练员。双方签订了期限至2012年12月31日的劳动合同。邢某最后工作时间为2012年6月15日。2012年10月8日北京某驾校向邢某邮寄送达续签劳动合同通知书，通知邢某北京某驾校愿意按原条件与其续签劳动合同。后邢某向北京某驾校送交了签收回执，载明："本人已收到北京某驾校于2012年10月8日发出的续签劳动合同通知书，乙方：邢某，2012年10月8日。"但邢某未与北京某驾校续签劳动合同。2014年1月22日，邢某向仲裁委申请仲裁，要求北京某驾校支付解除劳动合同经济补偿金等。仲裁委裁决驳回邢某的全部仲裁请求。邢某不服，提起诉讼。

裁判理由与结果

法院认为，邢某对北京某驾校提交的签收回执真实性没有异议，其已签字确认收到北京某驾校于2012年10月8日发出的续签劳动合同通知书，可以证实北京某驾校通知按照原有条件与邢某续签劳动合同。在劳动合同于2012年12月31日到期之前，双方均未主动提出解除劳动合同，邢某亦未与北京某驾校续签劳动合同，故本案双方劳动合同应属期满终止。因此判决驳回邢某的诉讼请求。

【法律风险提示与实务操作建议】

劳动合同期满时，用人单位同意续订劳动合同，且维持或者提高劳动合同约定条件，劳动者不同意续订的，劳动合同终止，用人单位不支付经济补偿；如果用人单位同意续订劳动合同，但降低劳动合同约定条件，劳动者不同意续订的，劳动合同终止，用人单位应当支付经济补偿；如果用人单位不同意续订，无论劳动者是否同意续订，劳动合同终止，用人单位应当支付经济补偿。实践中，用人单位应当举证证明，在用人单位维持或者提高劳动合同约定条件续订劳动合同的情况下，劳动者不同意续订的事实。

【法规链接】

《中华人民共和国劳动合同法》第四十六条

2. 劳动合同期满后，双方未签订新的书面劳动合同，但劳动者继续在原用人单位工作，用人单位以劳动合同到期为由终止劳动关系的，如何处理？

【裁判规则】

劳动合同期满后未订立劳动合同，劳动者仍在原用人单位继续工作，因为用人单位对原劳动合同期满和继续用工的法律后果均有预期，因此不需要再给予1个月的宽限期，原劳动合同期满次日，即是用人单位应当订立劳动合同之日和承担未订立劳动合同的法律后果之日。用人单位之后再以劳动合同到期为由终止劳动关系的，属于违法解除劳动合同，劳动者有权据此主张违法解除的赔偿金及该期间未订立劳动合同的二倍工资。但是用人单位有证据证明劳动者恶意推延签订劳动合同，或者劳动者在原劳动合同到期后确实需要合理期间办理工作交接手续的除外。

【典型案例】陈某与北京某物业公司劳动争议案

基本案情

2008年1月16日，陈某入职北京某物业公司，担任工程部电工。双方签订了三次固定期限劳动合同，第三份劳动合同截止日期为2012年12月15日。2012年12月17日，双方办理了工作交接手续。北京某物业公司称其曾于2012年12月13日通知陈某本次合同到期后不再续签，陈某表示同意，且愿意按照北京某物业公司的安排，于2012年12月16日办理交接手续，后因2012年12月16日为双休日，所以双方于2012年12月17日才办理交接手续。陈某主张其从未收到过北京某物业公司合同到期不再续签的通知，且称在2012年12月17日，北京某物业公司要求其或延长第三份合同的终止期限或离开，对于延长合同终止日期其予以拒绝，并与北京某物业公司办理了离职手续后离开。

陈某向仲裁委员会申请劳动仲裁，要求北京某物业公司支付违法解除劳动合同赔偿金、未签订无固定期限劳动合同二倍工资差额等。仲裁委作出裁决后，北京某物业公司不服，诉至法院。

裁判理由与结果

一审法院认为，虽然北京某物业公司未举证证明在双方劳动合同到期前曾口头向陈某表示合同到期后不再续签，但鉴于双方确实在劳动合同到期后的第一个工作日即办理了离职交接手续，且陈某亦未提交证据证明北京某物业公司存在违法终止劳动合同的法定情形。故法院认定双方劳动合同到期终止，北京某物业公司仅需支付陈某终止劳动合同经济补偿金。陈某不服，提起上诉。二审法院审理后，判决驳回上诉，维持原判。

【法律风险提示与实务操作建议】

《劳动合同法》施行后，法律规定发生了变化，劳动合同到期后双方的事实劳动关系不再认定为原劳动合同的自动延续。如果用人单位没有在劳动合同到期后1个月内与劳动者签订书面劳动合同的，劳动者可以要求用人单位支付相应期间的二倍工资差额。这一点用人单位和劳动者均需注意。

此外，如果劳动合同终止不再续签，用人单位应当及时为劳动者办理离职交接手续。办理离职交接手续不仅是法定义务，一定意义上也是双方劳动合同期满不再续延意思表示的体现。

【法规链接】

《中华人民共和国劳动合同法》第十条、第十四条第三款、第四十条、第八十二条

《中华人民共和国劳动合同法实施条例》第六条、第七条

《北京市高级人民法院、北京市劳动争议仲裁委员会关于劳动争议案件法律适用问题研讨会会议纪要（二）》第27条

第三章
经济补偿金和赔偿金的法律风险及实务操作

一、 经济补偿金相关法律问题

经济补偿金，是指劳动合同解除或终止后，或存在其他法定情形时，用人单位依法一次性支付给劳动者的金钱补助。

（一）用人单位需支付经济补偿金的情形

（1）解除劳动合同。用人单位在解除劳动合同时应当支付经济补偿金的情形包括：

①协商解除中，用人单位提出解除劳动合同的；

②用人单位非过错性解除劳动合同、经济性裁员的；

③劳动者即时解除劳动合同的。

以上第②种、第③种情况的具体情形参见本编第一章相关内容。

在解除劳动合同时，用人单位无须支付经济补偿金的情形包括：

①协商解除中，劳动者提出解除劳动合同的；

②劳动者主动离职的，即提前30日以书面形式通知用人单位或在试用期内提前3日通知用人单位解除劳动合同的；

③用人单位主张过错性解除劳动合同的。

以上第①种、第②种情况的具体情形，参见本编第二章相关内容。

（2）终止劳动合同。用人单位在终止劳动合同时应当支付经济补偿金的情形包括：

①固定期限劳动合同期满终止，用人单位不同意续订，或虽然同意续订但劳动合同约定的各项劳动条件低于原劳动合同约定条件，致使劳动者不同意续订的；

②以完成一定工作任务为期限的劳动合同，因任务完成而终止的；

③因法定事由而终止劳动合同的，主要指用人单位作为劳动关系一方的主体资格消灭的情形。包括：用人单位被依法宣告破产；用人单位被吊销营业执照、责令关闭、撤销或者用人单位决定提前解散；因经营期限届满而不再继续经营导致劳动合同不能继续履行。

在终止劳动合同情形中，用人单位无须支付经济补偿金的情形包括：

①固定期限劳动合同期满终止，用人单位维持或提高条件续订劳动合同但劳动者不愿意续订的；

②劳动者达到法定退休年龄、开始享受基本养老保险待遇、劳动者死亡、劳动者被人民法院宣告死亡或宣告失踪，导致劳动合同终止的；

③非全日制用工任何一方通知对方终止用工的；

④自用工之日起 1 个月内，经用人单位书面通知，劳动者仍不与用人单位订立书面劳动合同，导致用人单位终止劳动关系的。

此外，根据《劳动合同法》的规定，用人单位与劳动者解除或终止劳动合同后，在竞业限制期限内，用人单位应当按月给予劳动者经济补偿。支付竞业限制的经济补偿与解除或终止劳动合同的前提和依据并不相同，二者互不影响。相关规定参见本书第四编“竞业限制”章节。

（二）经济补偿金的计算标准

根据《劳动合同法》第四十七条的规定，经济补偿金的计算标准按照劳动者在本单位工作年限，每满 1 年支付 1 个月工资的标准向劳动者支付。6 个月以上不满 1 年的，按 1 年计算；不满 6 个月的，向劳动者支付半个月工资的经济补偿金。劳动者非因本人原因从原用人单位被安排到新用人单位工作的，如原用人单位没有支付经济补偿金，劳动者请求把新旧用人单位工作年限合并计算经济补偿金的，应予支持。

月工资一般是指劳动者在劳动合同解除或者终止前 12 个月的平均工资。劳动者工作不满 12 个月的，按照实际工作的月数计算平均工资。月工资按照劳动者应得工资计算，包括计时工资或计件工资以及奖金、津贴、补贴、加班工资、年终奖、住房公积金等货币性收入。劳动者在劳动合同解除或终止前 12 个月的平均工资低于当地最低工资标准的，按照当地最低工资标准计算。

此外，《劳动合同法》针对月工资高于用人单位所在地区上年度职工月平均工资 3 倍的高收入人群，制定了经济补偿金的两项限制，一是月工资标准按照当地上年度职工月平均工资 3 倍计算；二是支付年限最高不超过 12 年。

二、 赔偿金相关法律问题

赔偿金是指用人单位或者劳动者违反法律规定或劳动合同的约定，给对方造成损失时，向对方承担的给付一定数额金钱的民事法律责任形式。根据确定方式和赔付主体不同，劳动法意义上的赔偿金分为两种：一是法定赔偿金，直接根据法律规定的情形和标准支付，赔付主体只能是用人单位；二是按照实际造成的损害进行赔偿，对于用人单位和劳动者均适用。

（一） 用人单位的赔偿责任

1. 支付法定赔偿金

法定赔偿金的赔偿标准依法确定，具有惩罚性质，不以给劳动者造成实际损害为前提。根据《劳动合同法》的规定，以下情况用人单位应当支付法定赔偿金。

（1） 未及时与劳动者签订书面劳动合同。用人单位自用工之日起超过 1 个月不满 1 年未与劳动者订立书面劳动合同，应当向劳动者每月支付二倍的工资。用人单位不与劳动者订立无固定期限劳动合同的，应当自订立无固定期限劳动合同之日起向劳动者每月支付二倍的工资。

（2） 违法约定试用期。违法约定试用期，并且试用期已经履行的，按照试用期满月工资标准，支付已经履行的超过法定试用期间的赔偿金。

（3） 被劳动行政部门责令限期支付劳动报酬、加班费、经济补偿，或补足低于最低工资标准的差额部分，但逾期未支付或未补足的，按应付未付金额 50% 以上 100% 以下的标准向劳动者加付赔偿金。

（4） 违法解除或终止劳动合同。用人单位违法解除或终止劳动合同，劳动者不要求继续履行劳动合同或者劳动合同已经不能继续履行的，用人单位应当按照经济补偿的二倍标准向劳动者支付赔偿金，支付年限为自用工之日起计算。

2. 支付损害赔偿金

用人单位损害赔偿责任是指其违反法律规定，给劳动者实际造成了损害，以实际损害为赔偿范围的民事责任。根据《劳动合同法》的规定，以下情形给劳动者造成损害的，用人单位应当承担损害赔偿责任。

（1） 规章制度违反法律、法规规定。

（2） 劳动合同缺乏必备条款，或未将劳动合同文本交付劳动者。

（3） 招录时扣押证件，或以担保或其他名义收取财物。

（4）劳动合同解除或终止后扣押档案等物品。

（5）劳动合同因用人单位过错被确认无效。

（6）用人单位严重违法的，包括：以暴力、威胁或者非法限制人身自由的手段强迫劳动的；违章指挥或者强令冒险作业危及劳动者人身安全的；侮辱、体罚、殴打、非法搜查或者拘禁劳动者的；劳动条件恶劣、环境污染严重，给劳动者身心健康造成严重损害的。这些情形下，用人单位除应承担赔偿责任外，还将受到行政处罚；构成犯罪的，依法追究刑事责任。

（7）未及时提供离职证明。

（8）用人单位不具备合法经营资格。

3. 连带赔偿责任情形下的赔偿责任

在以下法定情形下，由用人单位与其他主体共同承担损害的连带赔偿责任。

（1）招用与其他用人单位存在劳动关系的劳动者。

用人单位招用与其他用人单位尚未解除或终止劳动合同的劳动者，给其他用人单位造成损失的，除劳动者应当承担赔偿责任外，新用人单位还应当承担连带赔偿责任。

原用人单位的损失包括对生产、经营和工作造成的直接损失，以及因获取商业秘密造成的间接损失。新用人单位连带赔偿的份额不低于给原用人单位造成的上述经济损失的 70% 。

（2）劳务派遣违法。劳务派遣单位违法，给被派遣劳动者造成损害的，由劳务派遣单位和用工单位承担连带赔偿责任。

（3）个人承包经营违法用工。个人承包经营违反本法规定招用劳动者，给劳动者造成损害的，发包的组织与个人承包经营者承担连带赔偿责任。

（二）劳动者的赔偿责任

《劳动合同法》规定，双方仅能约定劳动者在违反服务期约定和竞业限制义务的情形下承担违约金。下列情形下，劳动者给用人单位造成损害的，应当承担损害赔偿责任。

1. 因劳动者过错致使劳动合同无效

2. 劳动者违法解除劳动合同

劳动者应当赔偿用人单位为录用劳动者直接支付的费用、培训费用、对生产经营和工作造成的直接经济损失，以及双方劳动合同约定的其他赔偿费用。

3. 劳动者违反劳动合同约定的保密义务或竞业限制

4. 劳动者因本人原因给用人单位造成经济损失

劳动者在工作中给用人单位造成损失而承担赔偿责任，需要满足三个条件。一是劳动者违反了规章制度或劳动合同约定；二是劳动者主观上对违法或违约行为存在故意或重大过失；三是劳动者违法或违约行为给用人单位造成了实际损失。同时，根据《工资支付暂行规定》第十六条的规定，用人单位可以采取按月扣除工资的形式要求劳动者承担赔偿责任，但每月扣除的部分不得超过劳动者本月工资的20%，且扣除后剩余金额不得低于当地月最低工资标准。双方因此发生争议的，由用人单位举证证明劳动者行为确实给单位造成损害，以及损害的金额。

【疑难问题】

1. 终止劳动关系经济补偿金的年限应如何计算?

【裁判规则】

实务中，终止劳动关系经济补偿金的年限可以参照以下原则确定。

（1）工作年限的计算原则：经济补偿金按劳动者在本单位工作的年限，6个月以上不满1年的，按1年计算；不满6个月的，向劳动者支付半个月工资的经济补偿金。

（2）法定续延情形：劳动合同期满后因存在《劳动合同法》第四十二条规定的法定事由而续延至相应情形消失时终止，用人单位在终止合同时应将法定续延期间计人终止劳动合同经济补偿金的计算年限。

（3）合并计算问题：根据《劳动争议司法解释（一）》（法释〔2020〕26号）第四十六条的规定，劳动者非因本人原因从原用人单位被安排到新用人单位工作且原用人单位未支付经济补偿，劳动者请求把在原用人单位的工作年限合并计算为新用人单位工作年限的，人民法院应予支持。

（4）跨2008年1月1日（《劳动合同法》实施之日）的年限计算问题：

①《劳动合同法》施行之日存续的劳动合同，在《劳动合同法》施行后解除或者终止，依照《劳动合同法》第四十六条的规定应当支付经济补偿金的，2007年12月31日前的经济补偿金依照《劳动法》及其配套规定计算；2008年1月1日后的经济补偿金依照《劳动合同法》的规定计算。

②对于《劳动合同法》之前没有规定用人单位应支付解除劳动关系经济补偿金的情形，以2008年1月1日之后的工作年限作为计算经济补偿金的年限；2008年1月1日之前的工作年限不作为计算经济补偿金的年限。

③经济补偿金的基数为劳动者在劳动合同解除或者终止前12个月的平均工资，不再分段计算。劳动者应举证证明用人单位在2008年1月1日之前存在相关法律规定的

应支付解除劳动关系经济补偿金的情形。

【典型案例】 隋某与某科技公司劳动争议案

隋某曾与某科技公司签订自2008年5月4日起的无固定期限劳动合同。隋某正常出勤至2017年11月20日。

2017年11月20日，隋某向某科技公司送达解除劳动关系通知，以某科技公司存在拖欠产假期间工资、恶意调岗等行为为由解除了双方的劳动关系。

隋某主张，其于2002年10月28日入职与某科技公司存在关联关系的某创业公司，后某创业公司安排其到某科技公司工作，故应自2002年10月28日起计算其工作年限。隋某提交了两项证明材料，第一项是工作年限证明，内容为："兹有我公司员工隋某，自2002年10月28日开始在某科技公司工作至今，担任综合管理部经理一职，从事专业工作满13.5年，工作期间遵纪守法，无违反职业道德的行为。"落款时间为2016年6月30日并加盖某科技公司公章。第二项是工商登记查询信息：显示2001年12月3日，某创业公司的法定代表人为陈某，某科技公司现任法定代表人为陈某。

某科技公司对于工作年限证明中公章的真实性不予确认，但不申请公章鉴定，主张隋某有机会单独使用公章，认可陈某曾担任某创业公司的法定代表人，但主张二公司不存在任何关联关系。某科技公司主张隋某系因个人原因提出解除劳动合同，无须支付解除劳动合同经济补偿金；即使支付，工作年限也应当自其公司成立之日起计算。

裁判理由与结果

法院认为，某科技公司确有未足额支付工资的情形，应当支付隋某解除劳动合同经济补偿金。关于工作年限问题，某科技公司出具的加盖公章的工作年限载明隋某自2002年10月28日开始工作，同时，某创业公司营业执照现处于吊销状态，其法定代表人与某科技公司的法定代表人系同一人，其公司未能作出合理解释，法院认定隋某系非因其本人原因由用人单位安排至新公司工作，工作年限应当自2002年10月28日起计算。故判决某科技公司应向隋某支付自2002年10月28日起至2017年11月20日止双方劳动关系存续期间的解除劳动合同经济补偿金。

【法律风险提示与实务操作建议】

本案争议焦点在于，隋某在某创业公司的工作年限能否合并计算到某科技公司的工作年限里。根据《劳动合同法实施条例》的相关规定，非劳动者本人原因而由用人单位安排到新用人单位工作，除非原用人单位已经向劳动者支付经济补偿金的，否则，工作年限应当合并计算。本案中，隋某最初在某创业公司工作，某创业公司与某科技公司法定代表人系同一人，某科技公司虽否认二公司之间存在关联关系，但未能就此作出合理说明，最终法院认定本案构成“非因劳动者本人原因由用人单位安排到新用人单位工作”的情形，且某创业公司当时未向其支付经济补偿金，因此，某科技公司计算其经济补偿金的工作年限应从 2002 年 10 月 28 日起计算。

实务中，关于经济补偿金的计算年限往往与劳动者的工龄问题密切相关，是用人单位与劳动者都较为关注的问题。根据《劳动争议司法解释（一）》（法释〔2020〕26 号）第四十四条的规定，因用人单位作出的开除、除名、辞退、解除劳动合同、减少劳动报酬、计算劳动者工作年限等决定而发生的劳动争议，用人单位负举证责任。因此，如果用人单位与劳动者就劳动者的工作年限发生争议时，应由用人单位对其主张的劳动者工作年限进行举证。能证明劳动者工作年限的证据一般是入职登记表、劳动合同、社会保险缴费记录、工资发放记录等。

需要注意的是，《劳动争议司法解释（一）》（法释〔2020〕26 号）第四十六条还就何种情形属于“劳动者非因本人原因从原用人单位被安排到新用人单位工作”作出了明确规定。因此，用人单位确定劳动者在本单位工作年限时，应当严格按照法律规定执行，不要试图通过其他方式回避经济补偿金计算年限问题。

【法规链接】

《中华人民共和国劳动合同法》第四十六条、第九十七条

《最高人民法院关于审理劳动争议案件适用法律问题的解释（一）》（法释〔2020〕26 号）第四十四条、第四十六条

2.《劳动合同法》实施之前已经存在的劳动合同，在《劳动合同法》实施后解除或终止的，其经济补偿金或者违法解除赔偿金应如何计算？

【裁判规则】

《劳动合同法》施行之日存续的劳动合同，在《劳动合同法》施行后解除或者终止，2007 年 12 月 31 日前的经济补偿金依照《劳动法》及其配套规定计算；2008 年 1 月 1 日后的经济补偿金依照《劳动合同法》的规定计算。经济补偿金的基数为劳动者在劳动合同解除或者终止前 12 个月的平均工资，不再分段计算。

赔偿金的计算方法为自用工之日起依照《劳动合同法》第四十七条的规定计算出经济补偿金，再乘以 2，即为赔偿金，不再分段计算。

用人单位违反《劳动合同法》的有关规定，需向劳动者每月支付二倍工资的，其加付的一倍工资不应计入经济补偿金和赔偿金的计算基数。

【典型案例】 李某与某投资公司劳动争议案

基本案情

2001 年 5 月 28 日，李某入职某投资公司。2017 年 11 月 30 日某投资公司以订立劳动合同时所依据的客观情况发生重大变化，致使原劳动合同无法履行，与李某就变更劳动合同事宜未能达成协议为由，依据《中华人民共和国劳动合同法》第四十条的规定与李某解除劳动合同。离职前 12 个月李某的月平均工资为 26 014.59 元。

后李某向仲裁委申请仲裁，仲裁委裁决某投资公司支付李某解除劳动合同经济补偿金 393 006 元，支付奖金 39 247.42 元。某投资公司不服裁决，诉至法院，并已向李某支付了解除劳动合同的经济补偿金 297 692.06 元、奖金 35 795.68 元。

裁判理由与结果

法院认为，本案中某投资公司与李某解除劳动合同，应当向李某支付经济补偿。因李某离职前 12 个月的平均月工资高于 2016 年北京市职工社会平均工资的三倍（23 118 元），依据上述法律规定，其解除劳动合同的经济补偿金应为 277 416 元（23 118元 × 12 个月）。某投资公司已付李某的经济补偿金高于上述金额，因此某投资公司无须再支付李某经济补偿金差额。

【法律风险提示与实务操作建议】

2008 年 1 月 1 日《劳动合同法》实施之前，关于经济补偿金的支付标准主要依据《违反和解除劳动合同的经济补偿办法》的有关规定。由于《劳动合同法》不具有溯及既往的效力，2008 年之前工作年限的经济补偿金仍然需要按照当时具有法律效力的《违反和解除劳动合同的经济补偿办法》执行。《劳动合同法》第九十七条给出了新旧法律衔接处理的一般办法。就北京地区而言，对于期间跨越 2008 年 1 月 1 日的劳动合同，经济补偿金的分段计算方法可以归纳如下：

第一，对于《劳动合同法》新增的需要支付经济补偿金的情形，支付年限自 2008 年 1 月 1 日起算，在此之前的不予计算。具体包括《劳动合同法》第四十六条所列应当支付经济补偿金的情形，以及劳动合同终止应当支付经济补偿金的情形。

第二，支付年限需要分段计算。《劳动合同法》规定，6 个月以上不满 1 年的，按 1 年计算；不满 6 个月的，支付劳动者半个月工资。《违反和解除劳动合同的经济补偿办法》规定，不满 1 年的按 1 年计算。也就是说，如果劳动者工作 1 年 5 个月，根据前者用人单位需支付 1.5 个月工资的经济补偿金，但是按照后者规定，用人单位是需要支付 2 个月工资作为经济补偿金的。

第三，支付年限封顶、最多不能超过 12 年的三种情形。《劳动合同法》规定了三种情形中的一种，即高收入人群。其余两种由《违反和解除劳动合同的经济补偿办法》规定，一是经双方协商一致，由用人单位提出解除劳动合同的；二是劳动者不能胜任工作，经过培训或者调整工作岗位仍不能胜任工作，由用人单位解除劳动合同的。

第四，经济补偿金计算基数不再分段计算，统一按照《劳动合同法》规定的标准执行。超过当地上年度职工月平均工资 3 倍的高收入员工，按照月平均工资 3 倍数额封顶支付。

【法规链接】

《中华人民共和国劳动合同法》第四十七条、第八十七条、第九十七条

《中华人民共和国劳动合同法实施条例》第二十五条

《北京市高级人民法院、北京市劳动争议仲裁委员会关于劳动争议案件法律适用问题研讨会会议纪要（一）》第 25 条

3. 解除劳动关系经济补偿金或违法解除赔偿金的工资标准，如何确定？

【裁判规则】

计算经济补偿金的月工资按照劳动者应得工资确定，包括计时工资或者计件工资以及奖金、津贴和补贴等货币性收入，其中包括正常工作时间的工资，还包括劳动者延长工作时间的加班费，以及由个人缴纳的社会保险和住房公积金、所得税。劳动者应得的年终奖或年终双薪，计入工资基数时应按每年十二个月平均分摊。

劳动者在劳动合同解除或者终止前 12 个月的平均工资低于当地最低工资标准的，按照当地最低工资标准计算。劳动者工作不满 12 个月的，按照实际工作的月数计算平均工资。

【法律风险提示与实务操作建议】

在劳动争议案件中，用人单位与劳动者通常会就劳动者的工资标准发生争议，一般情况下，对于劳动者工资标准的确定应当以劳动合同为准，但实践中有些用人单位与劳动者在劳动合同中仅约定基本工资，或者对于劳动者工资仅作概括性表述，故劳动者每月实际发放的工资可能与劳动合同中约定的工资标准并不一致。根据《劳动合同法实施条例》的规定，计算经济补偿金的月工资按照劳动者应得工资确定，包括计时工资或者计件工资以及奖金、津贴和补贴等货币性收入。因此，用人单位应当建立规范、明确的工资支付记录，明确劳动者的工资构成。在司法实践中，如果用人单位未能提交劳动者的具体工资构成或明细，法院往往会根据劳动者提供的银行流水、社会保险缴费记录及个税缴纳证明等资料确定。

【法规链接】

《中华人民共和国劳动合同法》第四十七条、第八十七条

《中华人民共和国劳动合同法实施条例》第二十七条

《北京市高级人民法院、北京市劳动人事争议仲裁委员会关于审理劳动争议案件法律适用问题的解答》第21条

4

第四编

竞业限制、保密协议与服务期

第一章 企业保密制度的法律风险与实务操作

人才流动是导致商业秘密流失的主要原因之一。打铁还需自身硬，为有效预防泄密发生，用人单位必须尽早采取合理保密措施，制订相应的保密制度，即便将来遭受泄密侵权，诉讼中也能够据此掌握一定的主动地位，从而将损失和影响降到最低。

根据《中华人民共和国反不正当竞争法》第九条的规定，商业秘密是指不为公众所知悉、具有商业价值并经权利人采取相应保密措施的技术信息和经营信息。从该定义可以看出，商业秘密须具备下列要件才能构成。

（1）秘密性。秘密性是指信息“不为公众所知悉”，不能从公开渠道直接获取。商业秘密的生命就在于其秘密性，企业通过拥有不为他人所知晓的技术信息和经营信息才能取得竞争优势和经济利益。

（2）价值性。价值性是指商业秘密“能为权利人带来经济利益”，包括现实的经济利益或潜在的竞争优势。商业秘密体现为技术信息和经营信息，它自身就蕴含着经济价值和市场竞争价值。

（3）保密性。保密性是商业秘密的“主观秘密性”，是指权利人为商业秘密采取了必要的保密措施，包括订立保密协议，建立保密制度以及其他合理的保密手段。

用人单位如果没有依据上述三要素保护需要保密的内容，一旦信息泄露，将很难被认定为构成法律上的“商业秘密”，因而得不到法律的保护。

因用人单位普遍存在不重视对其技术和经营信息进行管理的现象，导致实践中企业对劳动者提起的商业秘密侵权案件败诉居多。保密制度既应当包括完善的保密规章制度，对保密措施执行严格的管理，又需要与劳动者签订保密协议或在劳动合同中约定保密条款。对于确有必要的员工，还可以与其签订竞业限制协议，要求竞业限制人员在离职后一定期限内未经同意，不得从事与本单位相同或类似的业务。

【疑难问题】

1. 劳动合同中仅约定了劳动者对于其掌握的商业秘密负有保密义务，未约定保密费用，劳动者能否主张保密费用？

【裁判规则】

保密义务是劳动者的法定义务，但是保密费用属于双方可自行约定的内容。如果劳动合同或保密协议中明确约定了保密费用，则用人单位应当按照合同约定履行给付义务。反之，若双方对此没有约定，则劳动者主张保密费用缺乏依据，劳动者仍然应当遵守保密协议的约定；如果因劳动者违反保密协议给用人单位造成损失的，用人单位可以要求其承担赔偿责任。

【法律风险提示与实务操作建议】

用人单位应当根据自身特点和实际情况，建立相应的保密制度以及严格的执行管理流程。需要注意的是，对于上述规章制度以及管理措施，应当做好公示，确保每一名员工都能明确知晓保密信息的存在，清楚了解违反保密制度的法律责任。

对于掌握企业商业秘密的员工，用人单位可与员工签订保密协议。保密协议内容一般包括保密的内容和范围、权利义务、保密期限和违约责任等。关于保密义务，用人单位和劳动者需注意以下几点。

第一，保密义务是劳动者的法定义务，该义务的履行不以企业支付保密费为前提和条件。即便双方保密协议未约定保密费，劳动者也应当自觉保守商业秘密。

第二，关于保密期限，尽管法律对此并没有规定，但由于保密义务的产生是由于劳动者在工作中知悉了商业秘密，因此一般认为，保密期限应当从劳动者知悉用人单位商业秘密开始到解密时为止，建议用人单位与劳动者应在保密协议中明确约定保密期限。

第三，关于违反保密义务的责任问题。如果劳动者违反保密义务给用人单位造成损失，用人单位可以向劳动者主张赔偿因此带来的损失。诉讼中，用人单位主张劳动者违反保密义务的，应对劳动者泄密行为、损失和计算标准以及二者之间的因果关系承担举证义务。因此，用人单位可以在保密协议中对违反保密义务行为的具体情形等予以列举式规定，并注意保留好相关证据。

【法规链接】

《中华人民共和国劳动合同法》第二十三条

2. 与用人单位签订保密协议的劳动者离职后，是否可以从事与原单位业务相同的工作，用人单位能否追究其违约责任？

【裁判规则】

如果劳动者既没有与用人单位签订保密协议，也没有签订竞业限制协议，则劳动者离职后拥有完全的自由择业权，在择业方面是不受任何限制的，即使从事与原单位业务相同的工作，原单位也无权追究劳动者的责任。

但是，与用人单位签订保密协议的劳动者离职后，是否可以从事与原单位业务相同的工作，需要具体情况具体分析。

（1）如果劳动者既没有与用人单位签订竞业限制协议，也没有在保密协议或者劳动合同中约定竞业限制条款，劳动者离职时只负有依据保密协议或者条款来保守用人单位商业秘密和与知识产权相关的保密事项的义务，但不受竞业限制的约束，可以从事与原单位业务相同的工作，用人单位也不需要向劳动者支付经济补偿金。

（2）如果劳动者与用人单位签订了竞业限制协议，或者在保密协议或劳动合同中约定了竞业限制条款的，则劳动者离职后，在用人单位严格履行竞业限制约定的前提下，劳动者不但负有遵守保密协议约定的义务，而且要受到竞业限制条款的约束。劳动者在离职后一定期限内（最长不超过 2 年）不能到与本单位生产或经营同类产品、从事同类业务的有竞争关系的其他用人单位就业，或者自己开业生产、经营同类产品、从事同类业务。

【典型案例】王某与某公司劳动争议案

基本案情

王某于 2011 年 6 月 20 日入职某公司，岗位是注册部咨询顾问，月平均工资 9274. 16 元。双方签订了劳动合同及保密协议，其中保密协议约定，王某在职期间和自离职之日起 1 年内不能为与某公司存在竞争关系的企业工作或服务，也不以任何方式间接地为这些企业工作或服务。如果王某违约，应当一次性向某公司支付其月平均工资 6 倍金额的违约金。2015 年 3 月 29 日双方劳动关系解除。2015 年 8 月中旬，王某入职北京某知识产权代理有限公司。某公司认为，其与北京某知识产权代理有限公司经营范围存在重合，故王某违反了保密协议约定的竞业限制条款，应当支付相应违约金。某公司据此向劳动人事争议仲裁委员会申请仲裁。仲裁委裁决王某支付某公司违约金55 644.96元。王某不服，诉至法院。

裁判理由与结果

法院认为，王某与某公司签订保密协议，约定："在职期间和自离职之日起1年内不能为与某公司存在竞争关系的企业工作或服务，也不以任何方式间接地为这些企业工作或服务。"王某与某公司之间的劳动关系于2015年3月29日解除，王某认可其于2015年8月中旬入职北京某知识产权代理有限公司。北京某知识产权代理有限公司的经营范围与某公司的经营范围确有相同及相似之处，王某应该按照双方签订的保密协议支付某公司违约金。

【法律风险提示与实务操作建议】

保密义务与竞业限制存在差异，用人单位不能以其与劳动者之间签订有保密协议而要求劳动者履行竞业限制义务。劳动者与用人单位签订保密协议后离职的，是否可以从事与原单位业务相同的工作，应视双方是否签订有竞业限制协议或竞业限制条款而定。用人单位要求劳动者履行竞业限制义务的，原则上应以双方存在明确的合同约定为前提。[①]

上述案例中，某公司与王某双方协议虽名为保密协议，但内容涉及禁止劳动者从事或入职与原单位业务相同或相似的单位，因此实为约定了竞业限制条款，应当适用竞业限制制度规范双方权利义务。法律是允许约定竞业限制违约金的。关于竞业限制制度的具体内容详见下章。

【法规链接】

《中华人民共和国劳动合同法》第二十三条、第二十四条

---

① 按照《中华人民共和国公司法》第一百四十七条、第一百四十八条的规定，公司的董事、高级管理人员，负有对公司的忠实和勤勉义务，未经股东会或者股东大会同意，不得利用职务便利为自己或者他人谋取属于公司的商业机会，自营或者为他人经营与所任职公司同类的业务。即公司的董事、高级管理人员，在职期间负有竞业禁止的法定义务。

第二章
企业实行竞业限制制度的法律风险与实务操作

竞业限制是指用人单位与劳动者约定，解除或终止劳动合同后一定期限内，劳动者不得到与本单位生产或经营同类产品、从事同类业务的有竞争关系的其他用人单位任职，不得自己生产或者经营同类产品或同类业务。由于竞业限制在一定程度上限制了劳动者的自由择业权，因此法律对于竞业限制的主体、内容、期限、补偿金等问题进行了明确规定。

一、竞业限制协议的订立

有关竞业限制的权利义务应当通过签订竞业限制协议加以固定。

（一）竞业限制协议签订主体

用人单位可以与所有员工签订保密协议，但是，竞业限制协议的签订主体范围是受法律规定限制的。《劳动合同法》规定，竞业限制人员限于用人单位高级管理人员、高级技术人员和其他负有保密义务的人员。高级管理人员一般指《中华人民共和国公司法》（以下简称《公司法》）规定的公司经理、副经理、财务负责人，上市公司董事会秘书和公司章程规定的其他人员。此外，还包括高级研究开发人员、技术人员、市场销售、财会人员、秘书等比较容易接触到企业商业秘密的人员。

（二）协议内容

（1）用人单位与劳动者的义务。竞业限制协议的主要内容是约定双方义务，主要限制劳动者自由择业权，同时根据公平原则，用人单位也应当对竞业限制的范围和区域明确约定，不能随意扩大，如果完全剥夺了劳动者再就业的机会和可能，则该约定将因侵犯劳动者就业权而被认定为无效条款。

对于劳动者而言，竞业限制义务主要包括两个方面：一是限制劳动者到生产同类产品或经营同类业务且有竞争关系或其他利害关系的单位任职；二是劳动者不得自行建立与本单位业务范围相同的企业，不得自己生产、经营与本单位有竞争关系的同类产品或业务。也就是说，劳动者离职后一定期限内，既不能到原单位竞争对手公司工作，自己也不能成为原单位的竞争对手。

（2）竞业限制期限。《劳动合同法》规定用人单位和劳动者可以约定不超过 2 年的竞业限制期。超出 2 年的，超出部分无效。

（3）协议还应当约定竞业限制补偿金和违约金的数额或计算标准。

二、 竞业限制的补偿金

根据《劳动合同法》的规定，劳动者承担竞业限制义务的，原用人单位在竞业限制期限内按照约定向劳动者支付经济补偿。双方可以就竞业限制的补偿金标准进行约定，该标准不能低于劳动合同履行地最低工资标准。如果没有明确约定，且劳动者实际履行了竞业限制义务，根据《劳动争议司法解释（一）》（法释〔2020〕26 号）第三十六条，用人单位应当按照劳动者在劳动合同解除或终止前 12 个月平均工资的 30% 按月支付经济补偿；如果该月平均工资的 30% 低于劳动合同履行地最低工资标准的，则应当按照劳动合同履行地最低工资标准支付。

三、 竞业限制的违约金

根据《劳动合同法》的规定，劳动者违反竞业限制义务的，应当按照约定向用人单位支付违约金。法律没有明确违约金具体支付标准。用人单位应当遵循合理原则并根据实际情况确定。如果违约金金额过分高于用人单位实际损失，劳动者可以请求仲裁委或法院予以适当减少。

需要注意的是，即便劳动者违反竞业限制约定，向用人单位支付了违约金，用人单位仍然有权要求劳动者在约定期限内继续履行竞业限制义务。

四、 竞业限制协议的解除

根据《劳动争议司法解释（一）》（法释〔2020〕26 号）的相关规定，在符合法定情形和条件下，用人单位和劳动者均享有竞业限制协议的单方解除权。

（1）劳动者单方解除竞业限制协议。《劳动争议司法解释（一）》（法释〔2020〕26号）第三十八条规定（原《劳动争议司法解释（四）》第八条）规定，劳动合同解除或终止后，因用人单位的原因导致3个月未支付竞业限制经济补偿的，劳动者有权请求解除竞业限制约定。即劳动者单方解除应当具备两个条件。

一是实体上，须满足“因用人单位原因导致3个月未支付经济补偿”。并非用人单位一旦拖欠经济补偿金，劳动者就可以解除协议。如果拖欠经济补偿金达到3个月，劳动者就拥有了提出解除竞业限制协议的权利，而无须用人单位同意。

二是程序上，劳动者应当通知用人单位解除竞业限制协议，协议自通知到达用人单位时解除。

（2）用人单位单方解除竞业限制协议。根据《劳动争议司法解释（一）》（法释〔2020〕26号）第三十九条规定（原《劳动争议司法解释（四）》第九条），在竞业限制期限内，用人单位有权请求解除竞业限制协议。协议解除时，劳动者有权请求用人单位额外支付3个月的竞业限制经济补偿金。也就是说，用人单位可以根据实际经营状况和需要随时通知离职员工解除竞业限制协议，但为了保护劳动者能有合理的择业期间，劳动者有权要求用人单位额外支付3个月的经济补偿金。

【疑难问题】

1. 劳动者达到法定退休年龄后，要求用人单位支付竞业限制补偿的，如何处理？

【裁判规则】

劳动者达到法定退休年龄导致劳动合同终止的，除双方另行约定，原劳动合同中的竞业限制条款对退休后的劳动者仍有约束力。劳动者达到退休年龄后仍继续履行竞业限制义务的，有权要求用人单位支付竞业限制的经济补偿金。

【典型案例】 赵某与某佳乐公司劳动争议案

基本案情

赵某曾经是某佳乐公司员工，双方劳动关系因赵某于2009年5月28日达到退休年龄而终止。双方在劳动合同中约定，未经某佳乐公司书面许可，赵某在劳动关系结束后的6个月内不得以任何形式为某佳乐公司竞争对手工作，并约定竞业限制义务履行1个月时一次性支付赵某2.5个月平均工资的经济补偿金。2009年8月，赵某向某佳乐公司人事经理发送电子邮件，要求支付其2.5个月平均工资的竞业限制经济补偿金。某佳乐公司人事经理通过电子邮件通知赵某履行竞业限制义务，并告知不支付经济补偿金。

赵某于2009年9月向劳动争议仲裁委员会申请仲裁，要求某佳乐公司支付竞业限制经济补偿金。仲裁委以申请主体不符合为由决定不予受理。赵某不服，诉至法院。

裁判理由与结果

法院认为，本案争议焦点是双方订立的竞业限制条款在赵某退休后是否还有约束力。法律规定竞业限制制度既是为了保护用人单位的商业秘密，也是为了防止因不适当扩大竞业限制范围而侵害个人的就业权。劳动者在退休后继续提供劳动并获得报酬，如果到与原用人单位有竞争关系的单位工作会对原用人单位利益造成损害，退休人员所掌握的商业秘密不因其退休的事实而改变。某佳乐公司在与赵某签订竞业限制条款时，对赵某在劳动合同终止时退休的事实应当知晓，但双方仍约定竞业限制条款，表明双方自愿受此条款约束。某佳乐公司在劳动合同终止前及终止后一段时间内，均未明示放弃竞业限制条款，故竞业限制条款在此时间段内对公司仍应具有法律约束力。某佳乐公司未按约支付经济补偿金，且无证据证明赵某违反竞业限制条款，故对于赵某提出经济补偿金的诉讼请求，法院予以支持。

【法律风险提示与实务操作建议】

劳动者达到法定退休年龄并不等于丧失劳动能力，我国法律在劳动者达到法定退休年龄与用人单位终止劳动合同后，并不禁止劳动者继续提供劳动获得报酬。劳动者可以根据自身状况自由决定是否继续就业或自行创业，用人单位与劳动者在劳动合同中约定了竞业限制的有关工作，该条款属于双方真实意思表示，应当对双方具有约束力。故劳动者退休后竞业限制条款仍然有效，劳动者履行竞业限制义务的应获得经济补偿金。

【法规链接】

《中华人民共和国劳动合同法》第二十四条

《最高人民法院关于审理劳动争议案件适用法律问题的解释（一）》（法释〔2020〕26号）第三十七条

2. 劳动者或用人单位在竞业限制期限内是否可以单方面解除或者放弃劳动合同中竞业限制条款？

【裁判规则】

用人单位单方解除或放弃竞业限制条款，应当在合理期限内提前通知劳动者，给予劳动者自由择业和创业的准备期，但是对于劳动者在收到用人单位放弃或解除通知之前已经履行竞业限制义务的，用人单位仍应按照约定支付相应的经济补偿金。在解除竞业限制协议时，劳动者请求用人单位额外支付劳动者 3 个月的竞业限制经济补偿金的，人民法院应予支持。

劳动者也享有特定情形下的解除权，即当事人在劳动合同或者保密协议中约定了竞业限制和经济补偿金，劳动合同解除或者终止后，因用人单位的原因导致 3 个月未支付经济补偿金，劳动者请求解除竞业限制约定的，人民法院应予支持。但在劳动者违反竞业限制义务在先的情况下，无权要求解除竞业限制协议。

【典型案例】 史某与北京某医院劳动争议案件

基本案情

2013 年 6 月 1 日，史某与北京某医院签订聘用协议书。该协议约定期限自 2013 年 6 月 1 日起至 2014 年 5 月 31 日止；史某担任工程技术管理部给排水工程师；在协议期内及协议终止后约定时间内，史某不得违反公司有关竞业限制的规定，直接或间接从事与北京某医院具有竞争性质的工作。双方劳动关系自 2013 年 7 月 17 日解除。

2014 年 5 月 30 日，史某向仲裁委申请仲裁，要求北京某医院支付 2013 年 10 月 17 日到 2014 年 8 月 17 日期间竞业限制经济补偿金 30 000 元，请求裁定解除与北京某医院竞业限制协议。北京某医院在 2014 年 9 月 23 日仲裁答辩中表示史某岗位并非竞业限制岗位，无须其履行竞业限制义务。

2015 年 10 月 20 日，史某再次提起仲裁申请，要求北京某医院支付从 2014 年 8 月 18 日至 2015 年 10 月 17 日 14 个月的竞业限制补偿金 42 000 元。仲裁委作出裁决后，北京某医院对仲裁裁决不服，诉至法院。

裁判理由与结果

法院认为，史某于 2014 年 5 月提出劳动仲裁时，主张北京某医院未按照约定向其支付竞业限制补偿金，并申请解除约定的竞业限制协议，北京某医院亦在 2014 年 9 月 23 日仲裁庭审答辩中明确表示史某的岗位并非竞业限制岗位，无须史某履行竞业限制义务，应当视为史某与北京某医院就此达成了一致意见，并于当日解除了竞业限制协议。在史某主张与北京某医院解除竞业限制协议后，其再要求北京某医院支付2014年8月17日至2015年10月17日的竞业限制补偿金的诉讼请求，缺少事实与法律依据，法院不予支持。

【法律风险提示与实务操作建议】

通过本案提示用人单位，竞业限制协议不能随意约定。只有对于用人单位极为核心和重要的商业秘密，才需要采用竞业限制这种形式来加以保护。尤其在原《劳动争议司法解释（四）》出台以后，一些用人单位由于对竞业限制规定不了解，不加区别地对劳动者采用竞业限制，很容易引发劳动争议，导致人力资源管理成本的增加。

【法规链接】

《最高人民法院关于审理劳动争议案件适用法律问题的解释（一）》法释〔2020〕26号第三十八条、第三十九条

3. 竞业限制补偿金的标准如何确定？

【裁判规则】

劳动合同中有约定的，从其约定。对于当事人在劳动合同或者保密协议中约定了竞业限制，但未约定解除或者终止劳动合同后应给予劳动者的经济补偿数额，劳动者履行了竞业限制义务，要求用人单位按照劳动者在劳动合同解除或者终止前12个月平均工资的30%按月支付经济补偿金的，人民法院应予支持；月平均工资的30%低于劳动合同履行地最低工资标准的，按照劳动合同履行地最低工资标准支付经济补偿金。

【典型案例】 姜某与某德珍公司劳动争议案件

基本案情

姜某于2012年1月9日入职某德珍公司，双方劳动合同期限至2015年1月8日，并约定“雇员离职后2年之内不可在竞争对手公司任职”。双方未约定竞业限制的补偿金。2013年3月18日起姜某月工资调整为25 000元，2014年4月1日某德

珍公司改按10 000元每月支付姜某工资。2015年3月4日，某德珍公司向姜某送达解除竞业限制条款告知函。姜某向劳动人事争议仲裁委员会申请仲裁，要求某德珍公司支付竞业限制补偿金等。仲裁委作出裁决后，姜某及某德珍公司均不服仲裁裁决，诉至法院。

裁判理由与结果

法院认为，某德珍公司与姜某在劳动合同中约定"雇员离职后2年之内不可在竞争对手公司任职"，属于竞业限制，姜某主张履行了竞业限制义务，要求某德珍公司在劳动合同终止后支付经济补偿金，应予支持。姜某认可2015年3月4日收到了某德珍公司的解除竞业限制条款告知函，双方竞业限制约定应自2015年3月4日解除，但某德珍公司应额外支付姜某3个月的竞业限制经济补偿金。综合以上，某德珍公司共应支付姜某2015年1月9日至6月4日的竞业限制经济补偿金。

【法律风险提示与实务操作建议】

实践中，如果用人单位与劳动者双方约定了竞业限制义务但未明确约定竞业限制经济补偿金，劳动者履行了竞业限制义务的，对于经济补偿金的确定一般按照如下方式进行处理。

（1）如果双方能就补偿金问题达成补充协议，应当视为劳动者与用人单位就此形成了一致的意思表示，对用人单位和劳动者均具有约束力。

（2）如果双方未能就经济补偿金问题达成一致意见，但是劳动者履行了竞业限制义务，按照《最高人民法院关于审理劳动争议案件适用法律问题的解释（一）》（法释〔2020〕26号）第三十六条的规定处理，即劳动者有权主张不低于离职前12个月平均工资30%或劳动合同履行地最低工资的经济补偿标准。

（3）劳动者以用人单位未支付经济补偿金达3个月为由，要求解除竞业限制协议的，法院一般会予以支持；对于解除前劳动者确实已经履行相应竞业限制义务的，按照上述第（2）种情况处理。

（4）如果用人单位与劳动者双方未能就经济补偿问题达成补充协议，用人单位亦未实际支付经济补偿的，其以劳动者违反竞业限制义务为由，要求劳动者赔偿损失的，司法实务中法院往往倾向于不支持用人单位的主张。

因此，用人单位应尽量与劳动者提前约定补偿标准。经济补偿金的标准可以由用人单位与劳动者根据劳动者的职位、其掌握信息的状况、竞业限制的时间和范围等方面综合考虑、协商确定。结合实际实践来看，企业和劳动者约定的经济补偿金的金额在月工资的20% ~50%较为常见。

> 【法规链接】
>
> 《最高人民法院关于审理劳动争议案件适用法律问题的解释（一）（法释〔2020〕26号）》第三十六条、第三十九条

4. 用人单位和劳动者是否可以签订竞业限制协议约定竞业限制期限?

【裁判规则】

用人单位和劳动者可以在签订竞业限制协议时自行约定竞业限制期限，但双方约定的竞业限制期限不得超过2年，超过2年部分的约定无效。

【典型案例】 马某与某信息技术公司劳动争议案件

基本案情

马某原系某信息技术公司高级总监，在职期间主要负责电视剧版权采购以及自制剧采购工作。2014年2月，双方曾签订“不竞争协议”，约定竞业限制期限从马某离职之日开始计算，最长不超过12个月，但如因履行“不竞争协议”发生争议而导致仲裁或诉讼，马某应履行竞业限制义务的期限，在扣除仲裁和诉讼期限后，不应短于12个月。2017年2月28日，双方劳动关系到期终止。某信息技术公司向仲裁委员会申请仲裁，主张马某离职后违反了竞业限制协议，其应当继续履行竞业限制义务。

裁判理由与结果

法院经审理认为，首先，用人单位与劳动者约定竞业限制期限时，应当具体明确，以使劳动者对自身义务有合理预期并明确知晓，而不应当设置为不确定的期间。其次，劳动争议案件由于其特殊性，有相当数量案件需要经过“一裁两审”的程序，如按照双方约定，将仲裁与诉讼的审理期间剔除在竞业限制期限之外，则劳动者最终需要履行的竞业限制期限很有可能超过2年时间，与法律强制性规定相冲突，也可能导致用人单位为延长劳动者的竞业限制期限而滥用诉讼程序。再次，从权利义务的平衡角度出发，在我国现有劳动力市场的现状下，用人单位作为格式条款的拟定一方，在缔约

时天然比劳动者更具有优势，上述“不竞争协议”关于竞业限制期限的约定内容势必给劳动者增加更多的义务，而在一定程度上减轻用人单位的责任，导致双方权利义务严重失衡。最后，如用人单位认为劳动者的离职会给其单位商业秘密的安全造成巨大风险，完全可以在法律规定范围内直接规定最长的 2 年竞业限制期限，也可以通过竞业限制补偿金数额的调整以及违约责任的约定最大程度上规避此风险，但不应当使劳动者的择业自由权一直处于待定状态，导致用人单位与劳动者的权利义务严重失衡。综上，结合某信息技术公司在本案第 1 次庭审中关于“竞业限制期限应当为 1 年”的陈述，法院依法认定马某的竞业限制期限应当为离职之日起 12 个月，马某无须继续履行竞业限制义务。

【法律风险提示与实务操作建议】

竞业限制条款设立的目的在于保护用人单位的生产经营秘密，维护公平竞争秩序。但如果竞业限制期限过长，则又会对劳动者的再次就业造成不利影响，损害其正当权益。法律力求在保护用人单位商业秘密不受侵害和保障劳动者基本生存权利之间找到一个平衡点，因此规定，竞业限制期限约定超过 2 年的，竞业限制协议本身继续有效，但应当视为用人单位与劳动者之间关于竞业限制的时间为 2 年，超出 2 年期限的部分无效。

【法规链接】

《中华人民共和国劳动合同法》第二十四条

5. 用人单位与劳动者之间签署竞业限制协议是否对第三人发生法律效力？

【裁判规则】

根据合同相对性原则，合同只对缔约当事人具有法律约束力，对合同关系以外的第三人不产生法律约束力，只有订立合同方可基于竞业限制协议向对方提出请求、主张权利。关联公司之间，若仅有一家用人单位与劳动者签订竞业限制协议，则该协议仅能约束订立合同的双方，不宜任意扩大合同的主体范围。未与劳动者订立竞业限制协议的用人单位，无权依据关联公司与劳动者之间的竞业限制协议，要求劳动者在离职后履行竞业限制义务。

【法律风险提示与实务操作建议】

实践中，有些用人单位基于业务发展、公司组织架构的调整，存在劳动者在集团公司内部或关联企业间变换用工主体的情况，但是在订立竞业限制的时候，往往会存在误区，以为只要有一家企业与劳动者签订竞业限制协议即可。根据合同相对性原则，竞业限制协议仅仅对签订合同的双方具有约束力，即便是关联企业之间或者母子公司之间，竞业限制协议也不能随之当然适用于所有企业；如果与劳动者的用人单位发生了变化，未与劳动者订立竞业限制协议的用人单位不能依据其他关联公司的竞业限制协议，要求劳动者履行竞业限制义务。

此外，如果原用人单位认为劳动者违反了竞业限制协议义务，要求新用人单位与劳动者连带承担违约责任的，一般也很难获得法院支持；因为新用人单位并非竞业限制协议的签订主体，即便原用人单位与劳动者在竞业限制协议中约定了新用人单位的责任，亦不能拘束新用人单位。但是，若劳动者违反了竞业限制协议，可能会导致违约责任与侵权责任的竞合。原用人单位有权从侵犯商业秘密或不正当竞争的角度，要求新用人单位承担侵权责任，并要求新用人单位与劳动者就损失赔偿承担连带责任。

【法规链接】

《中华人民共和国劳动合同法》第二十四条

《最高人民法院关于审理劳动争议案件适用法律问题的解释（一）》（法释〔2020〕26号）第三十七条

6. 用人单位提前解除竞业限制协议是否需额外支付劳动者竞业限制补偿金？

【裁判规则】

用人单位在竞业限制期内解除竞业限制协议的，应额外支付劳动者3个月竞业限制经济补偿金。但是，如用人单位与劳动者解除劳动合同之时已告知劳动者无须履行竞业限制义务的，则无须支付。

【典型案例】姜某与北京某测控公司劳动争议案件

基本案情

姜某原为北京某测控公司员工，双方签订竞业限制协议，约定竞业限制期限为姜某离职之日起2年，补偿费月标准为姜某劳动合同解除或终止前12个月的平均工资的30%，竞业限制期内离职人员必须于每季度第5个工作日前填写“竞业限制人员个人信息告知单”书面告知公司人力资源部门，否则视为放弃竞业限制补偿费，公司停止支付竞业限制补偿费，但竞业限制人员仍要继续履行竞业限制义务。2015年9月30日，双方劳动关系到期解除。

姜某从未向北京某测控公司递交“竞业限制人员个人信息告知单”。2016年3月31日北京某测控公司向姜某出具“竞业限制终止通知书”，告知姜某自2016年4月1日起，终止其在离职期间所履行的竞业限制义务。

2016年5月24日姜某以要求北京某测控公司支付2015年10月至2016年3月竞业限制的补偿金为由向劳动人事争议仲裁委员会提起仲裁申请，仲裁委作出不予受理案件决定，姜某随后向法院起诉，要求支付其竞业限制补偿金以及提前解除竞业限制协议补偿款。

裁判理由与结果

法院认为，竞业限制补偿金的给付是以劳动者履行竞业限制义务为给付基础的，并不因劳动者是否能提供离职后再就业信息为给付条件。当姜某履行竞业限制义务时，北京某测控公司并不能因姜某未提交“竞业限制人员个人信息告知单”为由而免除应支付竞业限制补偿金的义务。北京某测控公司无证据证明姜某违反竞业限制义务，故应向姜某支付2015年10月至2016年3月竞业限制补偿金。就姜某主张的北京某测控公司提前解除竞业限制协议补偿款一项，该诉求虽未经过仲裁前置程序，但与诉争事项具有不可分性，应合并审理。在解除竞业限制协议时，劳动者请求用人单位额外支付劳动者3个月的竞业限制经济补偿金的，人民法院应予支持。鉴于此，北京某测控公司应向姜某支付提前解除竞业限制协议的额外3个月竞业限制补偿金。

【法律风险提示与实务操作建议】

竞业限制是用人单位与劳动者达成约定后享有的一项权利。根据权利性质来看，用人单位作为权利的享有者，有权行使该权利，也可以放弃该项权利。用人单位可以根据情况在竞业限制期满前决定是否放弃竞业限制权利。在通常情况下，用人单位有权单方面通知解除竞业限制条款，但应当在合理期限内适当提前通知劳动者，给予劳动者自由择业和创业的准备期。

【法规链接】

《最高人民法院关于审理劳动争议案件适用法律问题的解释（一）》（法释〔2020〕26号）第三十九条

7. 劳动者违反竞业限制约定是否应向用人单位支付违约金？

【裁判规则】

用人单位与负有保密义务的劳动者关于竞业限制的约定是合法有效的，对双方是有约束力的。劳动者在离职后有权要求用人单位依约支付竞业限制补偿金，自身也应依约、诚信履行竞业限制义务，不得在与原用人单位存在竞争关系的企业就职，亦不能自行成立竞争企业，否则应依据法律规定及协议约定，承担相应的法律责任。

【典型案例】 薛某与某立信公司劳动争议案件

基本案情

薛某原为某立信公司客户经理，双方劳动合同期限至2015年8月27日，并约定薛某竞业限制期限为自离职后2年，竞业限制期间补偿标准为每月发放个人基本工资的20%；如果薛某违反竞业限制约定，应承担的违约金相当于公司因此所承受的直接或间接损害和损失。2016年8月15日，因薛某辞职，双方劳动关系解除。此后，某立信公司并未向薛某支付竞业限制期间的补偿金。

2016年3月30日，薛某妻子刘某成立某润思德公司，刘某任法定代表人。某润思德公司网络招聘信息显示，薛某系该公司客户经理。

某立信公司主张薛某在离职后存在违反竞业限制行为，并据此提起仲裁申请，要求薛某赔偿因其行为给公司造成的400余万元损失。仲裁委作出裁决后，薛某与某立信公司均不服仲裁裁决，提起诉讼。

裁判理由与结果

法院认为，薛某的职位以及工作内容决定其系能够掌握公司一定商业秘密的主体，且其与公司签订了竞业限制条款，故其属于应受竞业限制条款约束的对象；公司支付竞业限制补偿金的前提是离职员工履行竞业限制条款约定的义务，某立信公司虽未支付薛某竞业限制补偿金，但薛某违约在先，故薛某应在2016年8月15日至2018年8

月14日履行竞业限制义务。薛某违反约定，构成违约，根据双方合同约定，如果薛某违约，应赔偿因违约给公司造成的直接和间接损失，故薛某应支付某立信公司相应的违约金，具体违约金数额法院根据薛某违约获利情况、其在职期间薪酬水平以及本案具体情况酌定。随后法院判决，薛某继续履行竞业限制义务直至2018年8月14日，并支付某立信公司违约金500 000元。

【法律风险提示与实务操作建议】

根据法律规定，劳动者违反竞业限制义务的违约责任有三种形式：违约金责任、损害赔偿责任、继续履行。需要注意的是，劳动者违约责任的承担并不以原用人单位的利益受到损害为要件，劳动者如果存在违反竞业限制约定的行为，用人单位就可以向其主张违约责任。实践中对于违约金的承担，需要注意以下三点。

第一，劳动者承担违约金的前提条件是双方在竞业限制协议中约定了违约金条款。如果双方合同未有违约金条款约定，用人单位只能要求劳动者承担赔偿责任。

第二，法律没有明确规定违约金具体标准。由于竞业限制违约金的约定具有惩罚性质，实践中，裁审部门一般尊重双方意思自治。如果劳动者主张违约金约定过分高于用人单位实际损失，一般会综合考量双方过错程度、劳动者掌握信息的范围、信息获得的难易程度、用人单位遭受的损失（包括预期利益损失）等综合因素，根据公平原则和诚实信用原则，认定违约金是否应当调整。

第三，违约责任的承担并不影响用人单位要求劳动者继续履行竞业限制协议。

【法规链接】

《中华人民共和国劳动合同法》第二十四条

《最高人民法院关于审理劳动争议案件适用法律问题的解释（一）》（法释〔2020〕26号）第三十六条、第三十七条、第三十八条、第三十九条

8. 竞业限制违约金约定过高，劳动者是否可向法院申请酌减？

【裁判规则】

基于公平合理的原则，劳动者与用人单位均在竞业限制协议中约定了补偿金与违约金的情况下，当约定的劳动者违反竞业限制违约金与劳动者所得的竞业限制补偿金数额悬殊，且用人单位未能举证证明违约行为造成的经济损失时，法院可以根据劳动

者的申请，综合考虑劳动者的违约情况、收入状况、在职时间及所在地区经济水平等因素，酌减违约金的数额。

【典型案例】 焦某与某商贸公司劳动争议案件

基本案情

焦某于2011年11月26日入职某商贸公司，担任北京销售总监及中国区政府事业部销售总监。双方约定了1年的竞业限制期，竞业限制经济补偿金月度金额相当于劳动合同终止前一个月基本工资金额的1/3；焦某如违反竞业限制义务，则应当向公司支付相当于本协议约定的竞业限制补偿金总额3倍的违约金。2017年3月15日，双方劳动关系因焦某辞职解除。某商贸公司每月向焦某支付竞业限制经济补偿金（税后）18 912元。

后某商贸公司因焦某存在违反竞业限制义务行为，向劳动人事争议仲裁委员会提出仲裁申请，要求焦某继续履行竞业限制义务、返还业已支付的竞业限制补偿金、支付违反竞业限制的违约金。仲裁委作出裁决后焦某不服仲裁裁决，诉至法院。

裁判理由与结果

一审法院认为，焦某虽提出公司主张的违约金金额高于公司的损失及个人能承受的范围，但结合双方庭审陈述及合同约定，一审法院对焦某提出的酌减竞业限制违约金的主张不予支持，并基于双方所确认焦某离职前12个月平均工资数额，判定焦某应依法向某商贸公司支付违约金851 040元。综上所述，一审法院判决：①焦某履行与某商贸公司间竞业限制义务至2018年3月14日；②焦某向某商贸公司支付违反竞业限制义务的违约金851 040元。焦某不服，提起上诉。二审法院审理后判决驳回上诉，维持原判。

【法律风险提示与实务操作建议】

用人单位与劳动者双方协商确定竞业限制的补偿金和违约金数额时，应当遵循自愿、公平、合理的原则，依照相关法律规定予以确定。用人单位应当避免利用强势地位约定不合理的补偿及违约条款。劳动者则应充分了解签订竞业限制协议的法律后果，并遵守合同约定，以免承担高额违约责任。但考虑到实务中，在订立竞业限制协议时，合同文本往往是用人单位提供的，用人单位往往占据相对优势地位，劳动者就具体合同条款，特别是违约金条款的协商余地较小。在劳动仲裁或诉讼过程中，如果劳动者主张双方约定的违约金过高，而用人单位未能举证证明违约行为造成的经济损失时，法院往往会参照《中华人民共和国合同法》第一百一十四条第二款的规定，综合考量劳动者给用人单位造成的损害，劳动者的主观过错程度、工资收入水平、职务、在职时间、违约时间，用人单位应支付的经济补偿数额以及劳动合同履行地的经济水平等案件具体情况，审查双方约定的违约金金额是否失衡，以平衡用人单位与劳动者的权利。

【法规链接】

《中华人民共和国劳动合同法》第二十四条

《北京市高级人民法院、北京市劳动争议仲裁委员会关于劳动争议案件法律适用问题研讨会会议纪要》第38条

9. 劳动者违反竞业限制义务给用人单位造成损失的，是否需承担赔偿责任？

【裁判规则】

劳动者违反竞业限制义务，用人单位主张赔偿经济损失，不以双方的约定为前提，如果劳动者存在违反竞业限制的行为，给用人单位造成的损失超过违约金的，用人单位可以要求劳动者另赔偿经济损失。

【典型案例】 张某与某公司劳动争议案件

基本案情

张某于2011年1月入职某公司，担任外联项目经理，月工资为4730元，工资支付至2016年2月。双方在员工聘用合同中约定“严重失职，营私舞弊，在工作时间或利用公司资源谋取私利、从事与公司竞争性业务，对单位利益造成损害的，可以解除聘用合同并无须给予任何补偿”。2015年1月至2016年2月，张某从某公司领取的劳动报酬共计198 347.77元。

某询公司成立于2009年7月，性质为自然人独资有限责任公司，张某在某公司任职期间同时担任某询公司的法定代表人。2014年5月至2016年2月，某询公司给张某汇款合计272 386.4元。某询公司与某公司业务存在重合。

某公司曾将张某及某询公司诉至法院，案由为不正当竞争纠纷。法院判决驳回某公司的全部诉讼请求，并载明“需要指出的是，张某在某公司任职期间同时担任某询

公司的法定代表人，且某询公司从事与某公司相同的对外投资咨询服务，对此张某违反了与某公司的竞业限制约定，某公司可另行主张。”

某公司向仲裁委申请仲裁，以张某的行为违反了劳动合同竞业限制的约定给公司造成损失，要求张某支付损失赔偿。张某辩称，某公司主张的竞业限制约定系双方所签劳动合同第六条第五款，但某公司并未支付竞业限制补偿金。

裁判理由与结果

一审法院以双方所约定内容并非竞业限制义务，且某公司未能举证证明实际损失发生为由，判决驳回某公司全部诉讼请求。某公司不服，提起诉讼。

二审法院经审理认为，无论基于双方约定，还是从劳动者忠实义务角度，张某在职期间应当负有竞业限制义务。虽然法律仅规定了劳动者离职后的竞业限制义务，但并未禁止在职期间约定劳动者竞业限制义务。且从常识和《劳动法》原则可以推断，劳动者在职期间违反竞业限制义务，相较于离职后违反竞业限制义务，主观恶性更为严重，对用人单位造成的不良影响也更为突出。根据生效判决，张某存在违反竞业限制义务的行为。鉴于张某主观过错明显，应做惩罚性处置，纳入损失数额考量因素，以发挥司法指引教育功能。法院结合张某在职期间从某公司所获得的劳动报酬及张某主观过错程度、行为持续时间、行为性质后果、某公司合法权益受侵害程度等情节，兼顾公平原则，酌定张某赔偿某公司损失 30 万元。综上，二审法院遂改判张某赔偿某公司损失 30 万元。

【法律风险提示与实务操作建议】

用人单位应对劳动者负有劳动保护义务，劳动者应对用人单位尽忠实义务。劳动者的忠实义务是诚实信用原则和劳动者职业道德的自然延伸。一方面，劳动者在职期间的竞业限制，是劳动者与用人单位建立劳动关系的前提和基础，属于劳动合同的附随义务，来源于诚实信用原则，无须另行约定。另一方面，在职期间竞业限制义务是《劳动法》社会属性的应有之义。劳动者在职期间应当遵守职业道德，不得损害用人单位利益。劳动者违反竞业限制义务，除了支付违约金外，给用人单位造成损失的，用人单位还有权要求其承担赔偿责任。

【法规链接】

《中华人民共和国劳动合同法》第二十三条、第二十四条

10. 用人单位构成违法解除劳动关系时，劳动者是否仍需遵守竞业限制协议？

【裁判规则】

竞业限制系用人单位与劳动者就劳动者离职后择业自由是否受限所作出的特殊约定，依据现行劳动法律法规，该约定的效力并不受解除行为合法性的影响。

具体而言，当违法解除劳动关系情形与竞业限制协议并存时，可能存在两种情形。第一，用人单位违法解除劳动关系，劳动者选择继续履行劳动合同且法院判决双方继续履行劳动合同。此时，双方劳动合同关系并未解除，因此尚不具备履行约定竞业限制义务的条件。因此，劳动者无权主张竞业限制补偿金。第二，用人单位违法解除劳动关系，劳动者要求用人单位支付违法解除赔偿金或法院审理认定双方间劳动合同关系无法继续履行。在此情况下，双方间劳动关系确实处于解除状态。因此，双方间竞业限制协议满足了劳动关系解除的要件，双方均应按照约定，诚信履行竞业限制协议的约定义务。

【典型案例】 林某与某公司劳动争议案件

基本案情

林某于2011年1月入职某公司任研发工程师，双方签订的劳动合同期限至2015年12月31日。双方另签订“保密及竞业限制协议”，约定“林某自解除劳动关系或离开某公司之日起两年内，不得到生产同类产品或经营同类业务且与某公司有竞争关系的其他用人单位任职；竞业限制期内，某公司应按月向林某支付竞业限制补偿金，每月5000元”。2014年8月，某公司以林某严重违纪为由解除双方劳动关系。2014年12月，林某提起劳动仲裁。

仲裁委作出裁决后，林某不服，提起诉讼，要求某公司支付违法解除劳动关系赔偿金200 000万元及竞业限制补偿金15 000元。案件审理过程中，某公司主张解除劳动关系的决定合法有效；假使法院认定某公司解除行为违法，则应一并认定某公司与林某间“保密及竞业限制协议”无效，双方无须继续履行，某公司无须向林某支付竞业限制补偿金。

裁判理由与结果

法院经审理后认为，某公司解除决定缺乏必要事实依据，构成违法解除劳动关系。至于双方间“保密及竞业限制协议”，该协议为某公司与林某间协商确定，未违反法律法规的强制性规定，应属有效，双方均应遵守。故在某公司未能提交证据证明林某存在违反竞业限制约定的情形下，某公司应按照约定向林某支付竞业限制补偿金15 000元。

【法律风险提示与实务操作建议】

实务中，有些劳动者存在误解，认为如果用人单位构成违法解除劳动合同的，竞业限制协议就不用履行了。《劳动争议司法解释（一）》（法释〔2020〕26号）第三十七条明确说明，劳动合同的解除不影响竞业限制约定的效力，该竞业限制的约定具有相对独立性。也就是说，不论是用人单位违法解除还是劳动者被迫解除劳动关系，都不必然导致竞业限制的约定失效。除非双方另有约定，否则不论劳动合同因何解除，竞业限制条款对双方都具有约束力，双方应当依约履行义务。因此，即便是在用人单位违法解除劳动合同的情形下，如果用人单位与劳动者之间订立有竞业限制协议，那么劳动者仍应继续履行竞业限制义务，用人单位也应依据合同约定发放相应的经济补偿金，否则会面临违反竞业限制协议的法律风险。

【法规链接】

《最高人民法院关于审理劳动争议案件适用法律问题的解释（一）》（法释〔2020〕26号）第三十六条、第三十七条、第三十八条、第三十九条

第三章 培训与服务期制度的法律风险与实务操作

很多用人单位都会选择为劳动者提供职业培训以提高企业竞争力。由于这种方式能够带来双赢，《劳动法》通过规定培训与服务期制度，鼓励并保护用人单位的培训投入做法。

一、 约定服务期的约定

服务期是指用人单位与获得特殊待遇的劳动者在劳动合同或协议中约定的，劳动者应当为用人单位服务的期限。服务期内，劳动者不能解除或终止劳动合同。只有在法定情形下才能约定服务期。

根据《劳动合同法》的约定，用人单位为劳动者提供专项培训费用，对其进行专业技术培训的，可以与该劳动者约定服务期。据此，一般认为约定服务期应当符合以下条件。

第一，用人单位提供了义务性培训以外的专业技术培训。义务性培训是法定义务，是指用人单位根据法律要求，为劳动者提供的安全卫生教育、岗前培训或转岗培训等。而专业技术培训则是指为劳动者提供的专业知识和职业技能的培训，可以是课堂或视频教学，也可是现场观摩、操作或师徒式学习；可由本公司或关联公司的人员进行，也可由其他公司或培训机构进行；较长期限的脱产、半脱产学习，更为接近专业技术培训，一般包括学历教育，委托大专院校、科研院所、培训中心等代为培训；外语、专业职称等专项能力培训；出国或异地进修、研修、做访问学者等。

第二，用人单位为此支付了培训费用。根据《劳动合同法实施条例》的规定，培训费用包括用人单位为了对劳动者进行专业技术培训而支付的有凭证的培训费用、培训期间的差旅费以及因培训产生的用于该劳动者的其他直接费用。

因用人单位为劳动者支付了培训成本，法律允许双方约定劳动者在用人单位的最短工作年限。尽管法律对服务期的年限没有作出具体规定，双方当事人可以平等协商确定，但用人单位应当注意不能滥用权利随意约定服务期。如果约定期限显失公平，是得不到法律支持的。

二、 违反服务期约定的法律后果

（一） 支付违约金

根据《劳动合同法》的规定，用人单位与劳动者在培训服务协议中可以约定违约金，如果劳动者违反服务期约定，应当向用人单位支付违约金。

（1）违约金金额

双方约定违约金金额不能超过法律所规定的上限。具体而言，服务期尚未开始的，违约金的数额不能超过用人单位提供的培训费用；服务期已经开始的，违约金数额不得超过服务期尚未履行部分所应分摊的培训费用。也就是说，用人单位在与劳动者约定违约金数额时，可以直接按照培训费用总额、违约事件以及服务期已履行的时间来确定。

（2）支付违约金情形

劳动者违反服务期约定的，以下三种情形应当按照约定向用人单位支付违约金：

第一，劳动者因个人原因单方提出解除劳动合同；

第二，经劳动者提出双方协商一致解除劳动合同；

第三，用人单位过错性解除劳动合同。具体包括：①严重违反用人单位的规章制度的；②严重失职，营私舞弊，给用人单位造成重大损害的；③劳动者同时与其他用人单位建立劳动关系，对完成本单位的工作任务造成严重影响，或者经用人单位提出，拒不改正的；④劳动者以欺诈、胁迫的手段或趁人之危，使用人单位在违背真实意思的情况下订立或者变更劳动合同致使劳动合同无效的；⑤被依法追究刑事责任的。

存在以下两种情形的，即使劳动者在服务期内，也无须支付违约金：

第一，劳动者主张用人单位存在违法行为，依照《劳动合同法》第三十八条解除双方劳动合同的；

第二，试用期内劳动者解除劳动合同的。

（二） 赔偿损失

如果用人单位与劳动者没有签订培训或服务期协议，或协议中对于违约金未作明确约定，劳动者违反服务期约定的，应当承担损失赔偿责任。根据《劳动部办公厅关于试用期内解除劳动合同处理依据问题的复函》的规定，用人单位出资对职工进行各类技术培训，职工提出与单位解除劳动关系的，如果试用期满，在合同期内，用人单位可以要求劳动者支付该项培训费用。具体支付方法是：约定服务期的，按服务期等分出资金额，以职工已履行的合同期限递减支付；没有约定服务期的，按照劳动合同期等分出资金额，以职工已履行的合同期限递减支付；没有约定合同期的，按 5 年服务期等分出资金额，以职工已履行的服务期限递减支付。据此，劳动者应当按照用人单位实际支付的培训费用总额和已经履行的服务期情况承担赔偿责任。

【疑难问题】

1. 用人单位为其招用的劳动者办理了本市户口，双方据此约定了服务期和违约金，产生纠纷后用人单位以双方约定为依据要求劳动者支付违约金的，如何处理？

【裁判规则】

用人单位为劳动者办理了本市户口，双方据此约定了服务期和违约金，产生纠纷后用人单位以双方约定为依据要求劳动者支付违约金的，不应予以支持。

确因劳动者违反了诚实信用原则，给用人单位造成损失的，劳动者应当予以赔偿。可以将此种福利转化为金钱衡量，要求劳动者将未履行年限部分分摊的福利，以金钱的方式退还用人单位。比如集资建房与市场价的差价，除以合同约定的年限即为劳动者实际每年享受的额外福利利益，未履行完的服务年限，劳动者按相应金额和年限退还用人单位。如果是户口调动，可以办理户口的费用计算。

【典型案例】 孙某与北京某科技公司劳动争议案件

基本案情

孙某于 2012 年 7 月 11 日入职北京某科技公司，担任研发工程师，双方签订了起止期限分别为 2012 年 7 月 11 日至 2015 年 7 月 10 日和 2015 年 7 月 11 日至 2018 年 7 月 10 日的劳动合同。2012 年 9 月 4 日双方签订劳动合同补充协议，约定北京某科技公司为孙某办理北京落户手续，孙某保证在该公司的服务年限不低于 5 年，若孙某不能在该公司连续工作 5 年而提前离职，该公司可以按照国家的相关规定将孙某户口返回原籍或不予协助办理相关的户口转出手续，除非孙某将其提前离职给公司造成的实际损失（不低于 20 万元人民币）在离职前支付给该公司。2016 年 12 月 12 日，孙某因个人原因向北京某科技公司提出辞职，双方劳动合同于2017年1月17日解除。北京某科技公司向劳动争议仲裁委员会提出仲裁申请，要求孙某赔偿损失20万元。仲裁委驳回了北京某科技公司的申请请求。北京某科技公司不服，诉至法院。

裁判理由与结果

法院认为，根据劳动合同补充协议内容，孙某明知进京户口指标为重要的稀缺资源，亦知晓在其服务期满前单方提出辞职违反诚实信用原则，且会给北京某科技公司造成不低于20万元的损失。孙某在北京某科技公司为其办理北京户口之后、未满服务期提前离职，确实会给北京某科技公司在人才引进及招录同岗位人员等方面带来隐性损失。北京某科技公司有权基于违反诚实信用原则要求孙某赔偿其服务期尚未履行部分所对应的损失，故对北京某科技公司关于要求孙某赔偿损失的诉讼请求中的合理部分予以支持。遂判决孙某向北京某科技公司赔偿损失2万元。

【法律风险提示与实务操作建议】

根据《劳动合同法》的规定，用人单位只有为劳动者提供专项培训费用，进行专业技术培训的，才能与劳动者约定服务期。用人单位提供其他特殊福利待遇的，不能约定服务期或违约金。

但实际生活中，在北京、上海这些户口、住房等生活资源较为紧张的城市，如果用人单位为劳动者提供住房、解决户口或提供其他特殊待遇的，为了平衡用人单位的利益，有些地区对双方因此约定的服务期也作出了一定的保护性规定。例如北京规定，用人单位为劳动者解决户口的，确因劳动者违反了诚实信用原则，给用人单位造成损失的，劳动者应当予以赔偿。

【法规链接】

《中华人民共和国劳动合同法》第二十二条

《北京市高级人民法院、北京市劳动争议仲裁委员会关于劳动争议案件法律适用问题研讨会会议纪要》第33条

《北京市高级人民法院、北京市劳动人事争议仲裁委员会关于审理劳动争议案件法律适用问题的解答》第14条

2. 在不属于《劳动合同法》第三十八条规定的情况下，劳动者违反劳动合同约定的期限提前解除合同，用人单位拒绝继续履行约定的正常劳动报酬、福利以外的经济方面的特殊待遇，或者要求劳动者返还特殊待遇的，如何处理？

【裁判规则】

用人单位除向劳动者支付正常劳动报酬外，还特别给予劳动者如汽车、房屋、住房补贴等经济方面特殊待遇，双方对特殊待遇与约定工作期限的关联性有明确约定的按约定；虽无明确约定，但能够认定用人单位系基于劳动者的工作期限给予劳动者特殊待遇的，由于劳动者未完全履行合同，用人单位可以就劳动者未履行合同对应部分拒绝给付特殊待遇，对已经预先给付的，可以按照相应比例要求返还。

【典型案例】 杜某与某航空公司劳动争议案

基本案情

杜某于2013年4月1日与某航空公司签订劳动合同，合同有效期至2023年3月31日，杜某担任市场副总。同日，双方签订补充协议作为劳动合同附件，约定某航空公司负担杜某与原单位办理离职须支付的赔偿金50万元，待杜某正式到岗后，持赔偿金发票到某航空公司财务部办理；双方劳动合同期限10年，其间因某航空公司原因提出解除合同，杜某不负责赔偿金的偿还；如因杜某原因提前离职，杜某须按合同履行剩余年限比例偿还赔偿金。2013年4月8日，某航空公司在杜某未提交赔偿金发票的情况下，向杜某支付了50万元。

杜某于2015年11月29日以某航空公司拖欠工资等为由向某航空公司提出解除劳动合同。后某航空公司提出仲裁申请，要求杜某返还公司50万元。仲裁委作出裁决后，某航空公司不服裁决，持上述请求诉至法院。

裁判理由与结果

法院认为，某航空公司在未收到任何票据的情况下即向杜某支付50万元，且在长达2年多的劳动关系存续期间内未向杜某催要相关票据，表明某航空公司以其实际支付行为变更了协议内容，默认杜某无须提供票据。关于杜某合同期内提前解除劳动合同是否应返还款项，根据补充协议约定可知，如系因杜某原因提前解除劳动合同，杜某需返还赔偿金。反之，如因某航空公司原因导致劳动合同提前解除，杜某则不负有返还赔偿金的义务。杜某系以某航空公司拖欠工资为由与其解除劳动关系，依据现有证据，某航空公司确未足额支付杜某工资，构成协议约定的“因某航空公司原因提前解除本合同的，杜某不承担赔偿金的返还”之情形，因此，法院对某航空公司要求杜某返还50万元的请求不予支持。

【法律风险提示与实务操作建议】

用人单位给予劳动者特殊福利待遇，如果劳动者违反双方基于特殊福利待遇约定的服务年限提前离职，用人单位能否依据协议约定主张劳动者全额返还?

实践中，特殊福利待遇给予的对象较一般劳动者往往强势一些，故不能以《劳动法》倾斜保护而不分情况、一刀切解决所有问题。正常劳动报酬、福利待遇之外的特殊待遇，如提供房屋、车辆等，属于私法范畴，应当倡导尊重当事人之间的意思自治，且《劳动合同法》第十七条实际上给予了双方任意约定的空间。因此，劳动者与用人单位之间协商一致约定特殊待遇的，如果不违反法律的强制性规定，应当认定为合法有效。

各地法院对于该问题也出台了相关政策，例如《北京市高级人民法院、北京市劳动人事争议仲裁委员会关于审理劳动争议案件法律适用问题的解答》第14条就明确，用人单位除向劳动者支付正常劳动报酬外，还特别给予劳动者如汽车、房屋、住房补贴等经济方面特殊待遇，双方对特殊待遇与约定工作期限的关联性有明确约定的按约定；虽无明确约定，但能够认定用人单位系基于劳动者的工作期限给予劳动者特殊待遇的，由于劳动者未完全履行合同，用人单位可以就劳动者未履行合同对应部分拒绝给付特殊待遇，对已经预先给付的，可以按照相应比例要求返还。对于上述处理意见需要注意以下几点：

（1）用人单位不存在《劳动合同法》第三十八条规定的情况。

（2）劳动合同明确约定了期限，且劳动者违反了约定的期限解除合同。

（3）用人单位除向劳动者支付正常劳动报酬外，还特别给予劳动者价值较高的财物，如汽车、房屋、住房补贴等经济方面特殊待遇，形成对价。

（4）是否有证据证明用人单位系基于劳动者的工作期限，给予劳动者特殊待遇。

（5）劳动者违反约定期限解除合同时，劳动合同未完全履行的，用人单位可以就劳动者未履行合同对应部分拒绝给付特殊待遇；已经预先给付的，可以按照相应比例要求返还。

（6）双方在特殊待遇之外再约定违约金的，因为《劳动合同法》明确限制约定违约金的情形仅限于两种，故返还特殊待遇之外违约金的约定因违反法律强制性规定而无效。

【法规链接】

《中华人民共和国劳动合同法》第二十二条

《北京市高级人民法院、北京市劳动争议仲裁委员会关于劳动争议案件法律适用问题研讨会会议纪要》第33条

《北京市高级人民法院、北京市劳动人事争议仲裁委员会关于审理劳动争议案件法律适用问题的解答》第14条

3. 劳动者违反服务期约定的，用人单位能否同时要求劳动者返还培训费用，并承担违约责任？

【裁判规则】

劳动者违反服务期约定，用人单位可以要求劳动者支付违约金，或者可以要求劳动者返还公司为其支付的培训费用，但用人单位只能在两者中择一主张，且其主张的违约金不得超过服务期尚未履行部分所应分摊的培训费用。

审判实践中，法院一般会审查劳动者与用人单位之间是否有进行专业技术培训之后的服务期约定，劳动者是否违反服务期约定，由用人单位举证证明培训所产生的直接费用并提供有凭证的票据；同时，法院亦会查明劳动者已经实际履行的服务期限，进行违约金的合理分摊。

【典型案例】 蒋某与某航空公司劳动争议案件

基本案情

蒋某原系海军航空兵，2008年转业进入某航空公司工作，双方于2008年11月1日签订无固定期限劳动合同，约定蒋某担任管理岗位。自2010年1月起，某航空公司委托中国民用航空培训学院等单位对蒋某进行培训。2010年6月，蒋某取得商用飞机驾驶员执照。2010年9月7日，双方签订协议书，约定蒋某与某航空公司签订无固定期限劳动合同，某航空公司一次性向蒋某发放引进费20万元（税后），蒋某在某航空公司处服务至法定退休年龄，在此之前蒋某提出解除或终止劳动合同的，应向某航空

公司支付培训费用及引进费用（含个人所得税），同时还需支付全部费用总额的20%作为违约金。后某航空公司依约向蒋某发放引进费20万元（税后）。

2015年1月5日，蒋某向某航空公司邮寄解除劳动关系通知书（法院确认，双方劳动关系于2015年2月5日解除）。后某航空公司申请仲裁，要求蒋某支付培训费98万元、引进费20万元（税后）、违约金23.6万元、经济损失30万元。仲裁委作出裁决后，某航空公司与蒋某均不服仲裁裁决，提起诉讼。

裁判理由与结果

法院认为，某航空公司为蒋某安排了专业性培训，支付了培训费用，并约定了服务期限，现蒋某未达到约定服务期限向某航空公司提出解除劳动合同，应向某航空公司支付培训费或违约金。经法院释明，某航空公司在培训费和违约金之间只能择一主张，某航空公司选择要求蒋某支付培训费。关于培训费计算标准，因某航空公司无证据证明实际支出费用，法院参考民航人发〔2005〕104号文和〔2005〕109号文确定具体补偿金额并综合全案证据，确定蒋某须支付2010年1月18日至2015年2月5日的培训费707 287.67元。关于引进费，双方在协议书中的相关约定不违反法律强制性规定，蒋某对此应予返还。关于损失，因无事实和法律依据，法院对此不予支持。

【法律风险提示与实务操作建议】

根据《劳动合同法》第二十二条的规定，用人单位为劳动者提供专项培训费用，对其进行专业技术培训的，可以与该劳动者订立协议，约定服务期。劳动者违反服务期约定的，应当按照约定向用人单位支付违约金。违约金的数额不得超过用人单位提供的培训费用。用人单位要求劳动者支付的违约金不得超过服务期尚未履行部分所应分摊的培训费用。从上述规定可知，用人单位为劳动者提供专项培训费用，对其进行专业技术培训的，双方可以约定服务期，违反服务期约定的，劳动者只需支付违约金而无须另行返还培训费用。此外，上述规定还明确了违约金的上限：①双方约定的违约金数额不得超过用人单位提供的培训费用；②用人单位要求支付的违约金不得超过服务期尚未履行部分所应分摊的培训费用。司法实践中，用人单位需要主张返还培训费的，需要对其支出的培训费承担举证责任。因此，用人单位在日常管理中，如果对员工提供了专项培训，应当注意留存好关于专项培训的合同、发票等相关证据，避免在仲裁诉讼中因无法举证培训费支出而面临败诉风险。

上述案件中涉及比较特殊的飞行员离职引发劳动争议的问题。飞行员离职引发的劳资纠纷及培训费、违约金、引进费（签约费）等矛盾，实质上是个人利益与公共利益的矛盾。飞行员的劳动者身份比较特殊，一方面应当保障其作为劳动者的权利，另一方面需合理限制其权利的行使，保障民用航空公司人力资本投资收益和公共利益。即便是特殊行业，法律也不允许用人单位通过协议约定高昂的违约金，违约金与培训费用损失用人单位在二者中间只能择其一进行主张，且金额不得超过培训费用综合，这是需要用人单位特别注意的。

【法规链接】

《中华人民共和国劳动合同法》第二十二条

《中华人民共和国劳动合同法实施条例》第十六条、第十七条

5

第五编

劳动争议仲裁及诉讼程序

第一章
劳动争议的纠纷解决路径和基本程序

一、 劳动争议的纠纷解决路径

劳动争议是用人单位经营过程中较为常见的纠纷之一。劳动争议发生时，如果用人单位和劳动者不能及时、高效、妥善地处理，会使劳动者的合法权益遭受重大影响，也往往会影响到用人单位的正常经营和和谐稳定的劳动关系。因此，用人单位在日常用工管理中，应注意采取有效措施积极防范劳动争议的发生，一旦发生争议，用人单位和劳动者应当注意及时沟通，尽量协商解决；如果无法协商解决的，应当及时通过法律途径维护自身权益。

【疑难问题】

用人单位与劳动者产生劳动纠纷的，如何解决纠纷？

【裁判规则】

用人单位与劳动者发生劳动争议，当事人可以依法申请调解、仲裁、提起诉讼，也可以协商解决。调解原则适用于仲裁和诉讼程序。

【法律风险提示与实务操作建议】

用人单位与劳动者之间如果产生劳动纠纷，可以选择以下几种纠纷解决途径。

（1）协商解决。协商解决即发生劳动争议的劳动者与用人单位，通过自行协商，或者由劳动者申请工会或其他第三方共同与用人单位进行协商，从而使当事人之间的矛盾得以化解的一种方式。当事人双方进行协商和解，有利于劳动争议在相对平稳的气氛中得到解决，也能防止矛盾激化。需要注意的是，协商应当是建立在双方自愿的基础之上，任何一方，或者第三方都不得强迫另一方当事人进行协商；在协商成功后，建议用人单位与劳动者之间尽量签订书面协议，将双方协商的结果予以明确，以免之后再产生争议。

（2）申请调解。调解程序是指劳动纠纷的一方当事人就已经发生的劳动纠纷向相关调解组织申请调解的程序。发生劳动争议，当事人可以到下列调解组织申请调解：①用人单位劳动争议调解委员会；②依法设立的基层人民调解组织；③在乡镇、街道设立的具有调解劳动争议职能的组织。根据《劳动法》的规定：在用人单位内，可以设立劳动争议调解委员会负责调解本单位的劳动争议。调解委员会委员由单位代表、职工代表和工会代表组成。委员一般具有法律知识、政策水平和实际工作能力，又了解本单位具体情况，有利于解决纠纷。除因签订、履行集体劳动合同发生的争议外均可由本企业劳动争议调解委员会调解。劳动者和用人单位也可以通过基层调解组织处理争议，调解组织对双方当事人进行调解，依据的是其中一方向调解组织递交的申请书，征得另一方同意后，调解员才能进行调解。但是，与协商程序一样，调解程序也由当事人自愿选择，且调解协议不具有强制执行力，如果一方反悔，同样可以向仲裁机构申请仲裁。

（3）仲裁解决。仲裁程序是劳动纠纷的一方当事人将纠纷提交劳动人事争议仲裁委员会进行处理的程序。该程序既具有劳动争议调解灵活、快捷的特点，又具有强制执行的效力，是解决劳动纠纷的重要手段。劳动人事争议仲裁委员会是国家授权、依法独立处理劳动争议案件的专门机构。申请劳动仲裁是解决劳动争议的选择程序之一，也是提起诉讼的前置程序，即如果想提起诉讼打劳动官司，必须要经过仲裁程序，不能直接向人民法院起诉。

（4）诉讼解决。根据《劳动法》第八十三条的规定："劳动争议当事人对仲裁裁决不服的，可以自收到仲裁裁决书之日起 15 日内向人民法院提起诉讼。一方当事人在法定期限内不起诉，又不履行仲裁裁决的，另一方当事人可以申请人民法院强制执行。"诉讼程序即我们平常所说的打官司。诉讼程序的启动是由不服劳动人事争议仲裁委员会裁决的一方当事人向人民法院提起诉讼后启动的程序。诉讼程序具有较强的法律性、程序性，作出的判决也具有强制执行力。

发生劳动争议时，用人单位与劳动者应当高度重视，及时沟通，适当评估风险，并采取较为合适的解决方案。劳动争议在发生之初，用人单位与劳动者应当尽量通过协商或调解方式解决，但如果双方无法进行沟通和协商，应当注意及时诉诸法律途径，避免自身权益遭受进一步损害。

【法规链接】

《中华人民共和国劳动法》第七十七条、第八十三条

二、 劳动仲裁作为诉讼前置程序

【疑难问题】

1. 当事人发生劳动争议未经劳动仲裁前置程序直接向法院提起诉讼时，法院会如何处理？

【裁判规则】

我国的劳动争议处理制度采取了劳动仲裁这一必经前置程序。原则上，当事人未经劳动仲裁前置程序直接向法院提起诉讼的，人民法院会裁定驳回起诉。但是，劳动者以用人单位的工资欠条为证据直接向人民法院起诉，诉讼请求不涉及劳动关系其他争议的，视为拖欠劳动报酬争议，按照普通民事纠纷受理，可以不经过仲裁前置程序。

【典型案例】 冉某与某公司劳动争议案

基本案情

冉某称与某公司存在劳动关系，提交了其（乙方）与某公司（甲方）签订的协议书，其中有“经甲乙双方协商同意，甲方给予乙方70万元，以上补偿金已涵盖所有法定补偿及赔偿。乙方同意甲方支付了上述款项后，与甲方再无任何劳动争议和离职补偿方面的要求，并不再要求甲方为其缴纳社会保险，及未缴纳社会保险对其造成的一切后果的损失赔偿……”。协议书上加盖有该公司印章。冉某直接诉至法院，要求某公司支付协议书上的款项。某公司不认可协议书真实性。冉某与某公司之间的争议在起诉前，未经劳动仲裁。

裁判理由与结果

一审法院认为：冉某与某公司之间的劳动争议未经仲裁，直接向人民法院起

诉不当，驳回冉某的起诉。冉某不服提起上诉，认为一审法院案件性质认定错误，应属追索劳动报酬纠纷。二审法院认为：双方均认可本案纠纷属于劳动争议，人民法院受理劳动争议，以当事人提起仲裁为前置程序。冉某持有的诉争协议，并未载明公司补偿的内容属于工资的性质。冉某亦未就其主张提供充分的证据。在冉某不能证明诉争协议属于工资欠条的情况下，其与公司之间的纠纷仍应履行仲裁前置程序。冉某未经仲裁，直接向法院起诉，违背了法定程序。二审驳回上诉，维持原裁定。

【法律风险提示与实务操作建议】

上述案件中冉某未经仲裁，直接向法院起诉，双方之间的劳动争议未经仲裁前置，违背了法定程序，最终法院驳回冉某的起诉。根据法律规定，劳动争议诉讼必须先进行劳动仲裁，这是解决劳动争议的法定程序和一般原则。未经仲裁前置的诉讼请求，法院不予处理。无论是劳动者还是用人单位，因履行劳动合同发生争议，均需先行向劳动人事争议仲裁委员会申请仲裁，对仲裁结果不服的，可依法向法院提起诉讼。在此需要注意，在申请劳动仲裁时应明确仲裁请求及依据的事实基础，仲裁请求明确后，无论在仲裁还是诉讼过程中均以此为基础进行主张。部分劳动者由于没有聘请律师，往往会在申请仲裁后甚至仲裁裁决后，才意识到自己提出的仲裁请求不恰当，或者请求事项遗漏。如果在诉讼中变更或者增加请求事项，与仲裁请求事项不相关联的，法院亦不会处理，劳动者只能另行申请仲裁主张权利，这对于劳动者维权是不利的，增加了维权的成本。

但是，法律对于劳动仲裁前置程序有几个例外的规定，突破仲裁前置原则，可以直接由法院进行审理：

第一，《劳动争议司法解释（一）》（法释〔2020〕26号）第十四条规定：人民法院受理劳动争议案件后，当事人增加诉讼请求的，如该诉讼请求与讼争的劳动争议具有不可分性，应当合并审理。典型的情况如用人单位作出的解除劳动合同的情况，劳动者申请仲裁要求支付解除劳动合同的经济补偿并恢复劳动关系，在仲裁委认定用人单位构成违法解除劳动合同并作出裁决后，劳动者变更请求为要求公司支付违法解除劳动合同赔偿金。

第二，《劳动争议司法解释（一）》（法释〔2020〕26号）第十五条规定：劳动者以用人单位的工资欠条为证据直接提起诉讼，诉讼请求不涉及劳动关系其他争议的，视为拖欠劳动报酬争议，人民法院按照普通民事纠纷受理。

第三，《劳动争议司法解释（一）》（法释〔2020〕26 号）第三十一条规定：当事人不服劳动人事争议仲裁委员会作出的仲裁裁决，依法向人民法院提起诉讼，人民法院审查认为仲裁裁决遗漏了必须共同参加仲裁的当事人的，应当依法追加遗漏的人为诉讼当事人。被追加的当事人应当承担责任的，人民法院应当一并处理。

故如遇上述几种情况，劳动者则无须重新申请劳动仲裁，可以要求法院在诉讼程序中进行审理。

【法规链接】

《中华人民共和国劳动法》第七十九条

《中华人民共和国劳动争议调解仲裁法》第五十条

《最高人民法院关于审理劳动争议案件适用法律问题的解释（一）》（法释〔2020〕26 号）第十四条、第十五条、第三十一条

2. 劳动人事争议仲裁委员会逾期未作出受理决定或仲裁裁决，当事人直接提起诉讼的，法院会受理吗？

【裁判规则】

劳动人事争议仲裁委员会逾期未作出受理决定或仲裁裁决，当事人直接提起诉讼的，人民法院应予受理，但申请仲裁的案件存在下列事由的除外：①移送管辖的；②正在送达或送达延误的；③等待另案诉讼结果、评残结论的；④正在等待劳动争议仲裁机构开庭的；⑤启动鉴定程序或者委托其他部门调查取证的；⑥其他正当事由。当事人以劳动人事争议仲裁委员会逾期未作出仲裁裁决为由提起诉讼的，应当提交劳动人事争议仲裁委员会出具的受理通知书或者其他已接受仲裁申请的凭证或证明。

【典型案例】 张某与某焊材厂劳动争议案

基本案情

2015 年 3 月 8 日，张某因在工作中被机器伤及右指，被单位送至市人民医院住院治疗，出院后，因工伤赔偿问题未能与单位达成一致，遂至市劳动人事争议仲裁

委员会，以某焊材厂为被申请人申请仲裁，该仲裁委员会于2015年6月1日受理该案件，并定于2015年6月15日14时30分在市人社局三楼仲裁二庭开庭审理，但因送达延误，至该日未能如期开庭，张某遂依据《中华人民共和国劳动争议调解仲裁法》第四十三条的规定，即仲裁庭裁决劳动争议案件，应当自劳动争议仲裁委员会受理仲裁申请之日起四十五日内结束。逾期未作出仲裁裁决的，当事人可以就该劳动争议事项向人民法院提起诉讼。张某于2015年7月20日至法院提起劳动争议之诉。焊材厂系一个体工商户，经营者系陈某。

裁判理由与结果

法院认为，张某在市劳动人事争议仲裁委员会受理其劳动争议案件后，以该仲裁委员会未能在法律规定的期限内作出裁决，遂直接至法院起诉，但依照《最高人民法院关于审理劳动争议案件适用法律若干问题的解释（三）》（2010年9月13日）第十二条第（二）项的规定，仲裁委“正在送达或送达延误的”这种事由，是排除在“仲裁委逾期未作出受理决定或仲裁裁决，当事人直接提起诉讼，人民法院应予受理”之外的，现本案仲裁委已经受理，根据张某提供的证据及被告的陈述，可以证实本案目前在仲裁委处于送达延误状态之中，故张某直接至法院起诉，并不符合受理案件，本案宜裁定驳回张某起诉。

【法律风险提示与实务操作建议】

需要注意的是，《劳动争议调解仲裁法》关于劳动人事争议仲裁委员会逾期未作出受理决定或仲裁裁决时，允许当事人向法院起诉的规定没有突破仲裁前置规定，其本意是为及时有效保护当事人合法权益。如果仲裁庭迟迟不履行职责或者不严格遵守期限，有意无意拖延仲裁程序，赋予当事人直接向法院起诉的权利，但这并不意味着所有案件只要当事人提起诉讼法院就不分情况一律受理。在由于移送管辖、送达延误、等待鉴定等客观情形，导致仲裁委逾期未作出受理通知决定或者仲裁裁决的情况下，法院是不予受理的。实践中，如果当事人以劳动人事争议仲裁委员会逾期未作出受理决定或逾期未作出仲裁裁决而直接向人民法院提起诉讼的，劳动者应提交劳动人事争议仲裁委员会出具的已接受其申请材料的凭证及尚未受理的证明，或者劳动人事争议仲裁委员会出具的“受理通知书”及尚未裁决的证明，而且上述证明材料尽量为书面形式。

【法规链接】

《中华人民共和国劳动争议调解仲裁法》第四十三条

《最高人民法院关于审理劳动争议案件适用法律问题的解释（一）》（法释〔2020〕26号）第十二条

第二章
劳动争议的仲裁机制

一、 劳动争议仲裁的受理范围

【疑难问题】

劳动人事争议仲裁委员会受理的范围包括哪些?

【裁判规则】

劳动人事争议仲裁委员会受理的案件范围包括：（一）因确认劳动关系发生的争议；（二）因订立、履行、变更、解除和终止劳动合同发生的争议；（三）因除名、辞退和辞职、离职发生的争议；（四）因工作时间、休息休假、社会保险、福利、培训以及劳动保护发生的争议；（五）因劳动报酬、工伤医疗费、经济补偿或者赔偿金等发生的争议；（六）法律、法规规定的其他劳动争议。

【典型案例】 刘某与某教育公司劳动争议案

基本案情

2010年10月10日，刘某入职某教育公司，担任首席财务官。刘某正常工作至2014年2月17日，某教育公司支付工资至2014年2月17日。当天，刘某与某教育公司解除劳动合同。另查，某教育公司为刘某缴纳了2011年11月至2014年2月的社会保险。刘某主张，因某教育公司违反合同约定，未授予期权，每年未支付奖金，经双方多次交涉未果，故提出辞职。刘某为证明其主张，提供了载有员工期权计划的聘书证据。某教育公司认可该证据的真实性，但表示员工期权计划并未公布实施，双方最终也未就股票期权问题达成相关协议。后刘某以要求某教育公司支付股票期权损失、解除劳动合同经济补偿金、未休年假工资、补缴社会保险和住房公积金、拖欠工资25%经济补偿金为由向劳动争议仲裁委员会提出申请。仲裁委作出裁决后，刘某表示不服，遂在法定期限内向法院提起了诉讼。

裁判理由与结果

一审法院认为，关于股票期权一节，某教育公司在聘书中虽承诺为刘某提供20万元股激励性期权，但同时也表示股票期权的具体规定在拟实行的员工期权计划中。后员工期权计划并未公布实施，刘某与某教育公司也未就股票期权的具体事宜另行进行约定。在双方未明确约定股票期权的授予人、执行价格、等待期、行权方式等具体事项的情况下，该约定不具有可执行性，刘某据此要求某教育公司赔偿股票期权损失的诉讼请求，缺乏相应的事实与法律依据，法院不予支持。

关于刘某要求某教育公司支付拖欠工资的25%经济补偿金的诉讼请求，于法无据，法院不予支持。关于刘某要求某教育公司补缴社会保险和住房公积金的诉讼请求，不属于人民法院受理劳动争议案件的受案范围，故法院不予处理。遂判决：某教育公司支付刘某解除劳动合同经济补偿金和未休年假工资，并驳回了刘某的其他诉讼请求。一审法院作出判决后，刘某不服，提起上诉，二审法院判决驳回上诉，维持原判。

【法律风险提示与实务操作建议】

上述案件涉及的是关于劳动争议受理范围的问题。依据法律规定，劳动人事争议仲裁委员会按照统筹规划、合理布局和适应实际需要的原则设立。省、自治区人民政府可以决定在市、县设立；直辖市人民政府可以决定在区、县设立。直辖市、设区的市也可以设立一个或者若干个劳动人事争议仲裁委员会。劳动人事争议仲裁委员会不按行政区划层层设立。作为用人单位和劳动者，应当了解劳动人事争议仲裁委员会的受理范围，《劳动争议调解仲裁法》对于劳动人事争议仲裁委员会的受理范围有明确规定，此外，《劳动人事争议仲裁办案规则》第二条又进行了进一步的细化和补充。对于超出上述受理范围的，劳动人事争议仲裁委员会会作出不予受理的决定。实践中，以下纠纷通常不属于劳动争议仲裁的受理范围：①劳动者请求社会保险经办机构发放社会保险金的纠纷；②劳动者与用人单位因住房制度改革产生的公有住房转让纠纷；③劳动者对劳动能力鉴定委员会的伤残等级鉴定结论或者对职业病诊断鉴定委员会的职业病诊断鉴定结论的异议纠纷；④家庭或者个人与家政服务人员之间的纠纷；⑤个体工匠与帮工、学徒之间的纠纷；⑥农村承包经营户与受雇人之间的纠纷。

劳动仲裁的当事人可以委托代理人参加仲裁活动；委托他人参加仲裁活动，应当向劳动人事争议仲裁委员会提交有委托人签名或者盖章的委托书，委托书应当载明委托事项和权限。丧失或者部分丧失民事行为能力的劳动者，由其法定代理人代为参加仲裁活动；无法定代理人的，由劳动人事争议仲裁委员会为其指定代理人。劳动者死亡的，由其近亲属或者代理人参加仲裁活动。

【法规链接】

《中华人民共和国劳动争议调解仲裁法》第二条

《劳动人事争议仲裁办案规则》第二条

二、 劳动争议的仲裁时效

仲裁时效是指权利人于一定期限内不行使请求劳动争议仲裁机构保护其民事权利的请求权，就丧失该请求权的法律制度。对劳动争议案件规定仲裁时效，有以下几个方面的意义：第一，维护劳动关系的稳定。时效制度的作用就在于使事实状态与法律状态相一致，从而结束当事人间的权利义务的不稳定状态，使之在法律上重新固定下来，从而维护了劳动关系的稳定。第二，督促权利人及时行使权利。因仲裁时效完成后，权利人即丧失请求劳动争议仲裁机构保护其权利的请求权，因此仲裁时效就起到了督促权利人及时行使请求权的权利。权利人及时行使权利，有利于劳动争议的尽快解决，维护劳动关系的稳定。第三，有利于正确处理劳动争议案件。仲裁时效制度督促权利人及时行使权利，从而使劳动争议仲裁机构尽快地介入劳动争议，这样因争议发生的时间较短，易于调查取证，便于正确处理，防止因年代久远、证据不全或难以辨认而导致错误裁决。

【疑难问题】

1. 劳动争议的仲裁时效是如何规定的？

【裁判规则】

根据《劳动争议调解仲裁法》第二十七条的规定，劳动争议申请仲裁的时效分为一般时效和特别时效。

劳动争议申请仲裁的一般时效期间为一年。仲裁时效期间从当事人知道或者应当知道其权利被侵害之日起计算。该仲裁时效，因当事人一方向对方当事人主张权利，或者向有关部门请求权利救济，或者对方当事人同意履行义务而中断。从中断时起，仲裁时效期间重新计算。因不可抗力或者有其他正当理由，当事人不能在本条第一款规定的仲裁时效期间申请仲裁的，仲裁时效中止。从中止时效的原因消除之日起，仲裁时效期间继续计算。

劳动争议申请仲裁的特别时效仅适用于劳动关系存续期间因拖欠劳动报酬发生争议，考虑到有些劳动者为了维持劳动关系，在劳动关系存续期间对用人单位拖欠劳动报酬的行为不敢主张权利，但对于劳动者与用人单位的劳动关系已经终止的情况，则没有维持劳动关系的顾虑。即劳动关系存续期间因拖欠劳动报酬发生争议的，劳动者申请仲裁不受一年的仲裁时效期间的限制；但是，劳动关系终止的，应当自劳动关系终止之日起一年内提出。

【典型案例】 崔某与某物业公司劳动争议案

基本案情

2010 年 9 月 30 日，崔某与某物业公司签订了期限自 2010 年 11 月 1 日起至 2013 年 10 月 31 日止的劳动合同，物业公司聘任崔某担任电工。该合同履行期间，崔某于 2012 年 9 月 14 日因个人原因向某物业公司提出辞职申请，28 日办理了离职交接手续。2014 年，崔某向劳动人事争议仲裁委员会申请劳动仲裁，要求某物业公司支付双休日加班工资、延时加班工资、经济补偿金等。仲裁委裁决驳回崔某的全部申请请求，崔某诉至法院。

裁判理由与结果

一审法院认为，崔某于 2012 年 9 月 14 日因个人原因向某物业公司提出辞职申请，经某物业公司同意后于 28 日办理了工资、奖金、加班费结算等离职交接相关手续，双方解除了劳动关系。其在 2014 年才提请劳动仲裁要求某物业公司支付加班费，而其并无仲裁时效中断、中止的情形，故崔某要求某物业公司支付加班费，已超过仲裁时效，加之其亦未提交证据证明存在加班情形，故其要求某物业公司支付延时及休息日加班费，缺乏事实及法律依据，法院不予支持。一审法院判决后，崔某不服，提起上诉。二审法院审理后，判决驳回上诉，维持原判。

【法律风险提示与实务操作建议】

上述案件涉及的是仲裁时效问题。时效制度设置的目的，主要是促使当事人及时行使权利，以避免法律关系长期处于不确定的状态。因此，劳动关系当事人，在产生劳动争议后，应当在规定的期限内行使权利。用人单位与劳动者发生争议后，应当注意仲裁时效问题，若超过了仲裁时效，一方提出了仲裁时效的抗辩，那么即使用人单位或劳动者主张的权利有事实和法律依据，仲裁委员会也会以超过仲裁时效为由不予受理。因此，当事人应注意仲裁时效问题，并积极在仲裁时效期内提起仲裁申请。同时，在遇到特殊情况时，也应当注重是否符合仲裁时效中止或中断条件，在主张仲裁时效中止或中断时，应当注意保留相关证据，比如向对方主张权利的书面文件或录音录像资料、向有关部门请求权利救济的证据，或者有关部门出具的关于发生不可抗力事件的证明，等等。

【法规链接】

《中华人民共和国劳动争议调解仲裁法》第二十七条

2. 仲裁时效的抗辩应当在何时提出？

【裁判规则】

当事人在仲裁阶段就应当提出仲裁时效的抗辩，当事人在仲裁阶段未提出超过仲裁时效期间的抗辩，劳动人事仲裁机构作出实体裁决后，当事人在诉讼阶段又以超过仲裁时效期间为由进行抗辩的，人民法院不予支持。当事人未按照规定提出仲裁时效抗辩，又以仲裁时效期间届满为由申请再审或者提出再审抗辩的，人民法院不予支持。

【典型案例】 李某与某环保工程公司劳动争议案

基本案情

2008 年 5 月 21 日，李某入职某环保工程公司，岗位为会计核算，月工资为 4900 元。2018 年 3 月 21 日，李某向劳动人事争议仲裁委员会申请仲裁，要求某环保工程公司支付李某未休带薪年休假工资、2017 年 8 月 1 日至 15 日工资等。仲裁委作出仲裁裁决后，李某不认可仲裁结果，持上述请求诉至法院。

裁判理由与结果

一审法院认为，因李某提交了公司出具的未休年休假证据和考勤表，故对李某诉讼请求中的合理部分应予以支持。一审法院判决后，某环保工程公司提起上诉，并以李某的主张超过仲裁时效为由主张不应支付相关款项。二审法院认为，因某环保工程公司未在仲裁阶段提出仲裁时效抗辩，对某环保工程公司的主张不予支持，遂驳回某环保工程公司的上诉请求，维持原判。

【法律风险提示与实务操作建议】

关于当事人在仲裁阶段未提出仲裁时效抗辩，在一审诉讼中能否再提起的问题，此前实务中存在争议。《第八次全国法院民事商事审判工作会议（民事部分）纪要》对此进行了明确，当事人在仲裁阶段就应当提出仲裁时效的抗辩。对于当事人一方在仲裁期间未提出时效抗辩，仲裁机构对此进行了实体性裁决，应视为当事人在仲裁阶段放弃了申请仲裁期限的程序性抗辩权利，当事人在诉讼阶段以此为由进行抗辩的，应当予以禁止，人民法院不应支持。此外，如果在仲裁期间，当事人一方已明确表示其放弃仲裁时效抗辩权的，根据禁反言原则，其在一审诉讼期间再提出时效抗辩的，即使有新的证据证明时效期间已过，人民法院也不应支持。因此，在用人单位与劳动者发生争议时，应当注重及时行使自己的权利，对于一方当事人的请求已经超过仲裁时效的，应注重在仲裁阶段进行仲裁时效的抗辩。

【法规链接】

《第八次全国法院民事商事审判工作会议（民事部分）纪要》第二十七条

3. 仲裁时效中断的法定事由是什么？

【裁判规则】

当事人能够证明在申请仲裁期间内具有下列情形之一的，可认定申请仲裁期间中断：（一）向对方当事人主张权利；（二）向有关部门请求权利救济；（三）对方当事人同意履行义务。申请仲裁期间中断的，从对方当事人明确拒绝履行义务，或者有关部门作出处理决定或明确表示不予处理时起，申请仲裁期间重新计算。

【法律风险提示与实务操作建议】

《劳动争议调解仲裁法》第二十七条第二款规定了三种仲裁时效中断的情形：

（1）向对方当事人主张权利。包括向用人单位或上级机关申诉、向对方发律师函等方式。例如劳动者向用人单位追索被拖欠的工资或者经济补偿等。

（2）向有关部门请求权利救济。如劳动者向劳动行政监察部门反映用人单位拖欠工资、违法要求加班，请求保护休息休假等权利，或向企业劳动争议调解委员会请求调解、向劳动争议仲裁委员会申请劳动仲裁。

（3）对方当事人同意履行义务。如劳动者向用人单位追索被拖欠的工资，用人单位答应支付。当事人要搜集能够证明对方承诺的证据，例如可以通过录音取证。

需要注意的是，请求仲裁时效中断的当事人应当提供具备以上三种条件之一的证据，仲裁时效中断才能被认定。因此，当事人请求仲裁时效中断，应当具备证据意识，保留好证据资料。

仲裁时效中断的法律后果：从中断时起，仲裁时效期间重新计算。发生仲裁时效中断时，已经进行的仲裁时效期间统归无效，重新开始计算时效期间。“从中断时起”是从仲裁时效中断的法定事由消除之日起。如劳动者向用人单位讨要工资，自用人单位明确决定不给付拖欠劳动者的工资之日起；如经调解达成协议，义务人在义务履行期限内不履行义务的，自义务人履行义务期限届满之日起；再如有关部门作出处理决定或明确表示不予处理时起等。

【法规链接】

《中华人民共和国劳动争议调解仲裁法》第二十七条

三、 不服仲裁裁决的救济途径

【疑难问题】

当事人不服劳动仲裁裁决的，如何处理？

【裁判规则】

当事人对仲裁裁决不服的，根据仲裁裁决的性质（终局裁决或非终局裁决），依法享有不同的救济途径：

对于终局裁决的仲裁裁决，用人单位有证据证明该终局裁决存在《劳动争议调解仲裁法》第四十九条规定的情形之一，可以自收到仲裁裁决书之日起三十日内向劳动争议仲裁委员会所在地的中级人民法院申请撤销裁决；

对于非终局裁决的仲裁裁决，当事人不服的，可以自收到仲裁裁决书之日起十五日内向人民法院提起诉讼；期满不起诉的，裁决书发生法律效力。

【典型案例】 杨某与某汽修中心劳动争议案

基本案情

杨某系某汽修中心员工，2009 年 3 月 8 日，杨某在工作中受伤，并于同日入院治疗，后经劳动和社会保障局认定为工伤，并被劳动能力鉴定委员会评定为八级伤残，医疗终结日期为 2009 年 7 月 8 日。杨某于 2009 年 7 月 8 日申请离职，但某汽修中心未向杨某支付相应的工伤待遇。2009 年 9 月 21 日，杨某向劳动争议仲裁委员会提出申请，要求某汽修中心支付一次性工伤医疗补助金 14 000 元及一次性伤残就业补助金 52 500元。劳动争议仲裁委员会以终局裁决形式裁定某汽修中心向杨某支付上述款项。某汽修中心对该仲裁裁决不服，认为该裁决事项不属于一裁终局案件的适用范围，故以劳动仲裁终局裁决适用法律法规错误为由申请中级人民法院撤销该仲裁裁决。

裁判理由与结果

法院经审查认定，杨某与某汽修中心之间产生的工伤待遇纠纷属于因执行国家劳动标准在社会保险等方面发生的争议，依据《劳动争议调解仲裁法》的相关规定，仲裁委对于该争议所作出的仲裁裁决为终局裁决，故对于某汽修中心的申请予以驳回。

【法律风险提示与实务操作建议】

该案涉及的是终局裁决的适用范围问题。劳动仲裁终局裁决制度是指劳动争议经仲裁庭裁决后即行终结的制度。创设这项制度是为了提高劳动争议案件的处理效率，降低劳动者的维权成本。仲裁裁决一经作出便发生法律效力，用人单位不得再就同一争议事项向人民法院提起诉讼。实践中，用人单位和劳动者对于终局裁决制度应注意以下法律问题和风险。

第一，用人单位应当了解终局裁决的适用范围。《劳动争议调解仲裁法》第四十七条规定了终局裁决的范围，《劳动人事争议仲裁办案规则》第五十条进一步明确并细化了劳动人事争议案件终局裁决适用范围，即因追索劳动报酬、工伤医疗费、经济补偿或者赔偿金引发争议，如果仲裁裁决涉及数项，每项确定的数额均不超过当地月最低工资标准十二个月金额的，应当按照终局裁决处理；而且经济补偿包括竞业限制期限内给予的经济补偿、解除或者终止劳动合同的经济补偿；赔偿金包括未签订书面劳动合同的二倍工资、违法约定试用期的赔偿金、违法解除或者终止劳动合同的赔偿金等；同时，因执行国家的劳动标准在工作时间、休息休假、社会保险等方面发生的争议，应当适用终局裁决。

第二，应当注意终局裁决限制的用人单位起诉的权利，劳动者对终局裁决不服的，可以向人民法院起诉。对于终局裁决，用人单位不享有起诉权，但是用人单位如果有证据证明该仲裁裁决存在《劳动争议仲裁调解法》第四十九条规定的情形之一，可以自收到仲裁裁决书之日起三十日内向劳动争议仲裁委员会所在地的中级人民法院申请撤销裁决。而对于劳动者而言，其起诉权未受到限制，如果劳动者不服终局裁决的，可以自收到仲裁裁决书之日起十五日内向人民法院提起诉讼。

第三，对于仲裁裁决的类型认定。根据《劳动争议司法解释（一）》（法释〔2020〕26号）第十八条（原《劳动争议司法解释（四）》第二条）的规定，仲裁裁决的类型以仲裁裁决书确定为准。仲裁裁决书未载明该仲裁裁决为终局裁决或非终局裁决，用人单位不服该仲裁裁决向基层人民法院提起诉讼的，应当按照以下情形分别处理：（一）经审查认为该仲裁裁决为非终局裁决的，基层人民法院应予受理；（二）经查审认为该仲裁裁决为终局裁决的，基层人民法院不予受理，但应告知用人单位可以自收到不予受理裁定书之日起三十日内向劳动人事争议仲裁委员会所在地的中级人民法院申请撤销该仲裁裁决；已经受理的，裁定驳回起诉。

第四，对于非终局裁决，当事人不服仲裁裁决的，应当在法定期限内及时向法院提起诉讼。对于仲裁委作出的非终局裁决，劳动者或用人单位如果不服的，可以自收到仲裁裁决书之日起十五日内向人民法院提起诉讼；期满不起诉的，裁决书发生法律效力。实践中，用人单位与劳动者应注意及时起诉，并积极应诉。如果当事人无故缺席庭审，就失去了答辩、举证质证和辩论的机会，可能会承担不利的法律后果。

【法规链接】

《中华人民共和国劳动争议调解仲裁法》第四十七条、第四十八条、第四十九条、第五十条

《劳动人事争议仲裁办案规则》第五十条

《最高人民法院关于审理劳动争议案件适用法律问题的解释（一）》（法释〔2020〕26号）第十八条

四、 劳动仲裁裁决的执行问题

【疑难问题】

1. 哪些案件仲裁庭可以裁决先予执行，并移送法院执行？

【裁判规则】

仲裁庭对追索劳动报酬、工伤医疗费、经济补偿或者赔偿金的案件，根据当事人的申请，可以裁决先予执行，移送人民法院执行。仲裁庭裁决先予执行的，应当符合下列条件：（一）当事人之间权利义务关系明确；（二）不先予执行将严重影响申请人的生活。劳动者申请先予执行的，可以不提供担保。

【法律风险提示与实务操作建议】

劳动仲裁先予执行裁决是发生法律效力的仲裁裁决。裁决先予执行只要符合法定的适用范围和适用条件，法律规定由仲裁庭直接移送法院执行。生效的法律文书法院才可以执行。显然，仲裁先予执行裁决是发生法律效力的裁决。

劳动仲裁先予执行裁决制度，是对劳动者工资被拖欠、工伤后医疗费得不到保障等，将严重影响劳动者生活甚至生存的紧急情况下设立的特别保障制度，劳动仲裁委员会一经作出先予执行裁决就发生法律效力，并直接移送人民法院执行。需要注意的是，当事人针对生效仲裁裁决提起诉讼，不符合法院受案范围，法院也就无权予以立案受理和实体审理、审查。《劳动争议司法解释（一）》（法释〔2020〕26 号）第十条规定，当事人不服劳动争议仲裁委员会作出的预先支付劳动者劳动报酬、工伤医疗费、经济补偿或者赔偿金的裁决，向人民法院起诉的，人民法院不予受理。《劳动争议调解仲裁法》作为专门处理劳动争议的特别程序法，其创设的先予执行裁决制度，人民法院应当遵照执行。

实务中，在仲裁庭审理追索劳动报酬、工伤医疗费、经济补偿或者赔偿金的案件中，如果当事人符合法定条件，可以向仲裁委申请先予执行。仲裁委裁决先予执行的，并移送人民法院执行。用人单位不履行上述仲裁裁决中的给付义务时，当事人一方可据此向法院申请强制执行，申请的费用根据《诉讼费用交纳办法》的规定予以交纳。

【法规链接】

《中华人民共和国劳动争议调解仲裁法》第四十四条

《最高人民法院关于审理劳动争议案件适用法律问题的解释（一）》（法释〔2020〕26号）第十条

2. 哪些仲裁裁决书、调解书可以裁定不予执行？

【裁判规则】

根据法律规定，当事人申请人民法院执行劳动争议仲裁机构作出的发生法律效力的裁决书、调解书，被申请人提出证据证明劳动争议仲裁裁决书、调解书有下列情形之一，并经审查核实的，人民法院可以根据《中华人民共和国民事诉讼法》的规定，裁定不予执行：（一）裁决的事项不属于劳动争议仲裁范围，或者劳动争议仲裁机构无权仲裁的；（二）适用法律法规确有错误的；（三）违反法定程序的；（四）裁决所根据的证据是伪造的；（五）对方当事人隐瞒了足以影响公正裁决的证据的；（六）仲裁员仲裁该案时，有索贿受贿、徇私舞弊、枉法裁决行为的；（七）人民法院认定执行该劳动争议仲裁裁决违背社会公共利益的。人民法院在不予执行的裁定书中，应当告知当事人在收到裁定书之次日起三十日内，可以就该劳动争议事项向人民法院起诉。

【典型案例】 某建筑咨询公司申请不予执行仲裁裁决案

基本案情

北京市某劳动仲裁委作出京西劳仲字〔2009〕第1381号裁决书，内容为本案经调解，双方未达成协议，依据《劳动争议调解仲裁法》第四十二条第四款的规定，裁决：（一）某建筑咨询公司应在裁决书生效后7日内支付冯某2008年12月及2009年1月工资8880元，并支付25%的经济补偿金2220元；（二）某建筑咨询公司应在裁决书生效后7日内支付冯某未签订劳动合同的双倍工资48 400元；（三）驳回冯某的其他申请请求。该案在执行过程中，某建筑咨询公司提出不予执行仲裁裁决申请，认为劳动仲裁委认定其与冯某存在劳动关系的事实不足，仲裁裁决书适用法律有误，不应当适用《劳动争议调解仲裁法》第四十二条第四款来判定其应向冯某支付未签订劳动合同的双倍工资和拖欠工资。冯某与事实严重背离的举报和投诉行为势必严重影响某建设咨询公司的工作秩序并且扰乱税务局的正常执法秩序，损害了社会公共利益。同时，由于其公司信件由大院统一收发，公司的邮件收发人正在休年假，当公司发现劳动仲裁委的邮件时已经超过了起诉的时间。故请求法院依法裁定不予执行仲裁裁决书。

裁判理由与结果

一审法院审理后认为，根据查明的事实，某建设咨询公司已收到仲裁裁决，仲裁裁决已经合法送达并生效。依据相关法律规定，当事人申请人民法院执行劳动争议仲裁机构作出的发生法律效力的裁决书、调解书，被申请人提出证据证明劳动争议仲裁裁决书、调解书有下列情形之一并经审查核实的，人民法院可以裁定不予执行：（一）裁决的事项不属于劳动争议仲裁范围，或者劳动争议仲裁机构无权仲裁的；（二）适用法律法规确有错误的；（三）违反法定程序的；（四）裁决所根据的证据是伪造的；（五）对方当事人隐瞒了足以影响公正裁决的证据的；（六）仲裁员仲裁该案时，有索贿受贿、徇私舞弊、枉法裁决行为的；（七）人民法院认定执行该劳动争议仲裁裁决违背社会公共利益的。上述规定中，不包括仲裁委对事实认定的情形，故某建设咨询公司提出仲裁裁决认定劳动关系事实不足的主张，不属于本案审查范围。劳动仲裁委引用《劳动争议调解仲裁法》第四十二条第四款规定是对仲裁一案经调解未果后作出裁定的法律依据。仲裁裁决书未引用实体法律依据并不属于上述适用法律确有错误的情形。某建设咨询公司亦未提供裁决书违背社会公共利益的相关证据，故申请人主张不予执行仲裁裁决无法律依据，不予支持。遂裁定驳回某建设咨询公司不予执行仲裁裁决书的申请。裁决作出后，某建设咨询公司不服该裁定，向二审法院申请复议。

二审法院经审理认为，本案仲裁委适用该法律规定裁决，不存在适用法律错误问题。仲裁裁决解决的是双方当事人之间的民事权利义务纠纷，并未涉及公共利益，某建设咨询公司以裁决书违背社会公共利益为由请求不予执行仲裁裁决，不符合法律规定。遂裁定驳回某建设咨询公司提出的复议申请，维持原裁定。

【法律风险提示与实务操作建议】

原《劳动争议司法解释（一）》（2001 年 4 月 16 日）第二十一条规定了劳动争议仲裁裁决书、调解书符合特定情形时，人民法院可以不予执行上述裁决书、调解书。《劳动争议司法解释（一）》（法释〔2020〕26 号）第二十四条对此进行了进一步细化，并在修改时保持与现有法律的衔接。实践中，当事人一方申请不予执行时，应当对其主张的符合不予执行的法定情形承担举证责任。上述司法解释所规定的不予执行劳动仲裁裁决的情形主要涉及程序性事项，并不包含对仲裁裁决认定事实有误的情形。这一方面是因为对不予执行劳动仲裁裁决的审查不是对劳动仲裁裁决进行的上诉审查，因此对劳动仲裁裁决更侧重于程序性事项审查；另一方面是因为仲裁制度作为我国劳动纠纷解决机制的重要组成部分，在目前发展尚不够完善的情况下，应给予应有的支持，确保劳动仲裁机构的权威性。但实践中，如果当事人一方对于有证据证明发生法律效力的裁决书、调解书存在法定的不予执行的情况，应当及时提出不予执行的申请及证据，积极维护自身权益。

【法规链接】

《最高人民法院关于审理劳动争议案件适用法律问题的解释（一）》（法释〔2020〕26号）第二十四条

第三章
劳动争议的诉讼机制

一、 劳动争议案件的管辖法院

《劳动争议调解仲裁法》第二十一条规定，劳动争议由劳动合同履行地或者用人单位所在地的劳动人事争议仲裁委员会管辖。双方当事人分别向劳动合同履行地和用人单位所在地的劳动人事争议仲裁委员会申请仲裁的，由劳动合同履行地的劳动人事争议仲裁委员会管辖。

根据《劳动争议司法解释（一）》（法释〔2020〕26号）第三条的规定，劳动争议案件由用人单位所在地或者劳动合同履行地的基层人民法院管辖。劳动合同履行地不明确的，由用人单位所在地的基层人民法院管辖。

【疑难问题】

1. 当事人是否可以在劳动合同中约定管辖法院？

【裁判规则】

《劳动争议调解仲裁法》第二十一条规定，劳动争议由劳动合同履行地或者用人单位所在地的劳动争议仲裁委员会管辖。同时，根据《劳动争议司法解释（一）》（法释〔2020〕26号）第三条的规定，劳动争议管辖权以劳动合同履行地和用人单位所在地为准，双方在劳动合同中约定其他管辖地与法律法规相冲突，可能会被认定为无效。

若用人单位使用格式条款与劳动者签订管辖协议，限制劳动争议的管辖法院，且造成劳动者诉讼的明显不便利，劳动者主张该管辖协议无效的，多数人民法院可能会倾向于支持劳动者的主张。

【典型案例】 夏某与某体育用品公司劳动争议案

基本案情

夏某与某体育用品公司签订的聘用合同（公司为甲方，夏某为乙方）第十二条规定“甲乙双方履行本合同发生劳动争议时，由双方协商解决。若双方不能协商解决的，可由争议的一方向企业所在地的劳动争议仲裁委员会申请仲裁。不服从仲裁裁决的一方，可在收到仲裁裁决书即日起十五天内，向甲方所在地人民法院提出诉讼。”后双方发生争议，夏某不服仲裁裁决，向劳动合同履行地的法院提起诉讼。某体育用品公司主张该法院不属于双方合同约定的管辖法院，故该劳动合同履行地法院不应受理该案。

裁判理由与结果

法院认为，管辖协议的正当性不能脱离缔约的公平性，尤其是当事人经济地位不平等，处于强势的当事人提供格式合同时，则应本着诚实信用、公平正义原则判断管辖协议的有效性。法律、司法解释对劳动合同的仲裁管辖权和诉讼管辖权都有强制性规定。根据《最高人民法院关于审理劳动争议案件适用法律若干问题的解释》（2001年4月16日）第八条和《劳动争议调解仲裁法》第二十一条的规定，双方当事人分别向劳动合同履行地和用人单位所在地的劳动争议仲裁委员会申请仲裁的，由劳动合同履行地的劳动争议仲裁委员会管辖。劳动合同不同于一般民商事合同，劳动法律关系中，劳动者往往处于弱势地位，形成劳动关系后劳动者对用人单位具有一定的人身财产依附性。本案中聘用合同第十二条约定管辖的条款，显然不利于对劳动者权益的保护，该约定的管辖应属无效。

【法律风险提示与实务操作建议】

本案涉及的就是当事人是否可以约定管辖法院的问题。对于该问题，实务中有不同的观点：一种观点认为，从《劳动法》带有公法性质以及保护劳动者的角度来讲，上述《劳动争议调解仲裁法》和《劳动争议司法解释（一)》（法释〔2020〕26号）中关于管辖的规定，并非赋予劳动合同双方选择的权利，而是为明确两地仲裁机关或法院均有权管辖，劳动者可以向任意一地提起劳动仲裁；不服仲裁的，可以向任一法院提起诉讼。因此，劳动合同中排除另一地仲裁机关或法院管辖的约定因违反法律的强制性规定，属于无效条款。另一种观点认为，劳动合同本质上亦为合同，应当尊重当事人意思自治。目前，大多数法院倾向于上述第一种观点，认为劳动关系不同于一般民事法律关系，它兼具财产性和人身性、平等性和隶属性的特殊属性，与《合同法》规定的平等主体之间设立、变更、终止民事权利义务关系的协议非同一法律概念。因劳动合同的当事人之间存在管理、隶属关系，具有一定的人身依附性，故不应适用约定管辖的法律规定。况且，在劳动关系建立的过程中，劳动合同由用人单位提供，而用人单位处于一种强势地位，如果约定管辖有效，用人单位必然将利用约定管辖给劳动者造成制约，这显然不利于保护劳动者的权益。因此，对方当事人之间通过劳动合同约定管辖法院，造成劳动者诉讼明显不便利，劳动者主张该管辖协议无效的，实务中往往会获得法院的支持。因此实践中，用人单位应该了解法律、司法解释关于劳动争议管辖问题的规定，不能简单以与劳动者通过书面约定的方式应对管辖问题。

【法规链接】

《中华人民共和国劳动争议调解仲裁法》第二十一条

《最高人民法院关于审理劳动争议案件适用法律问题的解释（一）》（法释〔2020〕26号）第三条

2. 多个法院同时具有管辖权时，如何确定管辖法院？

【裁判规则】

当事人双方就同一仲裁裁决分别向有管辖权的人民法院起诉的，后受理的人民法院应当将案件移送给先受理的人民法院。

【法律风险提示与实务操作建议】

由于司法解释规定了当事人不服仲裁裁决的，可以向用人单位所在地或合同履行地的基层人民法院提起诉讼。实务过程中，有些用人单位所在地与劳动合同履行地可能存在不一致的情况，或者劳动合同履行地不止一地，这样就会面临多个法院同时具有管辖权的情况，此时当事人可以根据自身情况选择向其中一家法院提起诉讼。但需要注意的，如果用人单位和劳动者就同一仲裁裁决分别向有管辖权的人民法院起诉的，应遵循“受理优先”原则，即后受理的人民法院应当将案件移送给先受理的人民法院。

【法规链接】

《最高人民法院关于审理劳动争议案件适用法律问题的解释（一）》（法释〔2020〕26号）第四条

二、劳动争议诉讼中的证据问题

在劳动争议仲裁或诉讼中，证据对于当事人依法进行仲裁、诉讼活动，维护自己的合法权益，以及对仲裁委或法院查明案件事实，依法作出裁决或裁判均具有十分重要的意义。实践中，一旦发生劳动争议，当事人会提供各种证据，以证明自己所陈述事实和理由的真实性。根据《民事诉讼法》的规定，民事诉讼中的证据类型包括：当事人陈述、书证、物证、视听资料、电子数据、证人证言、鉴定意见、勘验笔录等。证据必须查证属实，才能作为认定事实的根据。证据要具有真实性、关联性、合法性等特征。真实性是指一份证据本身的形成过程是客观真实的，不是出具证据的一方有意伪造的，同时其中的内容是能客观反映待证事实的。有时，一份证据虽然不是一方当事人伪造的，但其中的内容却不能客观反映待证事实，同样不具有真实性，即真实性包括形式上的真实和实质上的真实两个方面。所谓关联性，是指证据与劳动争议案件特征的事实之间具有内在的联系，并能证明劳动争议案件事实的全部或部分。所谓合法性，是指证据应当具有法律规定的特定形式、符合形式上的要件，且证据的来源合法。

劳动争议案件的举证责任分配原则，即“发生劳动争议，当事人对自己提出的主张，有责任提供证据。与争议事项有关的证据属于用人单位掌握管理的，用人单位应当提供；用人单位不提供的，应当承担不利后果。”

在法律没有具体规定、依司法解释也无法确定举证责任承担时，人民法院可以根据公平原则和诚实信用原则，综合当事人举证能力等因素确定举证责任的承担。

【疑难问题】

1. 劳动争议案件中，当事人无须证明的事项？

【裁判规则】

下列事实，当事人无须举证证明：（一）自然规律以及定理、定律；（二）众所周知的事实；（三）根据法律规定推定的事实；（四）根据已知的事实和日常生活经验法则推定出的另一事实；（五）已为仲裁机构的生效裁决所确认的事实；（六）已为人民法院发生法律效力的裁判所确认的基本事实；（七）已为有效公证文书所证明的事实。上述第（二）项至第（五）项事实，当事人有相反证据足以反驳的除外；第（六）项、第（七）项事实，当事人有相反证据足以推翻的除外。

【法律风险提示与实务操作建议】

劳动争议诉讼中，用人单位与劳动者应当注意，有些事实是不需要当事人进行举证的。实践中，较多的情况是：已为仲裁机构的生效裁决所确认的事实、已为人民法院发生法律效力的裁判所确认的基本事实，以及已为有效公证文书所证明的事实。特别是对于劳动者和用人单位如果此前曾有关诉讼或者仲裁，相关生效仲裁裁决或裁判文书对于部分事实已经确认，对于该确认的事实当事人无须再举证。因此，用人单位与劳动者应当及时了解双方此前的仲裁或诉讼情况；同时对于双方合同履行中，可以通过公证文书固定或明确相关事实。但需要注意的事，对于上述三种情况，如果当事人有相反证据推翻生效裁决或判决或公证文书所确认的事实的，当事人仍需按照法律规定承担举证责任。

【法规链接】

《最高人民法院关于民事诉讼证据的若干规定》（2020 年 5 月 1 日起施行）第十条

2. 劳动争议案件中，用人单位承担举证责任的常见情况？

【裁判规则】

在发生劳动争议时，当事人对自己提出的主张，有责任提供证据。与争议事项有关的证据属于用人单位掌握管理的，用人单位应当提供，用人单位不提供的，应当承担不利后果。

因用人单位作出的开除、除名、辞退、解除劳动合同、减少劳动报酬、计算劳动者工作年限等决定而发生的劳动争议，用人单位负举证责任。

劳动者主张加班费的，应当就加班事实的存在承担举证责任。但劳动者有证据证明用人单位掌握加班事实存在的证据而不提供的，由用人单位承担不利后果。

【典型案例】 郭某与某技术公司劳动争议案

基本案情

郭某于2013年4月26日入职某技术公司，任销售代表职务。双方未签订劳动合同。2014年11月16日，郭某以某技术公司拖欠工资为由，提出解除双方的劳动关系。后双方发生争议，郭某提起仲裁申请，要求确认双方存在劳动关系，某技术公司支付拖欠的工资及未签订书面合同二倍工资差额。仲裁委作出裁决后，某技术公司表示不服，诉至法院，要求不支付上述赔偿金额。经查，2013年10月至2014年10月，郭某每月的实发工资为：4839元、4839元、4839元、4839元、4839元、4339元、4339元、4339元、3839元、3339元、3339元、3339元、2839元。某技术公司主张郭某的工资标准为每月2000元加绩效，按完成任务的比例发放绩效工资，如果没有完成销售任务就没有提成，但也会有一定的绩效；关于绩效和提成无书面证据，关于销售任务的比例及工资明细不能向法院提交证据。郭某主张其工资标准为每月5300元加提成，扣除五险一金后是4839元，其基本工资不含绩效工资，入职时就没有谈过绩效工资的数额，且2013年每月领取的工资扣除五险一金后都是4839元，某技术公司克扣其工资数额为9000元。

裁判理由与结果

一审法院认为，用人单位应当按照工资支付周期编制工资支付记录表，并至少保存两年备查。用人单位与劳动者因劳动报酬产生争议，在两年保存期内的，由用人单位承担举证责任。某技术公司未就郭某的工资标准向法院提交充分证据，对其关于郭某月工资2000元加绩效的主张，法院不予采信；对郭某关于每月工资5300元的主张，法院予以采信，结合郭某的实发工资记录，某技术公司未足额支付其工资，应当补足其相应工资差额。同时，因某技术公司未能举证证明与郭某签订了书面合同，故应支付其未签订书面合同二倍工资差额。遂判决确认双方劳动关系的存在，某技术公司支付拖欠工资及未签订书面合同二倍工资差额。一审判决后，某技术公司不服，提起上诉。二审法院判决驳回上诉，维持原判。

【法律风险提示与实务操作建议】

劳动争议案件的举证责任，并不完全与民事诉讼举证责任一致，民事诉讼中一般按照“谁主张，谁举证”的原则，而在劳动争议中，因为有的证据归用人单位制作、管理、保管，故法律规定了部分证据由用人单位提供的法定举证责任分配。劳动争议案件中因为用人单位和劳动者之间特殊的法律关系，在举证责任方面针对不同情形而定。特别是涉及属于用人单位管理隶属关系而发生的争议，比如用人单位开除、减少劳动报酬等事项，应当由用人单位承担举证责任。因此，这就要求用人单位在平时的工作中注意保存相关证据，尤其是用人单位负有举证责任范围内的证据，避免在发生劳动争议后由于举证不能承担不利后果。在前面章节中，涉及劳动合同的各个阶段的相关问题时，已经就相关具体问题的举证责任问题进行了阐述。现就用人单位承担举证责任的常见情形总结如下。

（1）因确认劳动关系引发的争议中，涉及工资支付凭证或记录（职工工资发放花名册）、缴纳各项社会保险费的记录，劳动者填写的用人单位招工招聘“登记表”“报名表”等招用记录，考勤记录等证据的，由用人单位负责举证。

（2）因劳动者主张未签订劳动合同引发的争议，用人单位予以否认的，用人单位应就双方已签订劳动合同的事实举证。

（3）因劳动报酬的支付发生争议的，劳动者主张单位减少工资、拖欠工资的，应就用人单位减少工资、拖欠工资等报酬的事实举证；用人单位应当就劳动者一方当事人已领取工资报酬的情况、工资构成、出勤情况、延期支付工资的原因以及减少劳动报酬的合法性和合理性进行举证。

（4）因加班工资引发的争议，劳动者应就加班事实的存在进行举证；但劳动者有证据证明用人单位掌握加班事实存在证据的，用人单位应当举证。

（5）因劳动者主张用人单位未按约定支付劳动报酬、未缴纳社会保险或提供劳动条件，而提出解除劳动合同并主张经济补偿金的，由用人单位对其劳动报酬发放情况、社会保险缴纳及提供劳动条件进行举证；此外，用人单位还应就劳动者一方当事人在本单位的工作年限举证。

（6）因用人单位作出的开除、除名、辞退、解除劳动合同等决定而发生的劳动争议，用人单位对其作出上述决定的合法性和合理性负举证责任。

（7）因用人单位根据其规章制度作出解除劳动合同、减少劳动报酬等用工行为时，由用人单位对其规章制度内容和程序的合法性、合理性承担举证责任。

（8）因劳动者主张工伤保险待遇及其赔偿引发的争议，劳动者通常需就工伤损害事实、工伤认定、伤残等级鉴定、住院起止时间、费用等事实举证；用人单位应就已实际发生的工伤保险待遇及赔偿等支付事实举证。

上述典型案件就是涉及关于劳动报酬和签订书面劳动合同的举证责任问题，《工资支付暂行规定》第六条规定：“用人单位必须书面记录支付劳动者工资的数额、时间、领取者的姓名以及签字，并保存两年以上备查。用人单位在支付工资时应向劳动者提供一份其个人的工资清单。”因此，劳动者工资支付凭证的制作和保存是用人单位应承担的一项法定义务，该项法定义务不因任何事由而免除，而这项法定义务的不履行将导致当事人承担民事责任。如果用人单位不能提供劳动者的工资支付凭证证明其主张的报酬标准或工资构成，法院通常会采信劳动者的主张。因此用人单位在日常用工管理中，应当注重证据留存，不断完善用工管理。

【法规链接】

《中华人民共和国劳动争议调解仲裁法》第六条

《最高人民法院关于审理劳动争议案件适用法律问题的解释（一）》（法释〔2020〕26号）第四十二条、第四十四条

3. 劳动争议诉讼中，法院在何种情形下会调查取证？

【裁判规则】

在劳动争议诉讼中，法院调查取证是查明案件事实的重要途径之一，法院可依职权或依当事人申请调取证据。

人民法院依职权调取证据的范围包括：涉及可能损害国家利益、社会公共利益的；涉及身份关系的；涉及《民事诉讼法》第五十五条规定诉讼的；当事人有恶意串通损害他人合法权益可能的；涉及依职权追加当事人、中止诉讼、终结诉讼、回避等程序性事项的。

人民法院依当事人申请调取证据的范围包括：证据由国家有关部门保存，当事人及其诉讼代理人无权查阅调取的；涉及国家秘密、商业秘密或者个人隐私的；当事人及其诉讼代理人因客观原因不能自行收集的其他证据。当事人及其诉讼代理人因客观原因不能自行收集的证据，可以在举证期限届满前书面申请人民法院调查收集。

【法律风险提示与实务操作建议】

在劳动争议案件审理中，当事人及其诉讼代理人申请人民法院调查收集证据，应当提交书面申请。申请书应当载明被调查人的姓名或者单位名称、住所地等基本情况、所要调查收集的证据内容、需要由人民法院调查收集证据的原因及其要证明的事实。实务过程中，用人单位与劳动者就以下事实因客观原因不能自行收集时，往往会考虑申请法院调查取证。

（1）工资来源的查明。例如：劳动者一方提交的银行交易明细中无法显示工资（款项）支付主体或其他交易方信息的，用人单位一方否认款项系由该单位支付的，劳动者可申请人民法院到相应银行机构调取交易明细信息，以确定工资（款项）支付主体，进而辅助确认双方之间建立的是何种关系，以及工资支付情况。随着手机支付客户端的不断发展，实践中也发现部分款项通过支付宝、微信钱包等交易平台进行划转，则此时除向银行调取交易记录之外，可能需要到相应交易平台所对应的企业进行调查取证。

（2）社保、工商信息查询。该类人员的身份核实常见于劳动者一方要求确认劳动关系而用人单位一方予以否认的情况，劳动者提交的证据中涉及某特定人员身份，例如会计或财务人员通过个人账户向劳动者转账发放工资；人事专员通过电子邮件向劳动者发送信息；董事、股东等人员为劳动者安排工作的信息等。上述情况下，经由当事人申请，人民法院到社保经办部门调取该用人单位为所有员工缴纳社会保险的缴费记录，或到工商部门调取该企业的工商档案，查询企业的年度报表等。如果其中有该特定身份人员的显示，则能对劳动关系的查明起到帮助作用。

（3）就诊记录查询。对于为获得工伤保险赔偿而要求确认劳动关系的案件依当事人申请到劳动者受伤后就医的医疗机构调取病历及医疗费缴费主体等信息也可有效获取用人单位关键人员信息，进而辅助判断劳动关系的存在与否。对于就诊记录、医院开具病假证明真伪的核实则能够辅助判断当事人的考勤情况。

（4）公安机关备案信息查询。例如特殊行业从业人员的备案信息、车辆备案信息、公安机关讯问笔录、公安机关刑事侦查立案信息等。

在诉讼过程中，如果用人单位或劳动者确实存在因客观原因不能自行收集的证据，而该证据对于案件查明有重要作用的，可以积极申请法院调查取证，是否能获得准许，由人民法院根据当事人申请及案件审理情况进行确定。

【法规链接】

《中华人民共和国民事诉讼法》第五十五条

《最高人民法院关于适用〈中华人民共和国民事诉讼法〉的解释》第九十四条、第九十六条

《最高人民法院关于民事诉讼证据的若干规定》（2020 年 5 月 1 日起施行）第二条、第二十条、第二十一条、第二十二条、第二十三条

附 件

中华人民共和国劳动合同法

（2007年6月29日第十届全国人民代表大会常务委员会
第二十八次会议通过）

第一章　总　则

第一条　为了完善劳动合同制度，明确劳动合同双方当事人的权利和义务，保护劳动者的合法权益，构建和发展和谐稳定的劳动关系，制定本法。

第二条　中华人民共和国境内的企业、个体经济组织、民办非企业单位等组织（以下称用人单位）与劳动者建立劳动关系，订立、履行、变更、解除或者终止劳动合同，适用本法。

国家机关、事业单位、社会团体和与其建立劳动关系的劳动者，订立、履行、变更、解除或者终止劳动合同，依照本法执行。

第三条　订立劳动合同，应当遵循合法、公平、平等自愿、协商一致、诚实信用的原则。

依法订立的劳动合同具有约束力，用人单位与劳动者应当履行劳动合同约定的义务。

第四条　用人单位应当依法建立和完善劳动规章制度，保障劳动者享有劳动权利、履行劳动义务。

用人单位在制定、修改或者决定有关劳动报酬、工作时间、休息休假、劳动安全卫生、保险福利、职工培训、劳动纪律以及劳动定额管理等直接涉及劳动者切身利益的规章制度或者重大事项时，应当经职工代表大会或者全体职工讨论，提出方案和意见，与工会或者职工代表平等协商确定。

在规章制度和重大事项决定实施过程中，工会或者职工认为不适当的，有权向用人单位提出，通过协商予以修改完善。

用人单位应当将直接涉及劳动者切身利益的规章制度和重大事项决定公示，或者告知劳动者。

第五条 县级以上人民政府劳动行政部门会同工会和企业方面代表，建立健全协调劳动关系三方机制，共同研究解决有关劳动关系的重大问题。

第六条 工会应当帮助、指导劳动者与用人单位依法订立和履行劳动合同，并与用人单位建立集体协商机制，维护劳动者的合法权益。

第二章 劳动合同的订立

第七条 用人单位自用工之日起即与劳动者建立劳动关系。用人单位应当建立职工名册备查。

第八条 用人单位招用劳动者时，应当如实告知劳动者工作内容、工作条件、工作地点、职业危害、安全生产状况、劳动报酬，以及劳动者要求了解的其他情况；用人单位有权了解劳动者与劳动合同直接相关的基本情况，劳动者应当如实说明。

第九条 用人单位招用劳动者，不得扣押劳动者的居民身份证和其他证件，不得要求劳动者提供担保或者以其他名义向劳动者收取财物。

第十条 建立劳动关系，应当订立书面劳动合同。

已建立劳动关系，未同时订立书面劳动合同的，应当自用工之日起一个月内订立书面劳动合同。

用人单位与劳动者在用工前订立劳动合同的，劳动关系自用工之日起建立。

第十一条 用人单位未在用工的同时订立书面劳动合同，与劳动者约定的劳动报酬不明确的，新招用的劳动者的劳动报酬按照集体合同规定的标准执行；没有集体合同或者集体合同未规定的，实行同工同酬。

第十二条 劳动合同分为固定期限劳动合同、无固定期限劳动合同和以完成一定工作任务为期限的劳动合同。

第十三条 固定期限劳动合同，是指用人单位与劳动者约定合同终止时间的劳动合同。

用人单位与劳动者协商一致，可以订立固定期限劳动合同。

第十四条 无固定期限劳动合同，是指用人单位与劳动者约定无确定终止时间的劳动合同。

用人单位与劳动者协商一致，可以订立无固定期限劳动合同。有下列情形之一，劳动者提出或者同意续订、订立劳动合同的，除劳动者提出订立固定期限劳动合同外，应当订立无固定期限劳动合同：

（一）劳动者在该用人单位连续工作满十年的；

（二）用人单位初次实行劳动合同制度或者国有企业改制重新订立劳动合同时，劳动者在该用人单位连续工作满十年且距法定退休年龄不足十年的；

（三）连续订立二次固定期限劳动合同，且劳动者没有本法第三十九条和第四十条第一项、第二项规定的情形，续订劳动合同的。用人单位自用工之日起满一年不与劳动者订立书面劳动合同的，视为用人单位与劳动者已订立无固定期限劳动合同。

第十五条 以完成一定工作任务为期限的劳动合同，是指用人单位与劳动者约定以某项工作的完成为合同期限的劳动合同。

用人单位与劳动者协商一致，可以订立以完成一定工作任务为期限的劳动合同。

第十六条 劳动合同由用人单位与劳动者协商一致，并经用人单位与劳动者在劳动合同文本上签字或者盖章生效。

劳动合同文本由用人单位和劳动者各执一份。

第十七条 劳动合同应当具备以下条款：

（一）用人单位的名称、住所和法定代表人或者主要负责人；

（二）劳动者的姓名、住址和居民身份证或者其他有效身份证件号码；

（三）劳动合同期限；

（四）工作内容和工作地点；

（五）工作时间和休息休假；

（六）劳动报酬；

（七）社会保险；

（八）劳动保护、劳动条件和职业危害防护；

（九）法律、法规规定应当纳入劳动合同的其他事项。

劳动合同除前款规定的必备条款外，用人单位与劳动者可以约定试用期、培训、保守秘密、补充保险和福利待遇等其他事项。

第十八条 劳动合同对劳动报酬和劳动条件等标准约定不明确，引发争议的，用人单位与劳动者可以重新协商；协商不成的，适用集体合同规定；没有集体合同或者集体合同未规定劳动报酬的，实行同工同酬；没有集体合同或者集体合同未规定劳动条件等标准的，适用国家有关规定。

第十九条 劳动合同期限三个月以上不满一年的，试用期不得超过一个月；劳动合同期限一年以上不满三年的，试用期不得超过二个月；三年以上固定期限和无固定期限的劳动合同，试用期不得超过六个月。

同一用人单位与同一劳动者只能约定一次试用期。

以完成一定工作任务为期限的劳动合同或者劳动合同期限不满三个月的，不得约定试用期。

试用期包含在劳动合同期限内。劳动合同仅约定试用期的，试用期不成立，该期限为劳动合同期限。

第二十条 劳动者在试用期的工资不得低于本单位相同岗位最低档工资或者劳动合同约定工资的百分之八十，并不得低于用人单位所在地的最低工资标准。

第二十一条 在试用期中，除劳动者有本法第三十九条和第四十条第一项、第二项规定的情形外，用人单位不得解除劳动合同。用人单位在试用期解除劳动合同的，应当向劳动者说明理由。

第二十二条 用人单位为劳动者提供专项培训费用，对其进行专业技术培训的，可以与该劳动者订立协议，约定服务期。

劳动者违反服务期约定的，应当按照约定向用人单位支付违约金。违约金的数额不得超过用人单位提供的培训费用。用人单位要求劳动者支付的违约金不得超过服务期尚未履行部分所应分摊的培训费用。

用人单位与劳动者约定服务期的，不影响按照正常的工资调整机制提高劳动者在服务期期间的劳动报酬。

第二十三条 用人单位与劳动者可以在劳动合同中约定保守用人单位的商业秘密和与知识产权相关的保密事项。

对负有保密义务的劳动者，用人单位可以在劳动合同或者保密协议中与劳动者约定竞业限制条款，并约定在解除或者终止劳动合同后，在竞业限制期限内按月给予劳动者经济补偿。劳动者违反竞业限制约定的，应当按照约定向用人单位支付违约金。

第二十四条 竞业限制的人员限于用人单位的高级管理人员、高级技术人员和其他负有保密义务的人员。竞业限制的范围、地域、期限由用人单位与劳动者约定，竞业限制的约定不得违反法律、法规的规定。

在解除或者终止劳动合同后，前款规定的人员到与本单位生产或者经营同类产品、从事同类业务的有竞争关系的其他用人单位，或者自己开业生产或者经营同类产品、从事同类业务的竞业限制期限，不得超过二年。

第二十五条 除本法第二十二条和第二十三条规定的情形外，用人单位不得与劳动者约定由劳动者承担违约金。

第二十六条 下列劳动合同无效或者部分无效：

（一）以欺诈、胁迫的手段或者乘人之危，使对方在违背真实意思的情况下订立或者变更劳动合同的；

（二）用人单位免除自己的法定责任、排除劳动者权利的；

（三）违反法律、行政法规强制性规定的。

对劳动合同的无效或者部分无效有争议的，由劳动争议仲裁机构或者人民法院确认。

第二十七条 劳动合同部分无效，不影响其他部分效力的，其他部分仍然有效。

第二十八条 劳动合同被确认无效，劳动者已付出劳动的，用人单位应当向劳动者支付劳动报酬。劳动报酬的数额，参照本单位相同或者相近岗位劳动者的劳动报酬确定。

第三章 劳动合同的履行和变更

第二十九条 用人单位与劳动者应当按照劳动合同的约定，全面履行各自的义务。

第三十条 用人单位应当按照劳动合同约定和国家规定，向劳动者及时足额支付劳动报酬。

用人单位拖欠或者未足额支付劳动报酬的，劳动者可以依法向当地人民法院申请支付令，人民法院应当依法发出支付令。

第三十一条 用人单位应当严格执行劳动定额标准，不得强迫或者变相强迫劳动者加班。用人单位安排加班的，应当按照国家有关规定向劳动者支付加班费。

第三十二条 劳动者拒绝用人单位管理人员违章指挥、强令冒险作业的，不视为违反劳动合同。

劳动者对危害生命安全和身体健康的劳动条件，有权对用人单位提出批评、检举和控告。

第三十三条 用人单位变更名称、法定代表人、主要负责人或者投资人等事项，不影响劳动合同的履行。

第三十四条 用人单位发生合并或者分立等情况，原劳动合同继续有效，劳动合同由承继其权利和义务的用人单位继续履行。

第三十五条 用人单位与劳动者协商一致，可以变更劳动合同约定的内容。变更劳动合同，应当采用书面形式。

变更后的劳动合同文本由用人单位和劳动者各执一份。

第四章 劳动合同的解除和终止

第三十六条 用人单位与劳动者协商一致，可以解除劳动合同。

第三十七条 劳动者提前三十日以书面形式通知用人单位，可以解除劳动合同。劳动者在试用期内提前三日通知用人单位，可以解除劳动合同。

第三十八条 用人单位有下列情形之一的，劳动者可以解除劳动合同：

（一）未按照劳动合同约定提供劳动保护或者劳动条件的；

（二）未及时足额支付劳动报酬的；

（三）未依法为劳动者缴纳社会保险费的；

（四）用人单位的规章制度违反法律、法规的规定，损害劳动者权益的；

（五）因本法第二十六条第一款规定的情形致使劳动合同无效的；

（六）法律、行政法规规定劳动者可以解除劳动合同的其他情形。

用人单位以暴力、威胁或者非法限制人身自由的手段强迫劳动者劳动的，或者用人单位违章指挥、强令冒险作业危及劳动者人身安全的，劳动者可以立即解除劳动合同，不需事先告知用人单位。

第三十九条 劳动者有下列情形之一的，用人单位可以解除劳动合同：

（一）在试用期间被证明不符合录用条件的；

（二）严重违反用人单位的规章制度的；

（三）严重失职，营私舞弊，给用人单位造成重大损害的；

（四）劳动者同时与其他用人单位建立劳动关系，对完成本单位的工作任务造成严重影响，或者经用人单位提出，拒不改正的；

（五）因本法第二十六条第一款第一项规定的情形致使劳动合同无效的；

（六）被依法追究刑事责任的。

第四十条 有下列情形之一的，用人单位提前三十日以书面形式通知劳动者本人或者额外支付劳动者一个月工资后，可以解除劳动合同：

（一）劳动者患病或者非因工负伤，在规定的医疗期满后不能从事原工作，也不能从事由用人单位另行安排的工作的；

（二）劳动者不能胜任工作，经过培训或者调整工作岗位，仍不能胜任工作的；

（三）劳动合同订立时所依据的客观情况发生重大变化，致使劳动合同无法履行，经用人单位与劳动者协商，未能就变更劳动合同内容达成协议的。

第四十一条 有下列情形之一，需要裁减人员二十人以上或者裁减不足二十人但占企业职工总数百分之十以上的，用人单位提前三十日向工会或者全体职工说明情况，听取工会或者职工的意见后，裁减人员方案经向劳动行政部门报告，可以裁减人员：

（一）依照企业破产法规定进行重整的；

（二）生产经营发生严重困难的；

（三）企业转产、重大技术革新或者经营方式调整，经变更劳动合同后，仍需裁减人员的；

（四）其他因劳动合同订立时所依据的客观经济情况发生重大变化，致使劳动合同无法履行的。

裁减人员时，应当优先留用下列人员：

（一）与本单位订立较长期限的固定期限劳动合同的；

（二）与本单位订立无固定期限劳动合同的；

（三）家庭无其他就业人员，有需要扶养的老人或者未成年人的。

用人单位依照本条第一款规定裁减人员，在六个月内重新招用人员的，应当通知被裁减的人员，并在同等条件下优先招用被裁减的人员。

第四十二条 劳动者有下列情形之一的，用人单位不得依照本法第四十条、第四十一条的规定解除劳动合同：

（一）从事接触职业病危害作业的劳动者未进行离岗前职业健康检查，或者疑似职业病病人在诊断或者医学观察期间的；

（二）在本单位患职业病或者因工负伤并被确认丧失或者部分丧失劳动能力的；

（三）患病或者非因工负伤，在规定的医疗期内的；

（四）女职工在孕期、产期、哺乳期的；

（五）在本单位连续工作满十五年，且距法定退休年龄不足五年的；

（六）法律、行政法规规定的其他情形。

第四十三条 用人单位单方解除劳动合同，应当事先将理由通知工会。用人单位违反法律、行政法规规定或者劳动合同约定的，工会有权要求用人单位纠正。用人单位应当研究工会的意见，并将处理结果书面通知工会。

第四十四条 有下列情形之一的，劳动合同终止：

（一）劳动合同期满的；

（二）劳动者开始依法享受基本养老保险待遇的；

（三）劳动者死亡，或者被人民法院宣告死亡或者宣告失踪的；

（四）用人单位被依法宣告破产的；

（五）用人单位被吊销营业执照、责令关闭、撤销或者用人单位决定提前解散的；

（六）法律、行政法规规定的其他情形。

第四十五条 劳动合同期满，有本法第四十二条规定情形之一的，劳动合同应当续延至相应的情形消失时终止。但是，本法第四十二条第二项规定丧失或者部分丧失劳动能力劳动者的劳动合同的终止，按照国家有关工伤保险的规定执行。

第四十六条 有下列情形之一的，用人单位应当向劳动者支付经济补偿：

（一）劳动者依照本法第三十八条规定解除劳动合同的；

（二）用人单位依照本法第三十六条规定向劳动者提出解除劳动合同并与劳动者协商一致解除劳动合同的；

（三）用人单位依照本法第四十条规定解除劳动合同的；

（四）用人单位依照本法第四十一条第一款规定解除劳动合同的；

（五）除用人单位维持或者提高劳动合同约定条件续订劳动合同，劳动者不同意续订的情形外，依照本法第四十四条第一项规定终止固定期限劳动合同的；

（六）依照本法第四十四条第四项、第五项规定终止劳动合同的；

（七）法律、行政法规规定的其他情形。

第四十七条 经济补偿按劳动者在本单位工作的年限，每满一年支付一个月工资的标准向劳动者支付。六个月以上不满一年的，按一年计算；不满六个月的，向劳动者支付半个月工资的经济补偿。

劳动者月工资高于用人单位所在直辖市、设区的市级人民政府公布的本地区上年度职工月平均工资三倍的，向其支付经济补偿的标准按职工月平均工资三倍的数额支付，向其支付经济补偿的年限最高不超过十二年。

本条所称月工资是指劳动者在劳动合同解除或者终止前十二个月的平均工资。

第四十八条 用人单位违反本法规定解除或者终止劳动合同，劳动者要求继续履行劳动合同的，用人单位应当继续履行；劳动者不要求继续履行劳动合同或者劳动合同已经不能继续履行的，用人单位应当依照本法第八十七条规定支付赔偿金。

第四十九条 国家采取措施，建立健全劳动者社会保险关系跨地区转移接续制度。

第五十条 用人单位应当在解除或者终止劳动合同时出具解除或者终止劳动合同的证明，并在十五日内为劳动者办理档案和社会保险关系转移手续。

劳动者应当按照双方约定，办理工作交接。用人单位依照本法有关规定应当向劳动者支付经济补偿的，在办结工作交接时支付。

用人单位对已经解除或者终止的劳动合同的文本，至少保存二年备查。

第五章　特别规定

第一节　集体合同

第五十一条　企业职工一方与用人单位通过平等协商，可以就劳动报酬、工作时间、休息休假、劳动安全卫生、保险福利等事项订立集体合同。集体合同草案应当提交职工代表大会或者全体职工讨论通过。

集体合同由工会代表企业职工一方与用人单位订立；尚未建立工会的用人单位，由上级工会指导劳动者推举的代表与用人单位订立。

第五十二条　企业职工一方与用人单位可以订立劳动安全卫生、女职工权益保护、工资调整机制等专项集体合同。

第五十三条　在县级以下区域内，建筑业、采矿业、餐饮服务业等行业可以由工会与企业方面代表订立行业性集体合同，或者订立区域性集体合同。

第五十四条　集体合同订立后，应当报送劳动行政部门；劳动行政部门自收到集体合同文本之日起十五日内未提出异议的，集体合同即行生效。

依法订立的集体合同对用人单位和劳动者具有约束力。行业性、区域性集体合同对当地本行业、本区域的用人单位和劳动者具有约束力。

第五十五条　集体合同中劳动报酬和劳动条件等标准不得低于当地人民政府规定的最低标准；用人单位与劳动者订立的劳动合同中劳动报酬和劳动条件等标准不得低于集体合同规定的标准。

第五十六条　用人单位违反集体合同，侵犯职工劳动权益的，工会可以依法要求用人单位承担责任；因履行集体合同发生争议，经协商解决不成的，工会可以依法申请仲裁、提起诉讼。

第二节　劳务派遣

第五十七条　劳务派遣单位应当依照公司法的有关规定设立，注册资本不得少于五十万元。

第五十八条　劳务派遣单位是本法所称用人单位，应当履行用人单位对劳动者的义务。劳务派遣单位与被派遣劳动者订立的劳动合同，除应当载明本法第十七条规定的事项外，还应当载明被派遣劳动者的用工单位以及派遣期限、工作岗位等情况。

劳务派遣单位应当与被派遣劳动者订立二年以上的固定期限劳动合同，按月支付劳动报酬；被派遣劳动者在无工作期间，劳务派遣单位应当按照所在地人民政府规定的最低工资标准，向其按月支付报酬。

第五十九条 劳务派遣单位派遣劳动者应当与接受以劳务派遣形式用工的单位（以下称用工单位）订立劳务派遣协议。劳务派遣协议应当约定派遣岗位和人员数量、派遣期限、劳动报酬和社会保险费的数额与支付方式以及违反协议的责任。

用工单位应当根据工作岗位的实际需要与劳务派遣单位确定派遣期限，不得将连续用工期限分割订立数个短期劳务派遣协议。

第六十条 劳务派遣单位应当将劳务派遣协议的内容告知被派遣劳动者。

劳务派遣单位不得克扣用工单位按照劳务派遣协议支付给被派遣劳动者的劳动报酬。

劳务派遣单位和用工单位不得向被派遣劳动者收取费用。

第六十一条 劳务派遣单位跨地区派遣劳动者的，被派遣劳动者享有的劳动报酬和劳动条件，按照用工单位所在地的标准执行。

第六十二条 用工单位应当履行下列义务：

（一）执行国家劳动标准，提供相应的劳动条件和劳动保护；

（二）告知被派遣劳动者的工作要求和劳动报酬；

（三）支付加班费、绩效奖金，提供与工作岗位相关的福利待遇；

（四）对在岗被派遣劳动者进行工作岗位所必需的培训；

（五）连续用工的，实行正常的工资调整机制。

用工单位不得将被派遣劳动者再派遣到其他用人单位。

第六十三条 被派遣劳动者享有与用工单位的劳动者同工同酬的权利。用工单位无同类岗位劳动者的，参照用工单位所在地相同或者相近岗位劳动者的劳动报酬确定。

第六十四条 被派遣劳动者有权在劳务派遣单位或者用工单位依法参加或者组织工会，维护自身的合法权益。

第六十五条 被派遣劳动者可以依照本法第三十六条、第三十八条的规定与劳务派遣单位解除劳动合同。

被派遣劳动者有本法第三十九条和第四十条第一项、第二项规定情形的，用工单位可以将劳动者退回劳务派遣单位，劳务派遣单位依照本法有关规定，可以与劳动者解除劳动合同。

第六十六条 劳务派遣一般在临时性、辅助性或者替代性的工作岗位上实施。

第六十七条 用人单位不得设立劳务派遣单位向本单位或者所属单位派遣劳动者。

第三节　非全日制用工

第六十八条　非全日制用工，是指以小时计酬为主，劳动者在同一用人单位一般平均每日工作时间不超过四小时，每周工作时间累计不超过二十四小时的用工形式。

第六十九条　非全日制用工双方当事人可以订立口头协议。

从事非全日制用工的劳动者可以与一个或者一个以上用人单位订立劳动合同；但是，后订立的劳动合同不得影响先订立的劳动合同的履行。

第七十条　非全日制用工双方当事人不得约定试用期。

第七十一条　非全日制用工双方当事人任何一方都可以随时通知对方终止用工。终止用工，用人单位不向劳动者支付经济补偿。

第七十二条　非全日制用工小时计酬标准不得低于用人单位所在地人民政府规定的最低小时工资标准。

非全日制用工劳动报酬结算支付周期最长不得超过十五日。

第六章　监督检查

第七十三条　国务院劳动行政部门负责全国劳动合同制度实施的监督管理。

县级以上地方人民政府劳动行政部门负责本行政区域内劳动合同制度实施的监督管理。

县级以上各级人民政府劳动行政部门在劳动合同制度实施的监督管理工作中，应当听取工会、企业方面代表以及有关行业主管部门的意见。

第七十四条　县级以上地方人民政府劳动行政部门依法对下列实施劳动合同制度的情况进行监督检查：

（一）用人单位制定直接涉及劳动者切身利益的规章制度及其执行的情况；

（二）用人单位与劳动者订立和解除劳动合同的情况；

（三）劳务派遣单位和用工单位遵守劳务派遣有关规定的情况；

（四）用人单位遵守国家关于劳动者工作时间和休息休假规定的情况；

（五）用人单位支付劳动合同约定的劳动报酬和执行最低工资标准的情况；

（六）用人单位参加各项社会保险和缴纳社会保险费的情况；

（七）法律、法规规定的其他劳动监察事项。

第七十五条　县级以上地方人民政府劳动行政部门实施监督检查时，有权查阅与劳动合同、集体合同有关的材料，有权对劳动场所进行实地检查，用人单位和劳动者都应当如实提供有关情况和材料。

劳动行政部门的工作人员进行监督检查，应当出示证件，依法行使职权，文明执法。

第七十六条 县级以上人民政府建设、卫生、安全生产监督管理等有关主管部门在各自职责范围内，对用人单位执行劳动合同制度的情况进行监督管理。

第七十七条 劳动者合法权益受到侵害的，有权要求有关部门依法处理，或者依法申请仲裁、提起诉讼。

第七十八条 工会依法维护劳动者的合法权益，对用人单位履行劳动合同、集体合同的情况进行监督。用人单位违反劳动法律、法规和劳动合同、集体合同的，工会有权提出意见或者要求纠正；劳动者申请仲裁、提起诉讼的，工会依法给予支持和帮助。

第七十九条 任何组织或者个人对违反本法的行为都有权举报，县级以上人民政府劳动行政部门应当及时核实、处理，并对举报有功人员给予奖励。

第七章　法律责任

第八十条 用人单位直接涉及劳动者切身利益的规章制度违反法律、法规规定的，由劳动行政部门责令改正，给予警告；给劳动者造成损害的，应当承担赔偿责任。

第八十一条 用人单位提供的劳动合同文本未载明本法规定的劳动合同必备条款或者用人单位未将劳动合同文本交付劳动者的，由劳动行政部门责令改正；给劳动者造成损害的，应当承担赔偿责任。

第八十二条 用人单位自用工之日起超过一个月不满一年未与劳动者订立书面劳动合同的，应当向劳动者每月支付二倍的工资。

用人单位违反本法规定不与劳动者订立无固定期限劳动合同的，自应当订立无固定期限劳动合同之日起向劳动者每月支付二倍的工资。

第八十三条 用人单位违反本法规定与劳动者约定试用期的，由劳动行政部门责令改正；违法约定的试用期已经履行的，由用人单位以劳动者试用期满月工资为标准，按已经履行的超过法定试用期的期间向劳动者支付赔偿金。

第八十四条 用人单位违反本法规定，扣押劳动者居民身份证等证件的，由劳动行政部门责令限期退还劳动者本人，并依照有关法律规定给予处罚。

用人单位违反本法规定，以担保或者其他名义向劳动者收取财物的，由劳动行政部门责令限期退还劳动者本人，并以每人五百元以上二千元以下的标准处以罚款；给劳动者造成损害的，应当承担赔偿责任。

劳动者依法解除或者终止劳动合同，用人单位扣押劳动者档案或者其他物品的，依照前款规定处罚。

第八十五条 用人单位有下列情形之一的，由劳动行政部门责令限期支付劳动报酬、加班费或者经济补偿；劳动报酬低于当地最低工资标准的，应当支付其差额部分；逾期不支付的，责令用人单位按应付金额百分之五十以上百分之一百以下的标准向劳动者加付赔偿金：

（一）未按照劳动合同的约定或者国家规定及时足额支付劳动者劳动报酬的；

（二）低于当地最低工资标准支付劳动者工资的；

（三）安排加班不支付加班费的；

（四）解除或者终止劳动合同，未依照本法规定向劳动者支付经济补偿的。

第八十六条 劳动合同依照本法第二十六条规定被确认无效，给对方造成损害的，有过错的一方应当承担赔偿责任。

第八十七条 用人单位违反本法规定解除或者终止劳动合同的，应当依照本法第四十七条规定的经济补偿标准的二倍向劳动者支付赔偿金。

第八十八条 用人单位有下列情形之一的，依法给予行政处罚；构成犯罪的，依法追究刑事责任；给劳动者造成损害的，应当承担赔偿责任：

（一）以暴力、威胁或者非法限制人身自由的手段强迫劳动的；

（二）违章指挥或者强令冒险作业危及劳动者人身安全的；

（三）侮辱、体罚、殴打、非法搜查或者拘禁劳动者的；

（四）劳动条件恶劣、环境污染严重，给劳动者身心健康造成严重损害的。

第八十九条 用人单位违反本法规定未向劳动者出具解除或者终止劳动合同的书面证明，由劳动行政部门责令改正；给劳动者造成损害的，应当承担赔偿责任。

第九十条 劳动者违反本法规定解除劳动合同，或者违反劳动合同中约定的保密义务或者竞业限制，给用人单位造成损失的，应当承担赔偿责任。

第九十一条 用人单位招用与其他用人单位尚未解除或者终止劳动合同的劳动者，给其他用人单位造成损失的，应当承担连带赔偿责任。

第九十二条 劳务派遣单位违反本法规定的，由劳动行政部门和其他有关主管部门责令改正；情节严重的，以每人一千元以上五千元以下的标准处以罚款，并由工商行政管理部门吊销营业执照；给被派遣劳动者造成损害的，劳务派遣单位与用工单位承担连带赔偿责任。

第九十三条 对不具备合法经营资格的用人单位的违法犯罪行为，依法追究法律责任；劳动者已经付出劳动的，该单位或者其出资人应当依照本法有关规定向劳动者支付劳动报酬、经济补偿、赔偿金；给劳动者造成损害的，应当承担赔偿责任。

第九十四条 个人承包经营违反本法规定招用劳动者，给劳动者造成损害的，发包的组织与个人承包经营者承担连带赔偿责任。

第九十五条 劳动行政部门和其他有关主管部门及其工作人员玩忽职守、不履行法定职责，或者违法行使职权，给劳动者或者用人单位造成损害的，应当承担赔偿责任；对直接负责的主管人员和其他直接责任人员，依法给予行政处分；构成犯罪的，依法追究刑事责任。

第八章 附 则

第九十六条 事业单位与实行聘用制的工作人员订立、履行、变更、解除或者终止劳动合同，法律、行政法规或者国务院另有规定的，依照其规定；未作规定的，依照本法有关规定执行。

第九十七条 本法施行前已依法订立且在本法施行之日存续的劳动合同，继续履行；本法第十四条第二款第三项规定连续订立固定期限劳动合同的次数，自本法施行后续订固定期限劳动合同时开始计算。

本法施行前已建立劳动关系，尚未订立书面劳动合同的，应当自本法施行之日起一个月内订立。

本法施行之日存续的劳动合同在本法施行后解除或者终止，依照本法第四十六条规定应当支付经济补偿的，经济补偿年限自本法施行之日起计算；本法施行前按照当时有关规定，用人单位应当向劳动者支付经济补偿的，按照当时有关规定执行。

第九十八条 本法自 2008 年 1 月 1 日起施行。

中华人民共和国劳动争议调解仲裁法

（2007年12月29日第十届全国人民代表大会常务委员会第三十一次会议通过）

第一章　总　则

第一条　为了公正及时解决劳动争议，保护当事人合法权益，促进劳动关系和谐稳定，制定本法。

第二条　中华人民共和国境内的用人单位与劳动者发生的下列劳动争议，适用本法：

（一）因确认劳动关系发生的争议；

（二）因订立、履行、变更、解除和终止劳动合同发生的争议；

（三）因除名、辞退和辞职、离职发生的争议；

（四）因工作时间、休息休假、社会保险、福利、培训以及劳动保护发生的争议；

（五）因劳动报酬、工伤医疗费、经济补偿或者赔偿金等发生的争议；

（六）法律、法规规定的其他劳动争议。

第三条　解决劳动争议，应当根据事实，遵循合法、公正、及时、着重调解的原则，依法保护当事人的合法权益。

第四条　发生劳动争议，劳动者可以与用人单位协商，也可以请工会或者第三方共同与用人单位协商，达成和解协议。

第五条　发生劳动争议，当事人不愿协商、协商不成或者达成和解协议后不履行的，可以向调解组织申请调解；不愿调解、调解不成或者达成调解协议后不履行的，可以向劳动争议仲裁委员会申请仲裁；对仲裁裁决不服的，除本法另有规定的外，可以向人民法院提起诉讼。

第六条　发生劳动争议，当事人对自己提出的主张，有责任提供证据。与争议事项有关的证据属于用人单位掌握管理的，用人单位应当提供；用人单位不提供的，应当承担不利后果。

第七条 发生劳动争议的劳动者一方在十人以上，并有共同请求的，可以推举代表参加调解、仲裁或者诉讼活动。

第八条 县级以上人民政府劳动行政部门会同工会和企业方面代表建立协调劳动关系三方机制，共同研究解决劳动争议的重大问题。

第九条 用人单位违反国家规定，拖欠或者未足额支付劳动报酬，或者拖欠工伤医疗费、经济补偿或者赔偿金的，劳动者可以向劳动行政部门投诉，劳动行政部门应当依法处理。

第二章 调 解

第十条 发生劳动争议，当事人可以到下列调解组织申请调解：

（一）企业劳动争议调解委员会；

（二）依法设立的基层人民调解组织；

（三）在乡镇、街道设立的具有劳动争议调解职能的组织。

企业劳动争议调解委员会由职工代表和企业代表组成。职工代表由工会成员担任或者由全体职工推举产生，企业代表由企业负责人指定。企业劳动争议调解委员会主任由工会成员或者双方推举的人员担任。

第十一条 劳动争议调解组织的调解员应当由公道正派、联系群众、热心调解工作，并具有一定法律知识、政策水平和文化水平的成年公民担任。

第十二条 当事人申请劳动争议调解可以书面申请，也可以口头申请。口头申请的，调解组织应当当场记录申请人基本情况、申请调解的争议事项、理由和时间。

第十三条 调解劳动争议，应当充分听取双方当事人对事实和理由的陈述，耐心疏导，帮助其达成协议。

第十四条 经调解达成协议的，应当制作调解协议书。

调解协议书由双方当事人签名或者盖章，经调解员签名并加盖调解组织印章后生效，对双方当事人具有约束力，当事人应当履行。

自劳动争议调解组织收到调解申请之日起十五日内未达成调解协议的，当事人可以依法申请仲裁。

第十五条 达成调解协议后，一方当事人在协议约定期限内不履行调解协议的，另一方当事人可以依法申请仲裁。

第十六条 因支付拖欠劳动报酬、工伤医疗费、经济补偿或者赔偿金事项达成调解协议，用人单位在协议约定期限内不履行的，劳动者可以持调解协议书依法向人民法院申请支付令。人民法院应当依法发出支付令。

第三章 仲裁

第一节 一般规定

第十七条 劳动争议仲裁委员会按照统筹规划、合理布局和适应实际需要的原则设立。省、自治区人民政府可以决定在市、县设立；直辖市人民政府可以决定在区、县设立。直辖市、设区的市也可以设立一个或者若干个劳动争议仲裁委员会。劳动争议仲裁委员会不按行政区划层层设立。

第十八条 国务院劳动行政部门依照本法有关规定制定仲裁规则。省、自治区、直辖市人民政府劳动行政部门对本行政区域的劳动争议仲裁工作进行指导。

第十九条 劳动争议仲裁委员会由劳动行政部门代表、工会代表和企业方面代表组成。劳动争议仲裁委员会组成人员应当是单数。

劳动争议仲裁委员会依法履行下列职责：

（一）聘任、解聘专职或者兼职仲裁员；

（二）受理劳动争议案件；

（三）讨论重大或者疑难的劳动争议案件；

（四）对仲裁活动进行监督。

劳动争议仲裁委员会下设办事机构，负责办理劳动争议仲裁委员会的日常工作。

第二十条 劳动争议仲裁委员会应当设仲裁员名册。

仲裁员应当公道正派并符合下列条件之一：

（一）曾任审判员的；

（二）从事法律研究、教学工作并具有中级以上职称的；

（三）具有法律知识、从事人力资源管理或者工会等专业工作满五年的；

（四）律师执业满三年的。

第二十一条 劳动争议仲裁委员会负责管辖本区域内发生的劳动争议。

劳动争议由劳动合同履行地或者用人单位所在地的劳动争议仲裁委员会管辖。双方当事人分别向劳动合同履行地和用人单位所在地的劳动争议仲裁委员会申请仲裁的，由劳动合同履行地的劳动争议仲裁委员会管辖。

第二十二条 发生劳动争议的劳动者和用人单位为劳动争议仲裁案件的双方当事人。

劳务派遣单位或者用工单位与劳动者发生劳动争议的，劳务派遣单位和用工单位为共同当事人。

第二十三条 与劳动争议案件的处理结果有利害关系的第三人，可以申请参加仲裁活动或者由劳动争议仲裁委员会通知其参加仲裁活动。

第二十四条 当事人可以委托代理人参加仲裁活动。委托他人参加仲裁活动，应当向劳动争议仲裁委员会提交有委托人签名或者盖章的委托书，委托书应当载明委托事项和权限。

第二十五条 丧失或者部分丧失民事行为能力的劳动者，由其法定代理人代为参加仲裁活动；无法定代理人的，由劳动争议仲裁委员会为其指定代理人。劳动者死亡的，由其近亲属或者代理人参加仲裁活动。

第二十六条 劳动争议仲裁公开进行，但当事人协议不公开进行或者涉及国家秘密、商业秘密和个人隐私的除外。

第二节 申请和受理

第二十七条 劳动争议申请仲裁的时效期间为一年。仲裁时效期间从当事人知道或者应当知道其权利被侵害之日起计算。

前款规定的仲裁时效，因当事人一方向对方当事人主张权利，或者向有关部门请求权利救济，或者对方当事人同意履行义务而中断。从中断时起，仲裁时效期间重新计算。

因不可抗力或者有其他正当理由，当事人不能在本条第一款规定的仲裁时效期间申请仲裁的，仲裁时效中止。从中止时效的原因消除之日起，仲裁时效期间继续计算。

劳动关系存续期间因拖欠劳动报酬发生争议的，劳动者申请仲裁不受本条第一款规定的仲裁时效期间的限制；但是，劳动关系终止的，应当自劳动关系终止之日起一年内提出。

第二十八条 申请人申请仲裁应当提交书面仲裁申请，并按照被申请人人数提交副本。

仲裁申请书应当载明下列事项：

（一）劳动者的姓名、性别、年龄、职业、工作单位和住所，用人单位的名称、住所和法定代表人或者主要负责人的姓名、职务；

（二）仲裁请求和所根据的事实、理由；

（三）证据和证据来源、证人姓名和住所。

书写仲裁申请确有困难的，可以口头申请，由劳动争议仲裁委员会记入笔录，并告知对方当事人。

第二十九条 劳动争议仲裁委员会收到仲裁申请之日起五日内，认为符合受理条件的，应当受理，并通知申请人；认为不符合受理条件的，应当书面通知申请人不予受理，并说明理由。对劳动争议仲裁委员会不予受理或者逾期未作出决定的，申请人可以就该劳动争议事项向人民法院提起诉讼。

第三十条 劳动争议仲裁委员会受理仲裁申请后，应当在五日内将仲裁申请书副本送达被申请人。

被申请人收到仲裁申请书副本后，应当在十日内向劳动争议仲裁委员会提交答辩书。劳动争议仲裁委员会收到答辩书后，应当在五日内将答辩书副本送达申请人。被申请人未提交答辩书的，不影响仲裁程序的进行。

第三节 开庭和裁决

第三十一条 劳动争议仲裁委员会裁决劳动争议案件实行仲裁庭制。仲裁庭由三名仲裁员组成，设首席仲裁员。简单劳动争议案件可以由一名仲裁员独任仲裁。

第三十二条 劳动争议仲裁委员会应当在受理仲裁申请之日起五日内将仲裁庭的组成情况书面通知当事人。

第三十三条 仲裁员有下列情形之一，应当回避，当事人也有权以口头或者书面方式提出回避申请：

（一）是本案当事人或者当事人、代理人的近亲属的；

（二）与本案有利害关系的；

（三）与本案当事人、代理人有其他关系，可能影响公正裁决的；

（四）私自会见当事人、代理人，或者接受当事人、代理人的请客送礼的。

劳动争议仲裁委员会对回避申请应当及时作出决定，并以口头或者书面方式通知当事人。

第三十四条 仲裁员有本法第三十三条第四项规定情形，或者有索贿受贿、徇私舞弊、枉法裁决行为的，应当依法承担法律责任。劳动争议仲裁委员会应当将其解聘。

第三十五条 仲裁庭应当在开庭五日前，将开庭日期、地点书面通知双方当事人。当事人有正当理由的，可以在开庭三日前请求延期开庭。是否延期，由劳动争议仲裁委员会决定。

第三十六条 申请人收到书面通知，无正当理由拒不到庭或者未经仲裁庭同意中途退庭的，可以视为撤回仲裁申请。

被申请人收到书面通知，无正当理由拒不到庭或者未经仲裁庭同意中途退庭的，可以缺席裁决。

第三十七条 仲裁庭对专门性问题认为需要鉴定的，可以交由当事人约定的鉴定机构鉴定；当事人没有约定或者无法达成约定的，由仲裁庭指定的鉴定机构鉴定。

根据当事人的请求或者仲裁庭的要求，鉴定机构应当派鉴定人参加开庭。当事人经仲裁庭许可，可以向鉴定人提问。

第三十八条 当事人在仲裁过程中有权进行质证和辩论。质证和辩论终结时，首席仲裁员或者独任仲裁员应当征询当事人的最后意见。

第三十九条 当事人提供的证据经查证属实的，仲裁庭应当将其作为认定事实的根据。

劳动者无法提供由用人单位掌握管理的与仲裁请求有关的证据，仲裁庭可以要求用人单位在指定期限内提供。用人单位在指定期限内不提供的，应当承担不利后果。

第四十条 仲裁庭应当将开庭情况记入笔录。当事人和其他仲裁参加人认为对自己陈述的记录有遗漏或者差错的，有权申请补正。如果不予补正，应当记录该申请。

笔录由仲裁员、记录人员、当事人和其他仲裁参加人签名或者盖章。

第四十一条 当事人申请劳动争议仲裁后，可以自行和解。达成和解协议的，可以撤回仲裁申请。

第四十二条 仲裁庭在作出裁决前，应当先行调解。

调解达成协议的，仲裁庭应当制作调解书。

调解书应当写明仲裁请求和当事人协议的结果。调解书由仲裁员签名，加盖劳动争议仲裁委员会印章，送达双方当事人。调解书经双方当事人签收后，发生法律效力。

调解不成或者调解书送达前，一方当事人反悔的，仲裁庭应当及时作出裁决。

第四十三条 仲裁庭裁决劳动争议案件，应当自劳动争议仲裁委员会受理仲裁申请之日起四十五日内结束。案情复杂需要延期的，经劳动争议仲裁委员会主任批准，可以延期并书面通知当事人，但是延长期限不得超过十五日。逾期未作出仲裁裁决的，当事人可以就该劳动争议事项向人民法院提起诉讼。

仲裁庭裁决劳动争议案件时，其中一部分事实已经清楚，可以就该部分先行裁决。

第四十四条 仲裁庭对追索劳动报酬、工伤医疗费、经济补偿或者赔偿金的案件，根据当事人的申请，可以裁决先予执行，移送人民法院执行。

仲裁庭裁决先予执行的，应当符合下列条件：

（一）当事人之间权利义务关系明确；

（二）不先予执行将严重影响申请人的生活。

劳动者申请先予执行的，可以不提供担保。

第四十五条 裁决应当按照多数仲裁员的意见作出，少数仲裁员的不同意见应当记入笔录。仲裁庭不能形成多数意见时，裁决应当按照首席仲裁员的意见作出。

第四十六条 裁决书应当载明仲裁请求、争议事实、裁决理由、裁决结果和裁决日期。裁决书由仲裁员签名，加盖劳动争议仲裁委员会印章。对裁决持不同意见的仲裁员，可以签名，也可以不签名。

第四十七条 下列劳动争议，除本法另有规定的外，仲裁裁决为终局裁决，裁决书自作出之日起发生法律效力：

（一）追索劳动报酬、工伤医疗费、经济补偿或者赔偿金，不超过当地月最低工资标准十二个月金额的争议；

（二）因执行国家的劳动标准在工作时间、休息休假、社会保险等方面发生的争议。

第四十八条 劳动者对本法第四十七条规定的仲裁裁决不服的，可以自收到仲裁裁决书之日起十五日内向人民法院提起诉讼。

第四十九条 用人单位有证据证明本法第四十七条规定的仲裁裁决有下列情形之一，可以自收到仲裁裁决书之日起三十日内向劳动争议仲裁委员会所在地的中级人民法院申请撤销裁决：

（一）适用法律、法规确有错误的；

（二）劳动争议仲裁委员会无管辖权的；

（三）违反法定程序的；

（四）裁决所根据的证据是伪造的；

（五）对方当事人隐瞒了足以影响公正裁决的证据的；

（六）仲裁员在仲裁该案时有索贿受贿、徇私舞弊、枉法裁决行为的。

人民法院经组成合议庭审查核实裁决有前款规定情形之一的，应当裁定撤销。

仲裁裁决被人民法院裁定撤销的，当事人可以自收到裁定书之日起十五日内就该劳动争议事项向人民法院提起诉讼。

第五十条 当事人对本法第四十七条规定以外的其他劳动争议案件的仲裁裁决不服的，可以自收到仲裁裁决书之日起十五日内向人民法院提起诉讼；期满不起诉的，裁决书发生法律效力。

第五十一条 当事人对发生法律效力的调解书、裁决书，应当依照规定的期限履行。一方当事人逾期不履行的，另一方当事人可以依照民事诉讼法的有关规定向人民法院申请执行。受理申请的人民法院应当依法执行。

第四章 附 则

第五十二条 事业单位实行聘用制的工作人员与本单位发生劳动争议的，依照本法执行；法律、行政法规或者国务院另有规定的，依照其规定。

第五十三条 劳动争议仲裁不收费。劳动争议仲裁委员会的经费由财政予以保障。

第五十四条 本法自 2008 年 5 月 1 日起施行。

最高人民法院关于审理劳动争议案件适用法律若干问题的解释

（2001 年 4 月 16 日）

（2001 年 3 月 22 日最高人民法院审判委员会第 1165 次会议通过，自 2001 年 4 月 30 日起施行）

为正确审理劳动争议案件，根据《中华人民共和国劳动法》（以下简称《劳动法》），和《中华人民共和国民事诉讼法》（以下简称《民事诉讼法》）等相关法律之规定，就适用法律的若干问题，作如下解释。

第一条 劳动者与用人单位之间发生的下列纠纷，属于《劳动法》第二条规定的劳动争议，当事人不服劳动争议仲裁委员会作出的裁决，依法向人民法院起诉的，人民法院应当受理；

（一）劳动者与用人单位在履行劳动合同过程中发生的纠纷；

（二）劳动者与用人单位之间没有订立书面劳动合同，但已形成劳动关系后发生的纠纷；

（三）劳动者退休后，与尚未参加社会保险统筹的原用人单位因追索养老金、医疗费、工伤保险待遇和其他社会保险费而发生的纠纷。

第二条 劳动争议仲裁委员会以当事人申请仲裁的事项不属于劳动争议为由，作出不予受理的书面裁决、决定或者通知，当事人不服，依法向人民法院起诉的，人民法院应当分别情况予以处理；

（一）属于劳动争议案件的，应当受理；

（二）虽不属于劳动争议案件，但属于人民法院主管的其他案件，应当依法受理。

第三条 劳动争议仲裁委员会根据《劳动法》第八十二条之规定，以当事人的仲裁申请超过六十日期限为由，作出不予受理的书面裁决、决定或者通知，当事人不服，依法向人民法院起诉的，人民法院应当受理；对确已超过仲裁申请期限，又无不可抗力或者其他正当理由的，依法驳回其诉讼请求。

第四条 劳动争议仲裁委员会以申请仲裁的主体不适格为由，作出不予受理的书面裁决、决定或者通知，当事人不服，依法向人民法院起诉的，经审查，确属主体不适格的，裁定不予受理或者驳回起诉。

第五条 劳动争议仲裁委员会为纠正原仲裁裁决错误重新作出裁决，当事人不服，依法向人民法院起诉的，人民法院应当受理。

第六条 人民法院受理劳动争议案件后，当事人增加诉讼请求的，如该诉讼请求与讼争的劳动争议具有不可分性，应当合并审理；如属独立的劳动争议，应当告知当事人向劳动争议仲裁委员会申请仲裁。

第七条 劳动争议仲裁委员会仲裁的事项不属于人民法院受理的案件范围，当事人不服，依法向人民法院起诉的，裁定不予受理或者驳回起诉。

第八条 劳动争议案件由用人单位所在地或者劳动合同履行地的基层人民法院管辖。

劳动合同履行地不明确的，由用人单位所在地的基层人民法院管辖。

第九条 当事人双方不服劳动争议仲裁委员会作出的同一仲裁裁决，均向同一人民法院起诉的，先起诉的一方当事人为原告，但对双方的诉讼请求，人民法院应当一并作出裁决。

当事人双方就同一仲裁裁决分别向有管辖权的人民法院起诉的，后受理的人民法院应当将案件移送给先受理的人民法院。

第十条 用人单位与其它单位合并的，合并前发生的劳动争议，由合并后的单位为当事人。

用人单位分立为若干单位的，其分立前发生的劳动争议，由分立后的实际用人单位为当事人。

用人单位分立为若干单位后，对承受劳动权利义务的单位不明确的，分立后的单位均为当事人。

第十一条 用人单位招用尚未解除劳动合同的劳动者，原用人单位与劳动者发生的劳动争议，可以列新的用人单位为第三人。

原用人单位以新的用人单位侵权为由向人民法院起诉的，可以列劳动者为第三人。

原用人单位以新的用人单位和劳动者共同侵权为由向人民法院起诉的，新的用人单位和劳动者列为共同被告。

第十二条 劳动者在用人单位与其他平等主体之间的承包经营期间，与发包方和承包方双方或者一方发生劳动争议，依法向人民法院起诉的，应当将承包方和发包方作为当事人。

第十三条 因用人单位作出的开除、除名、辞退、解除劳动合同、减少劳动报酬、计算劳动者工作年限等决定而发生的劳动争议，用人单位负举证责任。

第十四条 劳动合同被确认为无效后，用人单位对劳动者付出的劳动，一般可参照本单位同期、同工种、同岗位的工资标准支付劳动报酬。

根据《劳动法》第九十七条之规定，由于用人单位的原因订立的无效合同，给劳动者造成损害的，应当比照违反和解除劳动合同经济补偿金的支付标准，赔偿劳动者因合同无效所造成的经济损失。

第十五条 用人单位有下列情形之一，迫使劳动者提出解除劳动合同的，用人单位应当支付劳动者的劳动报酬和经济补偿，并可支付赔偿金：

（一）以暴力、威胁或者非法限制人身自由的手段强迫劳动的；

（二）未按照劳动合同约定支付劳动报酬或者提供劳动条件的；

（三）克扣或者无故拖欠劳动者工资的；

（四）拒不支付劳动者延长工作时间工资报酬的；

（五）低于当地最低工资标准支付劳动者工资的。

第十六条 劳动合同期满后，劳动者仍在原用人单位工作，原用人单位未表示异议的，视为双方同意以原条件继续履行劳动合同。一方提出终止劳动关系的，人民法院应当支持。根据《劳动法》第二十条之规定，用人单位应当与劳动者签订无固定期限劳动合同而未签订的，人民法院可以视为双方之间存在无固定期限劳动合同关系，并以原劳动合同确定双方的权利义务关系。

第十七条 劳动争议仲裁委员会作出仲裁裁决后，当事人对裁决中的部分事项不服，依法向人民法院起诉的，劳动争议仲裁裁决不发生法律效力。

第十八条 劳动争议仲裁委员会对多个劳动者的劳动争议作出仲裁裁决后，部分劳动者对仲裁裁决不服，依法向人民法院起诉的，仲裁裁决对提出起诉的劳动者不发生法律效力；对未提出起诉的部分劳动者，发生法律效力，如其申请执行的，人民法院应当受理。

第十九条 用人单位根据《劳动法》第四条之规定，通过民主程序制定的规章制度，不违反国家法律、行政法规及政策规定，并已向劳动者公示的，可以作为人民法院审理劳动争议案件的依据。

第二十条 用人单位对劳动者作出的开除、除名、辞退等处理，或者因其他原因解除劳动合同确有错误的，人民法院可以依法判决予以撤销。

对于追索劳动报酬、养老金、医疗费以及工伤保险待遇、经济补偿金、培训费及其他相关费用等案件，给付数额不当的，人民法院可以予以变更。

第二十一条 当事人申请人民法院执行劳动争议仲裁机构作出的发生法律效力的裁决书、调解书，被申请人提出证据证明劳动争议仲裁裁决书、调解书有下列情形之一，并经审查核实的，人民法院可以根据《民事诉讼法》第二百一十七条之规定，裁定不予执行：

（一）裁决的事项不属于劳动争议仲裁范围，或者劳动争议仲裁机构无权仲裁的；

（二）适用法律确有错误的；

（三）仲裁员仲裁该案时，有徇私舞弊、枉法裁决行为的；

（四）人民法院认定执行该劳动争议仲裁裁决违背社会公共利益的。

人民法院在不予执行的裁定书中，应当告知当事人在收到裁定书之次日起三十日内，可以就该劳动争议事项向人民法院起诉。

最高人民法院关于审理劳动争议案件适用法律若干问题的解释

（2006 年 8 月 14 日）

（2006 年 7 月 10 日最高人民法院审判委员会第 1393 次会议通过）

为正确审理劳动争议案件，根据《中华人民共和国劳动法》《中华人民共和国民事诉讼法》等相关法律规定，结合民事审判实践，对人民法院审理劳动争议案件适用法律的若干问题补充解释如下：

第一条 人民法院审理劳动争议案件，对下列情形，视为劳动法第八十二条规定的“劳动争议发生之日”：

（一）在劳动关系存续期间产生的支付工资争议，用人单位能够证明已经书面通知劳动者拒付工资的，书面通知送达之日为劳动争议发生之日。用人单位不能证明的，劳动者主张权利之日为劳动争议发生之日。

（二）因解除或者终止劳动关系产生的争议，用人单位不能证明劳动者收到解除或者终止劳动关系书面通知时间的，劳动者主张权利之日为劳动争议发生之日。

（三）劳动关系解除或者终止后产生的支付工资、经济补偿金、福利待遇等争议，劳动者能够证明用人单位承诺支付的时间为解除或者终止劳动关系后的具体日期的，用人单位承诺支付之日为劳动争议发生之日。劳动者不能证明的，解除或者终止劳动关系之日为劳动争议发生之日。

第二条 拖欠工资争议，劳动者申请仲裁时劳动关系仍然存续，用人单位以劳动者申请仲裁超过六十日为由主张不再支付的，人民法院不予支持。但用人单位能够证明劳动者已经收到拒付工资的书面通知的除外。

第三条 劳动者以用人单位的工资欠条为证据直接向人民法院起诉，诉讼请求不涉及劳动关系其他争议的，视为拖欠劳动报酬争议，按照普通民事纠纷受理。

第四条 用人单位和劳动者因劳动关系是否已经解除或者终止，以及应否支付解除或终止劳动关系经济补偿金产生的争议，经劳动争议仲裁委员会仲裁后，当事人依法起诉的，人民法院应予受理。

第五条 劳动者与用人单位解除或者终止劳动关系后，请求用人单位返还其收取的劳动合同定金、保证金、抵押金、抵押物产生的争议，或者办理劳动者的人事档案、社会保险关系等移转手续产生的争议，经劳动争议仲裁委员会仲裁后，当事人依法起诉的，人民法院应予受理。

第六条 劳动者因为工伤、职业病，请求用人单位依法承担给予工伤保险待遇的争议，经劳动争议仲裁委员会仲裁后，当事人依法起诉的，人民法院应予受理。

第七条 下列纠纷不属于劳动争议：

（一）劳动者请求社会保险经办机构发放社会保险金的纠纷；

（二）劳动者与用人单位因住房制度改革产生的公有住房转让纠纷；

（三）劳动者对劳动能力鉴定委员会的伤残等级鉴定结论或者对职业病诊断鉴定委员会的职业病诊断鉴定结论的异议纠纷；

（四）家庭或者个人与家政服务人员之间的纠纷；

（五）个体工匠与帮工、学徒之间的纠纷；

（六）农村承包经营户与受雇人之间的纠纷。

第八条 当事人不服劳动争议仲裁委员会作出的预先支付劳动者部分工资或者医疗费用的裁决，向人民法院起诉的，人民法院不予受理。

用人单位不履行上述裁决中的给付义务，劳动者依法向人民法院申请强制执行的，人民法院应予受理。

第九条 劳动者与起有字号的个体工商户产生的劳动争议诉讼，人民法院应当以营业执照上登记的字号为当事人，但应同时注明该字号业主的自然情况。

第十条 劳动者因履行劳动力派遣合同产生劳动争议而起诉，以派遣单位为被告；争议内容涉及接受单位的，以派遣单位和接受单位为共同被告。

第十一条 劳动者和用人单位均不服劳动争议仲裁委员会的同一裁决，向同一人民法院起诉的，人民法院应当并案审理，双方当事人互为原告和被告。在诉讼过程中，一方当事人撤诉的，人民法院应当根据另一方当事人的诉讼请求继续审理。

第十二条 当事人能够证明在申请仲裁期间内因不可抗力或者其他客观原因无法申请仲裁的，人民法院应当认定申请仲裁期间中止，从中止的原因消灭之次日起，申请仲裁期间连续计算。

第十三条 当事人能够证明在申请仲裁期间内具有下列情形之一的，人民法院应当认定申请仲裁期间中断：

（一）向对方当事人主张权利；

（二）向有关部门请求权利救济；

（三）对方当事人同意履行义务。

申请仲裁期间中断的，从对方当事人明确拒绝履行义务，或者有关部门作出处理决定或明确表示不予处理时起，申请仲裁期间重新计算。

第十四条 在诉讼过程中，劳动者向人民法院申请采取财产保全措施，人民法院经审查认为申请人经济确有困难，或有证据证明用人单位存在欠薪逃匿可能的，应当减轻或者免除劳动者提供担保的义务，及时采取保全措施。

第十五条 人民法院作出的财产保全裁定中，应当告知当事人在劳动仲裁机构的裁决书或者在人民法院的裁判文书生效后三个月内申请强制执行。逾期不申请的，人民法院应当裁定解除保全措施。

第十六条 用人单位制定的内部规章制度与集体合同或者劳动合同约定的内容不一致，劳动者请求优先适用合同约定的，人民法院应予支持。

第十七条 当事人在劳动争议调解委员会主持下达成的具有劳动权利义务内容的调解协议，具有劳动合同的约束力，可以作为人民法院裁判的根据。

当事人在劳动争议调解委员会主持下仅就劳动报酬争议达成调解协议，用人单位不履行调解协议确定的给付义务，劳动者直接向人民法院起诉的，人民法院可以按照普通民事纠纷受理。

第十八条 本解释自二〇〇六年十月一日起施行。本解释施行前本院颁布的有关司法解释与本解释规定不一致的，以本解释的规定为准。

本解释施行后，人民法院尚未审结的一审、二审案件适用本解释。本解释施行前已经审结的案件，不得适用本解释的规定进行再审。

最高人民法院关于审理劳动争议案件适用法律若干问题的解释

（2010 年 9 月 13 日）

（2010 年 7 月 12 日由最高人民法院审判委员会第 1489 次会议通过，自 2010 年 9 月 14 日起施行）

为正确审理劳动争议案件，根据《中华人民共和国劳动法》《中华人民共和国劳动合同法》《中华人民共和国劳动争议调解仲裁法》《中华人民共和国民事诉讼法》等相关法律的规定，结合民事审判实践，特作如下解释。

第一条 劳动者以用人单位未为其办理社会保险手续，且社会保险经办机构不能补办导致其无法享受社会保险待遇为由，要求用人单位赔偿损失而发生争议的，人民法院应予受理。

第二条 因企业自主进行改制引发的争议，人民法院应予受理。

第三条 劳动者依据劳动合同法第八十五条规定，向人民法院提起诉讼，要求用人单位支付加付赔偿金的，人民法院应予受理。

第四条 劳动者与未办理营业执照、营业执照被吊销或者营业期限届满仍继续经营的用人单位发生争议的，应当将用人单位或者其出资人列为当事人。

第五条 未办理营业执照、营业执照被吊销或者营业期限届满仍继续经营的用人单位，以挂靠等方式借用他人营业执照经营的，应当将用人单位和营业执照出借方列为当事人。

第六条 当事人不服劳动人事争议仲裁委员会作出的仲裁裁决，依法向人民法院提起诉讼，人民法院审查认为仲裁裁决遗漏了必须共同参加仲裁的当事人的，应当依法追加遗漏的人为诉讼当事人。

被追加的当事人应当承担责任的，人民法院应当一并处理。

第七条 用人单位与其招用的已经依法享受养老保险待遇或领取退休金的人员发生用工争议，向人民法院提起诉讼的，人民法院应当按劳务关系处理。

第八条　企业停薪留职人员、未达到法定退休年龄的内退人员、下岗待岗人员以及企业经营性停产放长假人员，因与新的用人单位发生用工争议，依法向人民法院提起诉讼的，人民法院应当按劳动关系处理。

第九条　劳动者主张加班费的，应当就加班事实的存在承担举证责任。但劳动者有证据证明用人单位掌握加班事实存在的证据，用人单位不提供的，由用人单位承担不利后果。

第十条　劳动者与用人单位就解除或者终止劳动合同办理相关手续、支付工资报酬、加班费、经济补偿或者赔偿金等达成的协议，不违反法律、行政法规的强制性规定，且不存在欺诈、胁迫或者乘人之危情形的，应当认定有效。

前款协议存在重大误解或者显失公平情形，当事人请求撤销的，人民法院应予支持。

第十一条　劳动人事争议仲裁委员会作出的调解书已经发生法律效力，一方当事人反悔提起诉讼的，人民法院不予受理；已经受理的，裁定驳回起诉。

第十二条　劳动人事争议仲裁委员会逾期未作出受理决定或仲裁裁决，当事人直接提起诉讼的，人民法院应予受理，但申请仲裁的案件存在下列事由的除外：

（一）移送管辖的；

（二）正在送达或送达延误的；

（三）等待另案诉讼结果、评残结论的；

（四）正在等待劳动人事争议仲裁委员会开庭的；

（五）启动鉴定程序或者委托其他部门调查取证的；

（六）其他正当事由。

当事人以劳动人事争议仲裁委员会逾期未作出仲裁裁决为由提起诉讼的，应当提交劳动人事争议仲裁委员会出具的受理通知书或者其他已接受仲裁申请的凭证或证明。

第十三条　劳动者依据调解仲裁法第四十七条第（一）项规定，追索劳动报酬、工伤医疗费、经济补偿或者赔偿金，如果仲裁裁决涉及数项，每项确定的数额均不超过当地月最低工资标准十二个月金额的，应当按照终局裁决处理。

第十四条　劳动人事争议仲裁委员会作出的同一仲裁裁决同时包含终局裁决事项和非终局裁决事项，当事人不服该仲裁裁决向人民法院提起诉讼的，应当按照非终局裁决处理。

第十五条　劳动者依据调解仲裁法第四十八条规定向基层人民法院提起诉讼，用人单位依据调解仲裁法第四十九条规定向劳动人事争议仲裁委员会所在地的中级人民法院申请撤销仲裁裁决的，中级人民法院应不予受理；已经受理的，应当裁定驳回申请。

被人民法院驳回起诉或者劳动者撤诉的，用人单位可以自收到裁定书之日起三十日内，向劳动人事争议仲裁委员会所在地的中级人民法院申请撤销仲裁裁决。

第十六条 用人单位依照调解仲裁法第四十九条规定向中级人民法院申请撤销仲裁裁决，中级人民法院作出的驳回申请或者撤销仲裁裁决的裁定为终审裁定。

第十七条 劳动者依据劳动合同法第三十条第二款和调解仲裁法第十六条规定向人民法院申请支付令，符合民事诉讼法第十七章督促程序规定的，人民法院应予受理。

依据劳动合同法第三十条第二款规定申请支付令被人民法院裁定终结督促程序后，劳动者就劳动争议事项直接向人民法院起诉的，人民法院应当告知其先向劳动人事争议仲裁委员会申请仲裁。

依据调解仲裁法第十六条规定申请支付令被人民法院裁定终结督促程序后，劳动者依据调解协议直接向人民法院提起诉讼的，人民法院应予受理。

第十八条 劳动人事争议仲裁委员会作出终局裁决，劳动者向人民法院申请执行，用人单位向劳动人事争议仲裁委员会所在地的中级人民法院申请撤销的，人民法院应当裁定中止执行。

用人单位撤回撤销终局裁决申请或者其申请被驳回的，人民法院应当裁定恢复执行。仲裁裁决被撤销的，人民法院应当裁定终结执行。

用人单位向人民法院申请撤销仲裁裁决被驳回后，又在执行程序中以相同理由提出不予执行抗辩的，人民法院不予支持。

最高人民法院关于审理劳动争议案件适用法律若干问题的解释

（2013年1月18日）

（2012年12月31日最高人民法院审判委员会第1566次会议通过）

为正确审理劳动争议案件，根据《中华人民共和国劳动法》《中华人民共和国劳动合同法》《中华人民共和国劳动争议调解仲裁法》《中华人民共和国民事诉讼法》等相关法律的规定，结合民事审判实践，就适用法律的若干问题，作如下解释：

第一条 劳动人事争议仲裁委员会以无管辖权为由对劳动争议案件不予受理，当事人提起诉讼的，人民法院按照以下情形分别处理：

（一）经审查认为该劳动人事争议仲裁委员会对案件确无管辖权的，应当告知当事人向有管辖权的劳动人事争议仲裁委员会申请仲裁；

（二）经审查认为该劳动人事争议仲裁委员会有管辖权的，应当告知当事人申请仲裁，并将审查意见书面通知该劳动人事争议仲裁委员会，劳动人事争议仲裁委员会仍不受理，当事人就该劳动争议事项提起诉讼的，应予受理。

第二条 仲裁裁决的类型以仲裁裁决书确定为准。

仲裁裁决书未载明该裁决为终局裁决或非终局裁决，用人单位不服该仲裁裁决向基层人民法院提起诉讼的，应当按照以下情形分别处理：

（一）经审查认为该仲裁裁决为非终局裁决的，基层人民法院应予受理；

（二）经审查认为该仲裁裁决为终局裁决的，基层人民法院不予受理，但应告知用人单位可以自收到不予受理裁定书之日起三十日内向劳动人事争议仲裁委员会所在地的中级人民法院申请撤销该仲裁裁决；已经受理的，裁定驳回起诉。

第三条 中级人民法院审理用人单位申请撤销终局裁决的案件，应当组成合议庭开庭审理。经过阅卷、调查和询问当事人，对没有新的事实、证据或者理由，合议庭认为不需要开庭审理的，可以不开庭审理。

中级人民法院可以组织双方当事人调解。达成调解协议的，可以制作调解书。一方当事人逾期不履行调解协议的，另一方可以申请人民法院强制执行。

第四条 当事人在人民调解委员会主持下仅就给付义务达成的调解协议，双方认为有必要的，可以共同向人民调解委员会所在地的基层人民法院申请司法确认。

第五条 劳动者非因本人原因从原用人单位被安排到新用人单位工作，原用人单位未支付经济补偿，劳动者依照劳动合同法第三十八条规定与新用人单位解除劳动合同，或者新用人单位向劳动者提出解除、终止劳动合同，在计算支付经济补偿或赔偿金的工作年限时，劳动者请求把在原用人单位的工作年限合并计算为新用人单位工作年限的，人民法院应予支持。

用人单位符合下列情形之一的，应当认定属于“劳动者非因本人原因从原用人单位被安排到新用人单位工作”：

（一）劳动者仍在原工作场所、工作岗位工作，劳动合同主体由原用人单位变更为新用人单位；

（二）用人单位以组织委派或任命形式对劳动者进行工作调动；

（三）因用人单位合并、分立等原因导致劳动者工作调动；

（四）用人单位及其关联企业与劳动者轮流订立劳动合同；

（五）其他合理情形。

第六条 当事人在劳动合同或者保密协议中约定了竞业限制，但未约定解除或者终止劳动合同后给予劳动者经济补偿，劳动者履行了竞业限制义务，要求用人单位按照劳动者在劳动合同解除或者终止前十二个月平均工资的30%按月支付经济补偿的，人民法院应予支持。

前款规定的月平均工资的30%低于劳动合同履行地最低工资标准的，按照劳动合同履行地最低工资标准支付。

第七条 当事人在劳动合同或者保密协议中约定了竞业限制和经济补偿，当事人解除劳动合同时，除另有约定外，用人单位要求劳动者履行竞业限制义务，或者劳动者履行了竞业限制义务后要求用人单位支付经济补偿的，人民法院应予支持。

第八条 当事人在劳动合同或者保密协议中约定了竞业限制和经济补偿，劳动合同解除或者终止后，因用人单位的原因导致三个月未支付经济补偿，劳动者请求解除竞业限制约定的，人民法院应予支持。

第九条 在竞业限制期限内，用人单位请求解除竞业限制协议时，人民法院应予支持。

在解除竞业限制协议时，劳动者请求用人单位额外支付劳动者三个月的竞业限制经济补偿的，人民法院应予支持。

第十条 劳动者违反竞业限制约定，向用人单位支付违约金后，用人单位要求劳动者按照约定继续履行竞业限制义务的，人民法院应予支持。

第十一条 变更劳动合同未采用书面形式，但已经实际履行了口头变更的劳动合同超过一个月，且变更后的劳动合同内容不违反法律、行政法规、国家政策以及公序良俗，当事人以未采用书面形式为由主张劳动合同变更无效的，人民法院不予支持。

第十二条 建立了工会组织的用人单位解除劳动合同符合劳动合同法第三十九条、第四十条规定，但未按照劳动合同法第四十三条规定事先通知工会，劳动者以用人单位违法解除劳动合同为由请求用人单位支付赔偿金的，人民法院应予支持，但起诉前用人单位已经补正有关程序的除外。

第十三条 劳动合同法施行后，因用人单位经营期限届满不再继续经营导致劳动合同不能继续履行，劳动者请求用人单位支付经济补偿的，人民法院应予支持。

第十四条 外国人、无国籍人未依法取得就业证件即与中国境内的用人单位签订劳动合同，以及香港特别行政区、澳门特别行政区和台湾地区居民未依法取得就业证件即与内地用人单位签订劳动合同，当事人请求确认与用人单位存在劳动关系的，人民法院不予支持。

持有《外国专家证》并取得《外国专家来华工作许可证》的外国人，与中国境内的用人单位建立用工关系的，可以认定为劳动关系。

第十五条 本解释施行前本院颁布的有关司法解释与本解释抵触的，自本解释施行之日起不再适用。

本解释施行后尚未终审的劳动争议纠纷案件，适用本解释；本解释施行前已经终审，当事人申请再审或者按照审判监督程序决定再审的，不适用本解释。

北京市高级人民法院、北京市劳动争议仲裁委员会关于劳动争议案件法律适用问题研讨会会议纪要（一）

（2009年8月17日）

为了及时解决劳动争议案件审理中的疑难问题，促进执法统一，北京市高级人民法院民一庭与北京市劳动争议仲裁委员会办公室于近期联合召开了劳动争议案件法律适用问题研讨会，北京市三级法院从事劳动争议审判工作的部分庭长和法官、北京市、区两级劳动争议仲裁委员会从事劳动争议仲裁工作的部分领导和仲裁员参加了研讨，与会人员就劳动争议案件审理中亟待解决的程序和实体方面的问题进行了认真充分的讨论，对部分问题的解决取得了一致意见，现纪要如下：

一、关于劳动争议案件的受理范围问题

1. 根据《劳动争议调解仲裁法》《社会保险费征缴暂行条例》《社会保险稽核办法》《劳动保障监察条例》及我市的仲裁和审判实践，对于社会保险争议的受理应遵循以下原则：

（1）用人单位未为劳动者建立社会保险关系、欠缴社会保险费或未按规定的工资基数足额缴纳社会保险费的，劳动者主张予以补缴的，一般不予受理，告知劳动者通过劳动行政部门解决；

（2）由于用人单位未按规定为劳动者缴纳社会保险费，导致劳动者不能享受工伤、失业、生育、医疗保险待遇，劳动者要求用人单位赔偿损失或按规定给付相关费用的，应予受理；

（3）用人单位未为农民工缴纳养老保险费，农民工在与用人单位终止或解除劳动合同后要求用人单位赔偿损失的，应予受理。

2. 因用人单位迟延转档或将档案丢失，劳动者要求用人单位赔偿损失的纠纷，属

于劳动争议案件受理范围，公安机关在特定历史时期接收部分社会人员的档案引发的纠纷除外。

3. 劳动者与用人单位因住房公积金的缴纳、办理退休手续发生的争议，不属于劳动争议案件受理范围。

二、 关于一裁终局案件的法律适用问题

4. 根据《劳动争议调解仲裁法》第四十七条的规定，适用一裁终局的劳动争议案件有两类，一是小额案件，即仅限于追索劳动报酬、工伤医疗费、经济补偿或赔偿金，不超过当事人申请仲裁时当地月最低工资标准十二个月金额的财产争议；二是标准明确的案件，即因执行国家的劳动标准在工作时间、休息休假等方面发生的争议。对于第一类案件，一般应当以当事人申请仲裁时各项请求的总金额为标准确定是否属于适用一裁终局的劳动争议案件。对于第二类案件，该类案件一般不涉及具体金额，主要是指因执行国家劳动标准而产生的争议。

5. 劳动者就终局裁决向基层人民法院起诉，而用人单位依据《劳动争议调解仲裁法》第四十九条的规定向中级人民法院申请撤销仲裁裁决的，中级人民法院应不予受理。已经受理的，应裁定终结诉讼。但基层人民法院审理案件时，对用人单位的请求应一并处理。劳动者起诉后撤诉或因超过起诉期间被驳回起诉的，用人单位自收到裁定书之日起三十日内可以向劳动争议仲裁委员会所在地的中级人民法院申请撤销仲裁裁决。中级人民法院在受理用人单位撤销仲裁裁决的申请后，或基层人民法院在受理劳动者对于终局裁决不服的案件后，均应在开庭审理前审查是否同时存在撤销仲裁之诉和劳动者不服终局裁决的起诉，以便两级法院就有关案件进行协调和沟通。

6. 根据审理申请撤裁案件的实际需要，人民法院可以向作出原裁决的劳动争议仲裁委员会调阅案卷，劳动争议仲裁委员会应当及时提供案卷。人民法院就上述案件作出的裁定，应当送作出原裁决的劳动争议仲裁委员会。

三、 程序方面的其他问题

7. 在劳动仲裁程序中遗漏了必须共同参加仲裁的当事人，人民法院在一审诉讼程序中可依法予以追加，无须再行仲裁。劳动争议仲裁委员会漏裁的事项，人民法院可直接作出处理。

8. 根据《最高人民法院关于审理劳动争议案件适用法律若干问题的解释》第六条规定："人民法院受理劳动争议案件后，当事人增加诉讼请求的，如该诉讼请求与讼争的劳动争议具有不可分性，应当合并审理"，该条款中的"不可分性"是指增加的诉讼请求与仲裁的事项是基于同一事实而产生的，相互之间具有依附性。

9. 当事人双方不服劳动争议仲裁委员会作出的同一仲裁裁决，均向同一人民法院起诉的，双方当事人互为原告和被告，先起诉的一方当事人列为"原告（被告）"，后起诉的一方当事人列为"被告（原告）"。

10.《劳动争议调解仲裁法》第四十八条和第四十九条涉及的期间的起算，应与《民事诉讼法》的有关规定相一致，均从次日起算；《劳动合同法》第十九条所称的"以上""不满"的界定，应与《民法通则》第一百五十五条的规定相一致。

11. 劳动者依据《劳动合同法》第三十条第二款和《劳动争议调解仲裁法》第十六条的规定向人民法院申请支付令的，应符合《民事诉讼法》第十七章的规定。

四、 关于劳动关系的确认问题

12. 在认定用人单位与劳动者之间具有劳动关系时，可考虑下列因素：（1）用人单位和劳动者符合法律、法规规定的主体资格；（2）用人单位依法制定的各项规章制度适用于劳动者，劳动者受用人单位的劳动管理，从事用人单位安排的有报酬的劳动；（3）劳动者提供的劳动是用人单位工作的组成部分。

13. 对于以自己的技能、知识或设施为用人单位提供劳动或服务，自行承担经营风险，与用人单位没有身份隶属关系，一般不受用人单位的管理或支配的人员，应认定其与用人单位之间的关系不属于劳动关系。

14. 劳动者长期未向用人单位提供劳动，用人单位也长期不再向劳动者支付劳动报酬等相关待遇，双方长期两不找的，可以认定此期间双方不享有和承担劳动法上的权利义务。

15. 外国人、港澳台地区居民未依法办理《外国人就业证》《台港澳人员就业证》的，其与用人单位签订的劳动合同应为无效劳动合同。外国人、港澳台地区居民已经付出劳动的，由用人单位参照合同约定支付劳动报酬。

16. 外国企业常驻代表机构未通过涉外就业服务单位直接招用中国雇员的，应认定有关用工关系为雇佣关系。

五、 关于劳动报酬方面的相关问题

17. 用人单位应当按照工资支付周期编制工资支付记录表，并至少保存二年备查。劳动者与用人单位因劳动报酬问题产生争议时，在二年保存期间内，由用人单位承担举证责任。超出这一期间的则应适用“谁主张，谁举证”的证明责任分配规则。

“两年”是指劳动者申请仲裁之日起往前推算两年。

18. 工资结算支付周期届满后，用人单位应当在与劳动者约定的日期内支付工资，最迟不应超过约定支付日期的七天。如工资支付日遇节假日或休息日时，应当提前在最近的工作日支付。

19. 对于加班工资的日或小时工资基数的确定，应参照《北京市工资支付规定》第四十四条的规定执行。

用人单位与劳动者在劳动合同中约定了工资标准，但同时又约定以本市最低工资标准或低于劳动合同约定的工资标准作为加班工资基数，劳动者主张以劳动合同约定的工资标准作为加班工资基数的，应予支持。

20. 经用人单位和劳动者予以确认的考勤记录可以作为认定是否存在加班事实的依据。劳动者仅凭电子打卡记录要求认定存在加班事实的，一般不予支持。

21. 用人单位因工作性质和生产特点不能实行标准工时制度的，应保证劳动者每天工作时间不超过 8 小时、每周工作时间不超过 40 小时，每周至少休息一天，职工少休息的一天，不应视为加班。

22. 下列情形中，劳动者要求用人单位支付加班工资的，一般不予支持：（1）用人单位因安全、消防、节假日等需要，安排劳动者从事与本职工作无关的值班任务；（2）用人单位安排劳动者从事与其本职工作有关的值班任务，但值班期间可以休息的。

在上述情况下，劳动者可以要求用人单位按照劳动合同、规章制度、集体合同等支付相应待遇。

23. 用人单位与劳动者虽然未书面约定实际支付的工资是否包含加班工资，但用人单位有证据证明已支付的工资包含正常工作时间工资和加班工资的，可以认定用人单位已支付的工资包含加班工资。但折算后的正常工作时间工资不得低于当地最低工资标准。

24. 用人单位作出的与劳动者解除劳动合同的处理决定被劳动仲裁委或人民法院依法撤销后，劳动者主张用人单位给付上述处理决定作出后至仲裁或诉讼期间的工资，应按以下原则把握：（1）用人单位作出的处理决定仅因程序方面存在瑕疵而被依法撤销的，用人单位应按最低工资标准向劳动者支付上述期间的工资；（2）用人单位作出的处理决定因在实体方面存在问题而被依法撤销的，用人单位应按劳动者正常劳动时的工资标准向劳动者支付上述期间的工资。

六、关于经济补偿金和赔偿金方面的问题

25.《劳动合同法》施行之日存续的劳动合同，在《劳动合同法》施行后解除或者终止，依照《劳动合同法》第四十六的规定应当支付经济补偿的，2007 年 12 月 31 日前的经济补偿依照《劳动法》及其配套规定计算，2008 年 1 月 1 日后的经济补偿依照《劳动合同法》的规定计算。

经济补偿金的基数为劳动者在劳动合同解除或者终止前十二个月的平均工资，不再分段计算。

根据《劳动合同法》第四十七条、第八十七条、《劳动合同法实施条例》第二十五条的规定，用人单位违反劳动合同法的规定解除或终止劳动合同，应支付的赔偿金的计算方法为：自用工之日起依照《劳动合同法》第四十七条的规定计算出经济补偿金，再乘以 2，即为赔偿金，不再分段计算。

用人单位违反《劳动合同法》的有关规定，需向劳动者每月支付二倍工资的，其加付的一倍工资不应计入经济补偿金和赔偿金的计算基数。

26. 在劳动仲裁或诉讼程序中，劳动者依据《劳动合同法》第八十五条的规定，要求用人单位加付赔偿金的，劳动仲裁委或人民法院不予支持。

27. 由于原劳动部制定的《违反和解除劳动合同的经济补偿办法》（劳部发〔1994〕481 号）尚未被修改或废止，因此劳动者因追索劳动报酬要求用人单位支付 25% 的经济补偿金，或因解除劳动合同要求用人单位支付 50% 的额外经济补偿金，劳动仲裁委或人民法院仍可参照上述规定执行。

28. 劳动合同期满后，劳动者仍在用人单位工作，用人单位未与劳动者订立书面劳动合同的，用人单位应当自劳动合同期满的次日起至满一年的前一日向劳动者每月支付两倍的工资。两倍工资的计算基数应以相对应的月份的应得工资为准。

29. 用人单位未提前三十日通知劳动者劳动合同到期终止，劳动者要求用人单位按照《劳动合同法》第八十七条规定支付赔偿金的，不予支持；劳动者要求用人单位按照《北京市劳动合同规定》第四十七条规定，每延迟一日支付一日工资赔偿金的，应

予支持。

30. 用人单位与劳动者解除或终止劳动合同时，自愿签订的和解协议，不违反法律和行政法规的强制性规定，在履行完毕后，一方当事人反悔，主张双方约定无效的，一般不予支持。但协议中双方的权利义务明显失衡，仲裁委或人民法院可予以适当调整。

用人单位与劳动者就工伤保险待遇达成的协议在履行完毕后，劳动者以双方约定的给付标准低于法定标准为由，在仲裁时效内要求用人单位按法定标准补足差额部分的，应予支持。

31. 《劳动合同法》实施后，用人单位未按本市规定的险种为劳动者建立社会保险关系，劳动者请求解除劳动合同并要求用人单位支付经济补偿金的，应予支持，但经济补偿金支付年限应从2008 年 1 月 1 日起开始计算。劳动者以用人单位未足额缴纳或欠缴社会保险费为由请求解除劳动合同并要求用人单位支付经济补偿金的，不予支持。

32. 劳动者以用人单位在《劳动合同法》实施前未及时足额支付劳动报酬为由，请求解除劳动合同并要求用人单位支付经济补偿金的，除符合最高人民法院《关于审理劳动争议适用法律若干问题的解释》第十五条规定的情形外，不予支持。符合司法解释第十五条规定的情形的，经济补偿金的支付按劳动者在用人单位的工作年限，每满一年发给相当于一个月工资的经济补偿金，工作时间不满一年的按一年的标准发给经济补偿金。

33. 用人单位为其招用的劳动者办理了本市户口，双方据此约定了服务期和违约金，用人单位以双方约定为依据要求劳动者支付违约金的，不应予以支持。确因劳动者违反了诚实信用原则，给用人单位造成损失的，劳动者应当予以赔偿。

七、 关于保险待遇方面的问题

34. 因第三人侵权而发生的工伤，如用人单位未为劳动者缴纳工伤保险费，应由用人单位按照《工伤保险条例》的有关规定向劳动者（或直系亲属）支付工伤保险待遇。侵权的第三人已全额给付劳动者（或直系亲属）医疗费、交通费、残疾用具费等需凭相关票据给予一次赔偿的费用，用人单位不必再重复给付。

35. 因用人单位未为农民工缴纳养老保险费，农民工在与用人单位解除或终止劳动合同后，要求用人单位赔偿损失的，应当自劳动合同解除或终止之日起一年内提出，赔偿数额的确定可参照《农民合同制职工参加北京市养老、失业保险暂行办法》（京劳险发〔1999〕99号）和《北京市农民工养老保险暂行办法》（京劳社养发〔2001〕125号）的规定。

八、关于实体方面的其他问题

36. 用人单位在《劳动合同法》实施前制定的规章制度，虽未经过《劳动合同法》第四条第二款规定的民主程序，但内容未违反法律、行政法规及政策规定，并已向劳动者公示或告知的，可以作为用人单位用工管理的依据。

37. 用人单位与劳动者在劳动合同或保密协议中约定了竞业限制条款，用人单位如在此后认为劳动者不必履行竞业限制约定的，应当明确告知劳动者。在用人单位告知前劳动者已按约定履行了义务，因此要求用人单位支付履行期间经济补偿的，应予支持。

38. 用人单位与劳动者在劳动合同或保密协议中约定了竞业限制条款，但未就补偿费的给付或具体给付标准进行约定，不应据此认定竞业限制条款无效，双方在劳动关系存续期间或在解除、终止劳动合同时，可以通过协商予以补救，经协商不能达成一致的，可按照双方劳动关系终止前最后一个年度劳动者工资的20%～60%确定补偿费数额。用人单位明确表示不支付补偿费的，竞业限制条款对劳动者不具有约束力。

劳动者与用人单位未约定竞业限制期限的，应由双方协商确定，经协商不能达成一致的，限制期最长不得超过两年。

39. 劳动者在用人单位设立筹备阶段的工作时间一般不计算为本单位工作年限，但双方另有约定的除外。

40. 因用人单位的过错而使档案迟延移转，劳动者要求用人单位赔偿损失，劳动仲裁委或人民法院在确定赔偿额时，可参照《北京市失业保险规定》及相关政策文件的规定；劳动者因其档案丢失而向用人单位主张赔偿损失的，劳动仲裁委或人民法院可根据当事人的过错程度和受损情况酌情确定赔偿数额，一般不超过六万元。

九、本会议纪要自下发之日起，供本市各级人民法院、劳动争议仲裁委员会参考执行

北京市高级人民法院、北京市劳动争议仲裁委员会关于劳动争议案件法律适用问题研讨会会议纪要（二）

（2015 年 1 月 5 日）

为公正、高效处理劳动争议纠纷，统一劳动争议案件执法尺度，北京市高级人民法院民一庭与北京市劳动争议仲裁委员会于近期召开了劳动争议案件法律适用问题研讨会，北京市三级法院从事劳动争议审判工作的部分庭长和法官、北京市、区两级劳动人事争议仲裁委员会从事劳动争议仲裁工作的部分领导和仲裁员参加了研讨。与会人员就劳动争议案件审理中亟待解决的疑难问题进行了广泛深入的讨论，就相关问题的解决达成了基本共识。现就有关问题纪要如下：

一、仲裁与诉讼的衔接和受理问题

1. 当事人向劳动人事争议仲裁委员会或者劳动争议仲裁委员会（以下简称仲裁委）申请仲裁后又撤回申请，向法院起诉，如何处理？

当事人申请仲裁后又撤回申请的，法院不能视为已经过仲裁前置程序，可裁定不予受理，已经受理的裁定驳回起诉，并告知其先向仲裁委申请仲裁。

对于当事人在撤回申请后，再次向仲裁委申请仲裁，经仲裁委裁决或作出不予受理通知书后，法院可以受理。

2. 当事人申请仲裁后，无正当理由拒不到庭或者未经仲裁庭同意中途退庭，仲裁委按照撤回仲裁申请处理，并作出决定书的，当事人起诉到法院，如何处理？

法院经审查符合劳动争议受理条件的，可以受理。

3. 仲裁裁决作出后当事人未起诉，或裁决有多项内容，当事人仅就部分内容提起诉讼的，如何处理？

仲裁裁决作出后当事人未在法定期限内起诉，或仅就部分内容提起诉讼，法院只需审理当事人在法定期限内起诉的请求，保持当事人诉讼请求与审理内容的一致性。

对双方当事人均未起诉的仲裁结果部分，可在“本院认为”中予以确认，并直接写入判决主文。

法院对于案件事实的审理不受当事人诉讼请求的限制，法院应当结合证据对事实进行综合判断和认定。

法院对仲裁裁决确认是否存在劳动关系一项认为有误的，无论当事人是否提出诉讼请求，均可以直接予以认定，并根据所认定的事实作出相应判决。

4. 在仲裁程序中，证人出庭作证并接受质询，诉讼中证人是否仍需出庭？

证人可不再出庭，但仍有需要质询的事实或当事人又提供反证的除外。

5. 仲裁程序中当事人已经认可的相关案件事实，在诉讼程序中当事人又否认的，如何处理？

在诉讼程序中，除经对方当事人同意，或者有充分证据证明与事实不符的，对当事人否认在仲裁程序中所认可事实的主张不予支持。

6. 当事人已经签收仲裁委对劳动争议作出的调解书，事后反悔向法院起诉的，如何处理？

法院应裁定不予受理；已受理的，应裁定驳回起诉，但裁定书应说明调解书已生效，双方按原调解书执行。

7. 对于劳动争议仲裁申请人依法提出的仲裁请求，仲裁裁决书遗漏未予处理，当事人起诉至法院的如何处理？

法院应当予以审理，不得以相应请求未经仲裁前置程序为由不予处理。

8. 劳务派遣单位与用工单位之间基于《劳务派遣协议》而产生的纠纷，仲裁委、法院是否作为劳动争议案件处理？

劳务派遣单位与用工单位基于《劳务派遣协议》而产生的纠纷属于劳动合同以外的其他类型合同纠纷，不作为劳动争议案件处理。

9. 劳动者要求转移户口、归还户口页、终止用人单位与人才中心户口保管合同的纠纷是否作为劳动争议案件处理？

劳动者要求转移户口、归还户口页、终止用人单位与人才中心户口保管合同的纠纷，不作为劳动争议案件处理。

10. 用人单位指派劳动者长期在北京市从事业务，劳动者以在北京市某区县的居住地作为劳动合同履行地而向该地仲裁委申请仲裁或向基层法院起诉的，如何处理？

劳动者因用人单位的指派而长期在北京市从事业务，如其在北京有固定的办公地点，可以视办公地点所在地为劳动合同履行地，如因业务原因没有固定办公地点，则可以视其在北京的居住地为劳动合同履行地。劳动者应当向仲裁委、法院提供用人单位指派其长期在北京从事业务的证据，以及其在北京有无固定办公地点和长期居住地点的证据。

11. 劳动争议案件一审判决主文应如何表述?

（1）对双方当事人均未起诉的仲裁结果部分，一般应在判决“本院认为”的理由部分中表示予以确认，并可直接写入一审判决主文。

（2）仲裁结果为给付金钱，当事人不服起诉，一审法院认定不应给付金钱，判决主文表述为“无须支付”；一审法院认定应当给付金钱，则将给付金钱内容写入判决主文，不应写驳回当事人的请求；一审法院认定应当给付金钱但具体数额应调整，则在一审判决主文中写明经调整后需给付金钱的数额。

（3）仲裁结果未支持当事人某项请求，当事人不服起诉，一审法院认为应当支持该项请求，可直接写入一审判决主文；一审法院认为不应支持该项请求，应当判决驳回当事人该项请求。

二、劳动关系及责任主体的认定

12. 依法享受养老保险待遇的人员、领取退休金的人员、达到法定退休年龄的人员，与原用人单位或新用人单位之间建立用工关系的，如何处理?

依法享受养老保险待遇的人员、领取退休金的人员、达到法定退休年龄的人员，其与原用人单位或者新用人单位之间的用工关系按劳务关系处理。上述人员可依据《最高人民法院关于审理人身损害赔偿案件适用法律若干问题的解释》第十一条，《最高人民法院关于审理劳动争议案件适用法律若干问题的解释（三)》第七条规定主张权利。

13. 未达到法定退休年龄的内退人员、停薪留职人员、下岗待岗人员、企业经营性停产放长假人员在退休之前与新用人单位建立用工关系的，如何处理?

未达到法定退休年龄的内退人员、停薪留职人员、下岗待岗人员、企业经营性停产放长假人员在退休之前与新用人单位建立用工关系，应按劳动关系处理，但对于新用人单位因客观原因不能为其缴纳社会保险，该劳动者以此为由提出解除劳动合同并要求经济补偿金的，不予支持。

14. 未达到法定退休年龄的内退人员、停薪留职人员、下岗待岗人员、企业经营性停产放长假人员在退休之前与新用人单位建立用工关系的，其与原用人单位的关系如何认定？

未达到法定退休年龄的内退人员、停薪留职人员、下岗待岗人员、企业经营性停产放长假人员在退休之前与新用人单位建立用工关系的，一般情况下可以认定原用人单位与其保持劳动关系，相关待遇依双方的约定。双方未约定或约定不明的，考虑国家法律法规和政策、同行业同类型劳动者保护标准，从保护劳动者的基本利益和用人单位现实情况进行综合判断。

15. 用人单位自动歇业、视为自动歇业、被撤销或吊销营业执照，如何确定当事人？

用人单位自动歇业、视为自动歇业、被撤销、被吊销营业执照应列该用人单位为当事人。如用人单位成立清算组清理债权债务的，由清算组负责人代表用人单位参加仲裁或诉讼；尚未成立清算组的，由原法定代表人代表用人单位参加仲裁或诉讼。清算组负责人或原法定代表人可以委托诉讼代理人参加仲裁或诉讼。

16. 劳动者向未办理营业执照、被吊销营业执照或者营业期限届满仍继续经营的用人单位提供劳动，如何处理？

劳动者向未办理营业执照、被吊销营业执照或者营业期限届满仍继续经营的用人单位提供劳动，劳动者有权依照《中华人民共和国劳动合同法》（以下简称《劳动合同法》）的规定向用人单位主张权利，用人单位不存在或者无力承担责任时，出资人应当依法承担相应责任。

17. 涉及建筑工程的用工关系中，包工头能否主张工人劳务费、工资、劳动报酬？

包工头与发包单位之间存在承包合同关系，可另行依据合同追索承包费用，其以支付劳务费、工资、劳动报酬为由提起仲裁或诉讼的不予支持。

18. 农民工向违法分包、非法转包工程给包工头的建筑施工企业主张追索劳务费、工资、劳动报酬时，仲裁委、法院是否需追加包工头？

建筑施工企业将工程违法分包、非法转包给包工头，包工头自行招工、自行管理，自发劳务费、工资、劳动报酬的，应当在仲裁或诉讼中追加包工头。

农民工没有将包工头列为当事人的，仲裁委、法院应向农民工释明，要求追加包工头为当事人。农民工在释明后不同意追加包工头的，仲裁委、法院可依职权进行追加。

19. 农民工在建筑施工过程中发生工伤损害的，如何承担责任？

建筑施工企业未为农民工办理工伤社会保险的，对在建筑施工过程中发生工伤损害的农民工承担工伤保险待遇赔偿。建筑施工企业将工程违法分包或非法转包给没有用工主体资格的单位或人员时，农民工不能享受工伤保险待遇时，建筑施工企业对工伤保险待遇赔偿承担连带赔偿责任。

20. 劳动者与用人单位签订劳动合同后，被该用人单位派往其他单位工作，发生争议时如何处理？

劳动者虽在被派往单位工作，应认定其与签订劳动合同的用人单位存在劳动关系。可根据案件审理情况，追加实际用人单位参加诉讼。在判决仅由签订劳动合同的用人单位承担责任，可能损害劳动者实际利益的情况下，可判决由实际用人单位承担连带责任。

21. 因工死亡职工的亲属能否要求确认劳动关系？

因工死亡职工的亲属可以要求确认劳动者与用人单位之间存在劳动关系，因工死亡职工的亲属的范围包括该职工的配偶、父母、子女、兄弟姐妹、祖父母、外祖父母、孙子女、外孙子女和其他具有扶养、赡养关系的亲属，因工死亡职工的亲属中任何一人均可作为仲裁申请人或诉讼原告。涉及因工死亡职工赔偿及享受待遇等主张，应由全部亲属作为当事人参加诉讼。

22. 村民委员会、居民委员会成员与村民委员会、居民委员会组织之间是否属于劳动关系？

依照《中华人民共和国村民委员会组织法》和《中华人民共和国居民委员会组织法》的规定，村民委员会和居民委员会成员（主任、副主任和委员）依法由选举产生，其与该组织之间不属于劳动关系。

23. 在校学生在用人单位进行实习，是否应认定劳动关系？

在校学生在用人单位进行实习，应当根据具体事实进行判断，对完成学校的社会实习安排或自行从事社会实践活动的实习，不认定劳动关系。但用人单位与在校学生之间名为实习，实为劳动关系的除外。

24. 破产清算组与其聘用人员之间是否属于劳动关系？

破产清算组作为法院指定的管理人，不属于用人单位，不能作为用工主体与其聘用人员建立劳动关系，应按劳务关系处理。

25. 破产清算期间，用人单位与继续从事工作的劳动者之间的法律关系如何认定？

破产清算期间，用人单位与劳动者未解除、终止劳动关系，且劳动者继续在用人单位从事相关工作的，符合劳动关系认定条件的，按劳动关系处理，双方另有约定的或破产清算组与劳动者建立劳务关系的除外。

26. 有关联关系的用人单位交叉轮换使用劳动者，根据现有证据难以查明劳动者实际工作状况的，如何处理？

有关联关系的用人单位交叉轮换使用劳动者的，根据现有证据难以查明劳动者实际工作状况的，参照以下原则处理：（1）订立劳动合同的，按劳动合同确认劳动关系；（2）未订立劳动合同的，可以根据审判需要将有关联关系的用人单位列为当事人，以有关联关系的用人单位发放工资、缴纳社会保险、工作地点、工作内容，作为判断存在劳动关系的因素；（3）在有关联关系的用人单位交叉轮换使用劳动者，工作内容交叉重叠的情况下，对劳动者涉及给付内容的主张，可根据劳动者的主张，由一家用人单位承担责任，或由多家用人单位承担连带责任。

三、 劳动合同订立

27. 劳动合同期满后未订立劳动合同，劳动者仍在原用人单位继续工作，如何处理？

劳动合同期满后未订立劳动合同，劳动者仍在原用人单位继续工作，应适用《劳动合同法》第十条、第十四条第三款、第八十二条，《中华人民共和国劳动合同法实施条例》第六条、第七条的规定进行处理。在此情况下，因为用人单位对原劳动合同期满和继续用工的法律后果均有预期，因此不需要再给予一个月的宽限期，原劳动合同期满次日，即是用人单位应当订立劳动合同之日和承担未订立劳动合同的法律后果之日。

28. 《劳动合同法》第八十二条“二倍工资”的认定与起止时间、计算方法？

（1）依据《劳动合同法》第十条、第八十二条第一款的规定，用人单位自用工之日起超过一个月不满一年未与劳动者订立书面劳动合同的，自用工之日满一个月的次日起开始计算二倍工资，截止点为双方订立书面劳动合同的前一日，最长不超过十一个月。

（2）用人单位因违反《劳动合同法》第十四条第三款规定，自用工之日满一年不与劳动者订立书面劳动合同，视为用人单位与劳动者已订立无固定期限劳动合同的情况下，劳动者可以向仲裁委、法院主张确认其与用人单位之间属于无固定期限劳动合同关系。在此情况下，劳动者同时主张用人单位支付用工之日满一年后的二倍工资的不予支持。

（3）如果劳动合同期满后，劳动者仍在用人单位工作，用人单位未与劳动者订立书面劳动合同的，计算二倍工资的起算点为自劳动合同期满的次日，截止点为双方补订书面劳动合同的前一日，最长不超过十二个月。

（4）用人单位违反《劳动合同法》第十四条第二款、第八十二条第二款规定，不与劳动者订立无固定期劳动合同的，二倍工资自应订立无固定期限劳动合同之日起算，截止点为双方实际订立无固定期限劳动合同的前一日。

（5）二倍工资中属于劳动者正常工作时间劳动报酬的部分，适用《调解仲裁法》二十七条第四款的规定；增加一倍的工资属于惩罚性赔偿的部分，不属于劳动报酬，适用《调解仲裁法》二十七条第一款的规定，即一年的仲裁时效。

二倍工资适用时效的计算方法为：在劳动者主张二倍工资时，因未签劳动合同行为处于持续状态，故时效可从其主张权利之日起向前计算一年，据此实际给付的二倍工资不超过十二个月，二倍工资按未订立劳动合同所对应时间用人单位应当正常支付的工资为标准计算。

29. 用人单位与劳动者补签劳动合同，劳动者主张未订立劳动合同二倍工资可否支持？

用人单位与劳动者建立劳动关系后，未依法自用工之日一个月内订立书面劳动合同，在劳动关系存续一定时间后，用人单位与劳动者在签订劳动合同时将日期补签到实际用工之日，视为用人单位与劳动者达成合意，劳动者主张二倍工资可不予支持，但劳动者有证据证明补签劳动合同并非其真实意思表示的除外。

用人单位与劳动者虽然补签劳动合同，但未补签到实际用工之日的，对实际用工之日与补签之日间相差的时间，依法扣除一个月订立书面劳动合同的宽限期，劳动者主张未订立劳动合同二倍工资的可以支持。

30. 存在劳动者患病或者非因工负伤在规定的医疗期内，女职工在孕期、产期、哺乳期期间等《劳动合同法》第四十二条规定的情形，劳动合同期满时，用人单位未与劳动者续订劳动合同，是否认定为未订立劳动合同而支付二倍工资？

劳动合同期满，有《劳动合同法》第四十二条规定的情形的，劳动合同应当续延至相应的情形消失时终止，故在续延期间用人单位与劳动者无须订立书面劳动合同，故不应支付二倍工资。

31. 用人单位法定代表人、高管人员、人事管理部门负责人或主管人员未与用人单位订立书面劳动合同并依据《劳动合同法》第八十二条规定向用人单位主张二倍工资的，应否支持？

用人单位法定代表人依据《劳动合同法》第八十二条规定向用人单位主张二倍工

资的，一般不予支持。

用人单位高管人员依据《劳动合同法》第八十二条规定向用人单位主张二倍工资的，可予支持，但用人单位能够证明该高管人员职责范围包括管理订立劳动合同内容的除外。对有证据证明高管人员向用人单位提出签订劳动合同而被拒绝的，仍可支持高管人员的二倍工资请求。

用人单位的人事管理部门负责人或主管人员依据《劳动合同法》第八十二条规定向用人单位主张二倍工资的，如用人单位能够证明订立劳动合同属于该人事管理部门负责人的工作职责，可不予支持。有证据证明人事管理部门负责人或主管人员向用人单位提出签订劳动合同，而用人单位予以拒绝的除外。

32. 用人单位与劳动者约定劳动合同到期续延，在劳动合同到期后劳动者继续工作，并主张未签订劳动合同的二倍工资是否支持?

因用人单位与劳动者在劳动合同中已经约定劳动合同到期续延，但未约定续延期限，在劳动合同到期后，劳动者仍继续工作，双方均未提出解除或终止劳动合同时，属于双方意思表示一致续延劳动合同，可视为双方订立一份与原劳动合同内容和期限相同的合同，故劳动者主张未签订劳动合同的二倍工资不应支持。

33. 用人单位与劳动者约定劳动合同到期续延，此后劳动者以连续订立两次固定期限劳动合同为由，提出或者同意续订、订立无固定期限劳动合同，如何处理?

用人单位与劳动者约定劳动合同到期续延，且实际续延劳动合同的，合同约定了续延期限的，续延期限届满时，劳动者以连续订立两次固定期限劳动合同为由，提出或者同意续订、订立无固定期限劳动合同，用人单位应当与劳动者订立无固定期限劳动合同。用人单位不与劳动者订立无固定期限劳动合同的，可以依劳动者的主张确认存在无固定期限劳动合同关系。

34. 用人单位与劳动者连续订立二次固定期限劳动合同的，第二次固定期限劳动合同到期时，用人单位能否终止劳动合同?

根据《劳动合同法》第十四条第二款第三项规定，劳动者有权选择订立固定期限劳动合同或者终止劳动合同，用人单位无权选择订立固定期限劳动合同或者终止劳动合同。上述情形下，劳动者提出或者同意续订、订立无固定期限劳动合同，用人单位应当与劳动者订立无固定期限劳动合同。

35. 用人单位与劳动者连续订立二次固定期限劳动合同后，劳动者与用人单位再次订立固定期限劳动合同的，最后一次固定期限劳动合同到期时，用人单位是否可以终止劳动合同?

在用人单位与劳动者连续订立二次固定期限劳动合同后，劳动者与用人单位再次订立固定期限劳动合同的，适用《劳动合同法》第十四条规定。在最后一次固定期限劳动合同到期时，应认定符合连续订立二次固定期限劳动合同的条件，排除法定情形外，劳动者提出或者同意续订、订立无固定期限劳动合同，用人单位应当与劳动者订立无固定期限劳动合同。

36. 劳动者要求仲裁委裁决或法院判决与用人单位签订书面劳动合同的，如何处理？

订立书面劳动合同需要当事人意思表示一致，由劳动者与用人单位平等协商，以确定合同期限、工作内容、劳动报酬等事项。经劳动者与用人单位协商，双方就劳动合同必要条款能够达成一致的，可以裁判双方订立书面劳动合同，并在裁判文书中就达成一致的条款予以表述。

双方就劳动合同必要条款不能达成一致的，由仲裁委裁决或法院直接判令双方订立书面劳动合同有违当事人意思自治原则，亦无法确定具体执行内容和申请强制执行。故在此情况下，劳动者要求与用人单位订立书面劳动合同的，仲裁委、法院可释明当事人变更请求，主张确认双方存在劳动关系。

因可归责于用人单位的原因导致无法订立书面劳动合同的，劳动者可另行依法主张用人单位承担未订立书面劳动合同的法律责任。

37. 对用人单位存在规避签订无固定期限劳动合同和连续计算工作年限的情况，如何处理？

用人单位存在规避《劳动合同法》第十四条规定的下列行为，劳动者订立固定期限劳动合同和工作年限的次数仍应连续计算：

（一）为减少计算劳动者的工龄，迫使劳动者与其解除或终止劳动合同后重新与其签订劳动合同的；

（二）通过设立关联用人单位，在与劳动者签订合同时交替变换用人单位名称的；

（三）仅就劳动合同的终止期限进行变更，用人单位无法作出合理解释的；

（四）采取注销原单位、设立新单位的方式，将劳动者重新招用到新单位，且单位经营内容与劳动者的工作地点、工作内容均没有实质性变化的；

（五）其他明显违反诚信和公平原则的规避行为。

四、 劳动合同的履行、 解除、 终止

38. 劳动者依据劳部发〔1994〕481 号《违反和解除劳动合同的经济补偿办法》第

三条、第四条关于25%的经济补偿金的规定主张给付经济补偿金，如何处理?

劳动者依据劳部发〔1994〕481号《违反和解除劳动合同的经济补偿办法》第三条、第四条规定主张给付经济补偿金，仲裁委、法院应当向劳动者释明其应依据《劳动合同法》第八十五条规定先经劳动行政部门处理，劳动者坚持主张给付经济补偿金的，应驳回其请求。

劳动者依据《劳动合同法》第八十五条向仲裁委、法院主张加付赔偿金的，应当向仲裁委、法院提供已经依法先经劳动行政部门处理的证据，包括提供劳动行政部门责令用人单位限期支付劳动报酬、加班费、经济补偿或低于最低工资标准的差额部分的限期整改证据，以及用人单位逾期不履行上述义务的证据。

劳动行政部门已经责令用人单位加付赔偿金的，由劳动行政部门处理，仲裁委、法院不再重复处理。

39. 劳动者以《劳动合同法》第三十八条规定之外的情形为由提出解除劳动合同的，在仲裁或诉讼阶段又主张是用人单位存在前述法定情形迫使其解除劳动合同，请求用人单位支付经济补偿金或赔偿金的如何处理?

对于劳动者提出解除劳动合同的，应以劳动者当时实际解除劳动合同时提出理由作为认定案件事实的依据，劳动者以《劳动合同法》第三十八条规定之外的情形为由提出解除劳动合同，在仲裁或诉讼阶段又主张是用人单位存在前述法定情形迫使其解除劳动合同，请求用人单位支付经济补偿金或赔偿金的，仲裁委、法院不予支持，但劳动者证明在解除劳动合同时，存在欺诈、胁迫、重大误解等违背其真实意思表示的情形的除外。

40. 劳动者未按规定提前三十天（在试用期内提前三天）通知用人单位解除劳动合同即自行离职，或虽然履行通知义务，但有未履行的相关义务，给用人单位造成损失的，应否赔偿?

劳动者未提前三十天（在试用期内提前三天）通知用人单位解除劳动合同，自行离职，或虽然履行通知义务，但有未履行的相关义务，如其应当履行的办理工作交接等义务，给用人单位造成直接经济损失的，应当承担相应的赔偿责任，对所造成的经济损失，用人单位负有举证责任。

41. 解除或终止劳动合同后，用人单位拒不向劳动者出具终止或者解除劳动关系证明或者未在法律规定的期限内为劳动者办理档案和社会保险关系转移手续，造成劳动者无法就业的，劳动者请求用人单位赔偿损失的，如何处理?

劳动者能够证明因用人单位的过错造成其无法就业并发生实际经济损失的，应当予以支持。劳动者对用人单位过错与其无法就业有直接的因果关系以及因此所造成经济损失的具体数额负有举证责任，不能证明有直接因果关系的不予支持，如确实造成经济损失，但无法确定经济损失具体数额的，可以按照劳动者在解除或终止劳动合同前十二个月平均工资确定。

42. 固定期限劳动合同履行过程中，用人单位与劳动者协商对劳动合同终止时间作出变更，是否认定属于签订了两次劳动合同？

用人单位与劳动者协商一致变更固定期限合同终止时间的，如变更后的终止时间晚于原合同终止时间，使整个合同履行期限增加，视为用人单位与劳动者连续订立两次劳动合同。对初次订立固定期限合同时间变更的，按连续订立两次固定期限劳动合同的相关规定处理，对两次及多次订立固定期限合同时间变更的，按订立无固定期限劳动合同的相关规定处理。如变更后的终止时间比原合同终止时间提前，使整个合同履行期限减少，则仅视为对原合同终止时间的变更。

43. 出租车公司与司机签订的承包合同、劳动合同期满后，出租车公司对车辆进行更新，承包金在市政府规定的标准内作相应调整的，劳动者不同意续订劳动合同，并以用人单位降低劳动合同条件为由，要求用人单位应支付终止劳动合同经济补偿金的，如何处理？

应视为出租车公司维持原劳动合同约定的条件与劳动者续订劳动合同，劳动者不同意续订的，不应支付其终止劳动合同经济补偿金。

44. 出租车司机主张休息日和法定节假日加班费如何处理？

出租车行业实行不定时工作制，休息、休假由出租车司机自行安排，故对出租车司机主张休息日和法定节假日加班费的不予支持。

45. 女职工在未知自己怀孕的情况下与用人单位协商解除劳动合同后，又要求撤销解除协议或者要求继续履行原合同的，如何处理？

女职工与用人单位协商解除劳动合同后，发现自己怀孕后又要求撤销协议或者要求继续履行原合同的，一般不予支持。

五、 社会保险

46. 用人单位与劳动者约定，工资中包括用人单位负担的养老、医疗、失业等社会保险费，而不向社会保险经办机构缴纳社会保险费的，其效力如何认定？

用人单位负有自行申报按时足额缴纳社会保险费的法定责任，劳动者应当缴纳的社会保险费由用人单位代扣代缴。用人单位与劳动者约定工资中包括社会保险费，而不向社会保险经办机构缴纳社会保险费的行为无效。

劳动者主张未办社会保险损失赔偿的，可以从赔偿额中扣减用人单位已按约定支付给劳动者的社会保险费。

47.《中华人民共和国社会保险法》于 2011 年 7 月 1 日起施行，在该法实施前，用人单位未为农民工缴纳养老保险的，因社会保险经办机构实际无法办理补缴手续，仲裁委、法院可以判令用人单位以金钱方式赔偿农民工未缴养老保险损失。现《中华人民共和国社会保险法》施行后已允许农民工补缴养老保险，农民工要求用人单位给付 2011 年 7 月 1 日后养老保险赔偿的诉讼请求是否还予以支持?

仲裁委、法院对于 2011 年 6 月 30 日前用人单位未为农民工缴纳养老保险的，可判决赔偿损失，对于 2011 年 7 月 1 日后农民工的养老保险问题原则上由社会保险经办机构和劳动行政部门依法处理，仲裁委、法院不再判决赔偿损失。

48. 用人单位以向劳动者支付金钱代替缴纳社会保险的，用人单位在补缴社会保险后能否要求劳动者返还已付金钱?

如果用人单位补缴社会保险后劳动者在社会保险方面已不存在损失的，用人单位可以要求劳动者返还为代替缴纳社会保险而支付的金钱。

49. 超过法定退休年龄的农民工在工作期间发生工伤的，如何处理?

超过法定退休年龄的农民工在工作期间发生工伤要求认定劳动关系的，应当驳回其请求，可在裁判文书中确认属于劳务关系。

超过法定退休年龄的农民工因无法享受工伤保险待遇，而主张工伤保险待遇赔偿的，应予支持。

超过法定退休年龄的农民工受到第三人侵权，第三人侵权赔偿并不影响其向用人单位主张给予工伤保险待遇赔偿。

50. 用人单位未给劳动者缴纳社会保险费，劳动者通过其他渠道自行缴纳保险费后，要求用人单位据此支付费用是否支持?

劳动者通过其他渠道缴纳保险费包括劳动者自行缴纳和在其他用人单位缴纳两种形式，这两种形式均与劳动关系的真实状态不符，违反社会保险法的规定，对社会保险的登记、核定、缴纳、支付等正常秩序造成影响，因此仲裁委、法院不予支持。

北京市高级人民法院、北京市劳动人事争议仲裁委员会关于审理劳动争议案件法律适用问题的解答

为公正、高效处理劳动争议纠纷，统一劳动争议案件执法尺度，北京市高级人民法院民一庭与北京市劳动人事争议仲裁委员会共同研讨劳动争议案件法律适用问题，北京市三级法院从事劳动争议审判工作的部分庭长和法官、北京市、区两级劳动人事争议仲裁委员会从事劳动争议仲裁工作的部分领导和仲裁员参加了研讨。经对劳动争议案件审理中亟待解决的疑难问题进行了广泛深入的讨论，现就有关问题提出指导意见如下：

1.《最高人民法院关于审理工伤保险行政案件若干问题的规定》（法释〔2014〕9号）第三条第一款第四项中“用工单位”“不具备用工主体资格的组织或者自然人”，第五项中“被挂靠单位”“个人”与“因工伤亡职工（人员）”之间产生争议，如何处理？

“用工单位”“被挂靠单位”与“因工伤亡职工（人员）”之间不是劳动关系或雇佣关系。“用工单位”“被挂靠单位”仅是承担工伤保险责任的单位。

“不具备用工主体资格的组织或者自然人”“个人”与“因工伤亡职工（人员）”之间不是劳动关系，而是雇佣关系。

社会保险行政部门以“用工单位”“被挂靠单位”与“因工伤亡职工（人员）”之间无劳动关系为由，作出不予受理工伤认定申请或者决定不予认定工伤产生的纠纷，属于行政争议。

承担工伤保险责任的单位承担赔偿责任或者社会保险经办机构从工伤保险基金支付工伤保险待遇后，向“不具备用工主体资格的组织或者自然人”“个人”追偿产生的纠纷，不属于劳动争议。

2. 发包单位将业务发包给有用人主体资格的用人单位（包括有用人主体资格的组织、个体经营者），从事该发包业务的劳动者与上述主体发生争议的，如何处理？

应当认定劳动者与承包的有用人主体资格的用人单位存在劳动关系，但发包单位

与劳动者存在劳动关系的除外。

3. 农民专业合作社与其聘用参与日常生产经营活动的社员产生争议，如何认定？

结合农民合作社的生产经营性质和用工特点等因素，区分情况予以严格判定。对符合原劳动和社会保障部《关于确认劳动关系有关事项的通知》规定精神的，应依法确认参与农民合作社日常生产经营活动的社员与该合作社存在劳动关系。

4. 仲裁裁决不存在劳动关系的情况下，当事人以双方存在劳动关系为由提起诉讼，经审查发现双方之间存在劳务关系或其他法律关系，经释明后当事人不变更诉讼请求的，如何处理？

在此种情况下，只要符合《民事诉讼法》第一百一十九条的规定，应予受理并判决驳回当事人的诉讼请求。

5. 用人单位调整劳动者工作岗位的，如何处理？

用人单位与劳动者约定可根据生产经营情况调整劳动者工作岗位的，经审查用人单位证明生产经营情况已经发生变化，调岗属于合理范畴，应支持用人单位调整劳动者工作岗位。

用人单位与劳动者在劳动合同中未约定工作岗位或约定不明的，用人单位有正当理由，根据生产经营需要，合理地调整劳动者工作岗位属于用人单位自主用工行为。判断合理性应参考以下因素：用人单位经营必要性、目的正当性，调整后的岗位为劳动者所能胜任、工资待遇等劳动条件无不利变更。

用人单位与劳动者签订的劳动合同中明确约定工作岗位但未约定如何调岗的，在不符合《劳动合同法》第四十条所列情形时，用人单位自行调整劳动者工作岗位的属于违约行为，给劳动者造成损失的，用人单位应予以赔偿，参照原岗位工资标准补发差额。对于劳动者主张恢复原工作岗位的，根据实际情况进行处理。经审查难以恢复原工作岗位的，可释明劳动者另行主张权利，释明后劳动者仍坚持要求恢复原工作岗位，可驳回请求。

用人单位在调整岗位的同时调整工资，劳动者接受调整岗位但不接受同时调整工资的，由用人单位说明调整理由。应根据用人单位实际情况、劳动者调整后的工作岗位性质、双方合同约定等内容综合判断是否侵犯劳动者合法权益。

6. 用人单位与劳动者在劳动合同中宽泛地约定工作地点是“全国”“北京”等，用人单位在履行劳动合同过程中调整劳动者的工作地点，劳动者不同意，用人单位依据规章制度作出解除劳动合同决定是否支持？

用人单位与劳动者在劳动合同中宽泛地约定工作地点是“全国”“北京”等，如无对用人单位经营模式、劳动者工作岗位特性等特别提示，属于对工作地点约定不明。劳动者在签订劳动合同后，已经在实际履行地点工作的，视为双方确定具体的工作地点。用人单位不得仅以工作地点约定为“全国”“北京”为由，无正当理由变更劳动者的工作地点。

用人单位与劳动者在劳动合同中明确约定用人单位可以单方变更工作地点的，仍应对工作地点的变更进行合理性审查。具体审查时，除考虑对劳动者的生活影响外，还应考虑用人单位是否采取了合理的弥补措施（如提供交通补助、班车）等。

7. 劳动者按变更后的工作地点实际履行合同，又以未采用书面形式为由主张劳动合同变更无效的是否支持?

劳动者已经按变更后的工作地点实际履行合同，又以未采用书面形式为由主张劳动合同变更无效的，适用《最高人民法院关于审理劳动争议案件适用法律若干问题的解释（四)》第十一条的规定处理。

8. 用人单位违法解除或终止劳动合同，劳动者要求继续履行劳动合同的，如何处理?

劳动者要求继续履行劳动合同的，一般应予以支持。

在仲裁中发现确实无法继续履行劳动合同的，应做好释明工作，告知劳动者将要求继续履行劳动合同的请求变更为要求用人单位支付违法解除劳动合同赔偿金等请求。如经充分释明，劳动者仍坚持要求继续履行劳动合同的，应尊重劳动者的诉权，驳回劳动者的请求，告知其可另行向用人单位主张违法解除劳动合同赔偿金等。如经释明后，劳动者的请求变更为要求用人单位支付违法解除劳动合同赔偿金等的，应当继续处理。

在诉讼中发现确实无法继续履行劳动合同的，驳回劳动者的诉讼请求，告知其可另行向用人单位主张违法解除劳动合同赔偿金等。

9. 用人单位违法解除或终止劳动合同后，劳动者要求继续履行劳动合同，哪些情形可以认定为“劳动合同确实无法继续履行”?

劳动合同确实无法继续履行主要有以下情形：（1）用人单位被依法宣告破产、吊销营业执照、责令关闭、撤销，或者用人单位决定提前解散的；（2）劳动者在仲裁或者诉讼过程中达到法定退休年龄的；（3）劳动合同在仲裁或者诉讼过程中到期终止且不存在《劳动合同法》第十四条规定应当订立无固定期限劳动合同情形的；（4）劳动者原岗位对用人单位的正常业务开展具有较强的不可替代性和唯一性（如总经理、财务负责人等)，且劳动者原岗位已被他人替代，双方不能就新岗位达成一致意见的；（5）劳动者已入职新单位的；（6）仲裁或诉讼过程中，用人单位向劳动者送达复工通知，要求劳动者继续工作，但劳动者拒绝的；（7）其他明显不具备继续履行劳动合同条件的。

劳动者原岗位已被他人替代的，用人单位仅以此为由进行抗辩，不宜认定为“劳动合同确实无法继续履行的”情形。

10. 劳动者与用人单位因劳动合同是否为违法解除发生争议，劳动者要求继续履行劳动合同的情况下，原单位提交了其他单位为劳动者缴纳社会保险的凭证，并以此主张劳动者与新单位之间已经形成劳动关系，此时社会保险缴纳记录能否作为认定劳动者与新单位形成劳动关系的依据？并由此导致劳动者与用人单位“劳动合同已经不能继续履行”？

不能仅以社会保险缴纳记录作为认定劳动者与新单位形成劳动关系的依据。但此时举证责任转移，由劳动者证明其与新用人单位之间不是劳动关系。若劳动者不能提出反证，则依据其与新用人单位之间的社保缴费记录确认劳动者与原用人单位“劳动合同确实无法继续履行”。新用人单位不是案件当事人的，劳动者与新用人单位之间的社保缴费记录仅为“劳动合同确实无法继续履行”的裁判理由，不应径行裁判劳动者与新用人单位之间是否形成劳动关系。

11. 用人单位依据《劳动合同法》第三十九条第一项的规定解除劳动合同的，如何处理？

用人单位在录用劳动者时应当向劳动者明确告知录用条件，用人单位在解除劳动合同时应当向劳动者说明理由及法律依据。

用人单位证明已向劳动者明确告知录用条件，并且提供证据证明劳动者在试用期间不符合录用条件的，可依照《劳动合同法》第三十九条第一项的规定解除劳动合同。

就劳动者是否符合录用条件的认定，在试用期的认定标准可适当低于试用期届满后的认定标准。劳动者不符合录用条件的情况主要有以下情形：（1）劳动者违反诚实信用原则对影响劳动合同履行的自身基本情况有隐瞒或虚构事实的，包括提供虚假学历证书、假身份证、假护照等个人重要证件；对履历、知识、技能、业绩、健康等个人情况说明与事实有重大出入的；（2）在试用期间存在工作失误的，对工作失误的认定以劳动法相关规定、用人单位规章制度以及双方合同约定内容为判断标准；（3）双方约定属于用人单位考核劳动者试用期不符合录用条件的其他情况。

12. 哪些情形属于《劳动合同法》第四十条第三项规定的“劳动合同订立时所依据的客观情况发生重大变化”？

“劳动合同订立时所依据的客观情况发生重大变化”是指劳动合同订立后发生了用

人单位和劳动者订立合同时无法预见的变化，致使双方订立的劳动合同全部或者主要条款无法履行，或者若继续履行将出现成本过高等显失公平的状况，致使劳动合同目的难以实现。

下列情形一般属于“劳动合同订立时所依据的客观情况发生重大变化”：（1）地震、火灾、水灾等自然灾害形成的不可抗力；（2）受法律、法规、政策变化导致用人单位迁移、资产转移或者停产、转产、转（改）制等重大变化的；（3）特许经营性质的用人单位经营范围等发生变化的。

13. 在规章制度未作出明确规定、劳动合同亦未明确约定的情况下，劳动者严重违反劳动纪律和职业道德的，用人单位是否可以解除劳动合同？

《劳动法》第三条第二款中规定：“劳动者应当遵守劳动纪律和职业道德”。上述规定是对劳动者的基本要求，即便在规章制度未作出明确规定、劳动合同亦未明确约定的情况下，如劳动者存在严重违反劳动纪律或职业道德的行为，用人单位可以依据《劳动法》第三条第二款的规定与劳动者解除劳动合同。

14. 在不属于《劳动合同法》第三十八条规定的情况下，劳动者违反劳动合同约定的期限提前解除合同，用人单位拒绝继续履行约定的正常劳动报酬、福利外的经济方面的特殊待遇，或者要求劳动者返还正常劳动报酬、福利外的经济方面的特殊待遇，如何处理？

用人单位除向劳动者支付正常劳动报酬外，还特别给予劳动者如汽车、房屋、住房补贴等经济方面特殊待遇，双方对特殊待遇与约定工作期限的关联性有明确约定的按约定；虽无明确约定，但能够认定用人单位系基于劳动者的工作期限给予劳动者特殊待遇的，由于劳动者未完全履行合同，用人单位可以就劳动者未履行合同对应部分拒绝给付特殊待遇，对已经预先给付的，可以按照相应比例要求返还。

15. 劳动者与用人单位实际建立了全日制劳动关系，但双方订立的是非全日制劳动合同，用人单位是否需要向劳动者支付未订立劳动合同二倍工资差额？

劳动者已经与用人单位订立合同的情况下，劳动者主张未订立劳动合同二倍工资差额不予支持。在审理中注意全日制劳动关系与非全日制劳动关系的区分，充分保障劳动者实际权利。

16. 二次固定期限劳动合同到期后，用人单位发出终止劳动合同通知，劳动者主张用人单位支付违法终止劳动合同的赔偿金，是否支持？

在劳动者不符合《劳动合同法》第三十九条和第四十条第一项、第二项规定的情形时，用人单位在二次固定期限劳动合同到期后直接发出终止劳动合同（关系）通知，不符合《劳动合同法》第十四条第二款第三项之规定，应认定为违法终止劳动合同（关系）。劳动者主张用人单位支付违法终止劳动合同的赔偿金，应予支持。

17. 劳动者依照《劳动合同法》规定符合与用人单位签订无固定期限劳动合同条件，但已与用人单位签订了固定期限劳动合同的，现劳动者要求将其固定期限合同变更为无固定期限合同的，如何处理？

劳动者与用人单位签订了固定期限劳动合同后，劳动者要求变更为无固定期限劳动合同的，不予支持，但有证据证明用人单位存在欺诈、胁迫、乘人之危等情形的除外。

18. 如何计算劳动者享受带薪年休假的时间？

《职工带薪年休假条例》中规定职工累计已满 1 年不满 10 年的，年休假 5 天；已满 10 年不满 20 年的，年休假 10 天；已满 20 年的，年休假 15 天。其中“累计”应指工作时间的相加，其中中断工作时间予以扣除。对于参加工作第 1 年的时间的“累计”，应按《企业职工带薪年休假实施办法》“连续工作满 12 个月”的规定执行。“连续工作满 12 个月”，指劳动者在参加工作后曾经在同一或两个以上用人单位连续不中断工作满 12 个月。

劳动者在符合参加工作后曾经“连续工作满 12 个月”条件后，此后年休假时间以当年度在用人单位已工作时间计算。

用人单位未安排职工休满应休年休假的，应当按照职工当年已工作时间折算应休未休年休假天数并支付未休年休假工资报酬，但折算后不足 1 整天的部分不支付未休年休假工资报酬。未休年休假折算方法为：当年度在本单位已过日历天数 ÷ 365 天 × 职工本人全年应当享受的年休假天数 – 当年度已安排年休假天数。

19. 劳动者要求用人单位支付未休带薪年休假工资的，如何处理？

对劳动者应休未休的年休假天数，单位应当按照该职工日工资收入的 300% 支付年休假工资报酬。劳动者要求用人单位支付其未休带薪年休假工资中法定补偿（200% 福利部分）诉请的仲裁时效期间应适用《劳动争议调解仲裁法》第二十七条第一款规定，即劳动争议申请仲裁的时效期间为一年。仲裁时效期间从当事人知道或者应当知道其权利被侵害之日起计算。考虑年休假可以集中、分段和跨年度安排的特点，故劳动者每年未休带薪年休假应获得年休假工资报酬的时间从第二年的 12 月 31 日起算。

20. 劳动者因用人单位不支付未休年休假工资，而依据《劳动合同法》第三十八条“未及时足额支付劳动报酬”的规定要求解除劳动合同并支付经济补偿，如何处理？

劳动者未休年休假，根据《职工带薪年休假条例》第 5 条规定，用人单位按职工日工资收入 300% 支付年休假工资报酬。支付未休年休假的工资报酬与正常劳动工资报酬、加班工资报酬的性质不同，其中包含用人单位支付职工正常工作期间的工资收入（100% 部分）及法定补偿（200% 部分）。《职工带薪年休假条例》在于维护劳动者休息休假权利，劳动者以用人单位未支付其未休带薪年休假工资中法定补偿（仅 200% 部分）而提出解除劳动合同时，不宜认定属于用人单位"未及时足额支付劳动报酬"的情形。

21. 用人单位给付劳动者的工资标准计算基数按哪些原则确定？

（1）劳动者每月应得工资与实得工资的主要差别在于各类扣款和费用，应得工资包括个人应当承担的社会保险金、税费等。对于社会保险金、税费，用人单位承担的仅是代缴义务，劳动者的纳税由税务机关负责，社会保险金缴纳由社会保险机构负责，审理中一般按照劳动者应得工资确定工资标准。

（2）用人单位与劳动者在劳动合同中约定了工资标准的，以该约定为准。劳动合同没有约定的，按照集体合同约定的工资标准确定。劳动合同、集体合同均未约定的，按照劳动者本人正常劳动实际发放的工资标准工资确定。依照本款确定的工资标准不得低于本市规定的最低工资标准。

（3）计算"二倍工资"的工资标准时，因基本工资、岗位工资、职务工资、工龄工资、级别工资等按月支付的工资组成项目具有连续性、稳定性特征，金额相对固定，属于劳动者正常劳动的应得工资，应作为未订立劳动合同二倍工资差额的计算基数，不固定发放的提成工资、奖金等一般不作为未订立劳动合同二倍工资差额的计算基数。

（4）在计算劳动者解除劳动合同前十二个月平均工资时，应当包括计时工资或者计件工资以及奖金、津贴和补贴等货币性收入。其中包括正常工作时间的工资，还包括劳动者延长工作时间的加班费。劳动者应得的年终奖或年终双薪，计入工资基数时应按每年十二个月平均分摊。《劳动合同法》第四十七条规定的计算经济补偿的月工资标准应依照《劳动合同法实施条例》第二十七条规定予以确定；《劳动合同法实施条例》第二十七条中的"应得工资"包含由个人缴纳的社会保险和住房公积金以及所得税。

（5）劳动者所得实际工资扣除该月加班费后的数额低于本市规定的最低工资标准的，按照本市规定的最低工资标准执行。

22. 如何确定劳动者加班费计算基数？

劳动者加班费计算基数，应当按照法定工作时间内劳动者提供正常劳动应得工资确定，劳动者每月加班费不计到下月加班费计算基数中。具体情况如下：

（1）用人单位与劳动者在劳动合同中约定了加班费计算基数的，以该约定为准；

双方同时又约定以本市规定的最低工资标准或低于劳动合同约定的工资标准作为加班费计算基数，劳动者主张以劳动合同约定的工资标准作为加班费计算基数的，应予支持。

（2）劳动者正常提供劳动的情况下，双方实际发放的工资标准高于原约定工资标准的，可以视为双方变更了合同约定的工资标准，以实际发放的工资标准作为计算加班费计算基数。实际发放的工资标准低于合同约定的工资标准，能够认定为双方变更了合同约定的工资标准的，以实际发放的工资标准作为计算加班费的计算基数。

（3）劳动合同没有明确约定工资数额，或者合同约定不明确时，应当以实际发放的工资作为计算基数。用人单位按月直接支付给职工的工资、奖金、津贴、补贴等都属于实际发放的工资，具体包括国家统计局《〈关于工资总额组成的规定〉若干具体范围的解释》中规定“工资总额”的几个组成部分。加班费计算基数应包括“基本工资”“岗位津贴”等所有工资项目。不能以“基本工资”“岗位工资”或“职务工资”单独一项作为计算基数。在以实际发放的工资作为加班费计算基数时，加班费（前月）、伙食补助等应当扣除，不能列入计算基数范围。国家相关部门对工资组成规定有调整的，按调整的规定执行。

（4）劳动者的当月奖金具有“劳动者正常工作时间工资报酬”性质的，属于工资组成部分。劳动者的当月工资与当月奖金发放日期不一致的，应将这两部分合计作为加班费计算基数。用人单位不按月、按季发放的奖金，根据实际情况判断可以不作为加班费计算基数。

（5）在确定职工日平均工资和小时平均工资时，应当按照原劳动和社会保障部《关于职工全年月平均工作时间和工资折算问题的通知》规定，以每月工作时间为21.75天和174小时进行折算。

（6）实行综合计算工时工作制的用人单位，当综合计算周期为季度或年度时，应将综合周期内的月平均工资作为加班费计算基数。

23. 劳动者先后曾在几家用人单位工作，其中的一家用人单位没有为其缴纳过养老保险，但是劳动者在其他单位的累计缴费年限已经符合办理退休的条件。劳动者达到法定退休年龄时被告知无法补缴养老保险，劳动者起诉要求赔偿养老金差额能否支持？

由于劳动者符合办理退休的条件，只是因其中的一家或几家用人单位未为其缴纳养老保险影响了其养老金水平，不属于无法享受养老保险待遇的情形，不符合《民事诉讼法》第一百一十九条第四项的规定，应裁定驳回劳动者的起诉。

24. 劳动者以用人单位未依法为其缴纳社会保险为由提出解除劳动合同，要求用人单位支付经济补偿的，如何处理？

劳动者提出解除劳动合同前一年内，存在因用人单位过错未为劳动者建立社保账户或虽建立了社保账户但缴纳险种不全情形的，劳动者依据《劳动合同法》第三十八条的规定以用人单位未依法为其缴纳社会保险为由提出解除劳动合同并主张经济补偿的，一般应予支持。

用人单位已为劳动者建立社保账户且险种齐全，但存在缴纳年限不足、缴费基数低等问题的，劳动者的社保权益可通过用人单位补缴或社保管理部门强制征缴的方式实现，在此情形下，劳动者以此为由主张解除劳动合同经济补偿的，一般不予支持。

25. 劳动者要求用人单位不缴纳社会保险，后又以用人单位未缴纳社会保险为由提出解除劳动合同并主张经济补偿的，应否支持？

依法缴纳社会保险是《劳动法》规定的用人单位与劳动者的法定义务，即便是因劳动者要求用人单位不为其缴纳社会保险，劳动者按照《劳动合同法》第三十八条的规定主张经济补偿的，仍应予支持。

26. 哪些近亲属可以享受《工伤保险条例》第三十九条规定中劳动者的工亡赔偿待遇？近亲属间如何分配劳动者的工亡赔偿待遇？

《工伤保险条例》规定的近亲属的范围不同于《继承法》的继承人范围。《工伤保险条例》规定的近亲属应包括配偶、父母、子女、兄弟姐妹、祖父母、外祖父母、孙子女、外孙子女和其他具有扶养、赡养关系的亲属。

依据《工伤保险条例》第三十九条规定“供养亲属抚恤金按照职工本人工资的一定比例发给由因工死亡职工生前提供主要生活来源、无劳动能力的亲属”。“供养亲属的具体范围由国务院社会保险行政部门规定”，具体认定可按原劳动和社会保障部《因工死亡职工供养亲属范围规定》执行。

除供养亲属抚恤金外，其他享受劳动者的工亡赔偿待遇的近亲属范围的顺位可参照《继承法》中法定继承顺位考虑。